Gottfried Richter

Faust · Ein christliches Mysterium

GOTTFRIED RICHTER

FAUST

Ein christliches Mysterium

VERLAG URACHHAUS STUTTGART

Gesamtherstellung Greiserdruck Rastatt
ISBN 3 87838 162 X

INHALT

Vorwort

Dieses Buch ist entstanden aus einer durch ein halbes Jahrhundert gehenden Beschäftigung mit Goethes »Faust«. In ihrem Verlauf wurde dem Verfasser immer deutlicher, daß es sich dabei um etwas handelt, was man nur mit den Worten bezeichnen kann: das erste moderne christliche Mysteriendrama. Das darzustellen, ist die Absicht dieses Buches.

Den besonderen, einzigartigen Charakter dieser Dichtung hat — wohl als erster — schon Schiller erkannt. Obwohl ihm doch nur das 1790 erschienene »Fragment« bekannt war, dem noch die beiden Vorspiele und manche anderen Szenen im Ersten Teil fehlten, ganz zu schweigen von dem Zweiten Teil, schrieb er in einem Brief vom 23. Juni 1797 an Goethe: »So viel bemerke ich hier nur, daß der ›Faust‹, das Stück nämlich, bei aller seiner dichterischen Individualität, die Forderung an eine symbolische Bedeutsamkeit nicht ganz von sich weisen kann, wie auch wahrscheinlich Ihre eigene Idee ist . . .« Goethe hat das in einem am folgenden Tage geschriebenen Brief bejaht. Was Schiller mit den Worten »symbolische Bedeutsamkeit« meint, weist aber in die gleiche Richtung, in die auch das Wort »Mysterium« oder »Mysteriendrama« deutet.

Diese Anschauung vom »Faust« als einem Mysteriendrama wird auch von manchen modernen Forschern (u. a. E. Franz und R. Buchwald) ausgesprochen. Schwieriger ist es mit der Bezeichnung »christliches« Mysterium. Immer noch ist ja die freilich auf ein von Goethe selbst ausgesprochenes Wort zurückgehende Meinung verbreitet, Goethe sei ein »dezidierter Nichtchrist« gewesen. In Wirklichkeit hat Goethe, wenn er sich gelegentlich in negativer Weise über das Christentum geäußert hat, immer nur die Form gemeint, in der es zu seiner Zeit und in seiner Umgebung aufgefaßt wurde. Daß er in Wahrheit eine von tiefster Ehrfurcht erfüllte Haltung gegenüber dem Christus einnahm, geht allein schon aus seinen Worten über »die dritte Religion« hervor, die er in dem Kapitel über die »Pädagogische Provinz« in »Wilhelm Meisters Wanderjahren« aussprechen läßt. Er war nur in seinen Äußerungen darüber sehr zurückhaltend, weil er wußte, daß seine tiefere Einsicht in das eigentliche Wesen des Christentums von seiner Umgebung nicht begriffen wurde. Nur zuweilen brach doch eine Äußerung hervor, die seine wahre Meinung aussprach. Einige dieser Aussprüche werden an entsprechenden Stellen dieses Buches auftauchen.

Den Dank dafür, daß er dieses Buch schreiben konnte, muß der Verfasser zunächst und vor allem Rudolf Steiner aussprechen, durch den allein die Denkmöglichkeiten sich eröffnet haben, Goethes Werk in dieser Weise zu verstehen. Unmittelbar auf den »Faust« beziehen sich seine in zwei Bänden erschienenen »Geisteswissenschaftlichen Erläuterungen zu Goethes Faust« und »Die Rätsel in Goethes Faust«. Mit Dankbarkeit erwähnt werden muß auch das Buch von Rudolf Meyer, »Goethe der Heide und der Christ«. Aus der schier unübersehbaren Fülle von Faust-Kommentaren und Faust-Wörterbüchern wurden für Worterklärungen, Datierungen u. a. mit Vorteil gebraucht: R. Buchwald, »Führer durch Goethes Faust«, und Th. Friedrich und L. J. Scheithauer, »Kommentar zu Goethes Faust«.

Es ist jetzt etwa zweihundert Jahre her, daß Goethe den »Faust« zu schreiben begann, und etwa hundertvierzig Jahre, daß er vollendet wurde. Dennoch kann man ihn immer noch erleben als aus der Zukunft kommend. Aus unserer eigenen Zukunft. Und das ist vielleicht das Größte daran: daß er uns immer wieder zu Werdenden macht.

Ulm/Donau, im Advent 1972 *Gottfried Richter*

Ein Leben lang

Die Entstehungsgeschichte von Goethes Faust

Erste Bekanntschaft mit dem Puppenspiel und der Sage vom Dr. Faustus schon in der Kindheit.

1770 Die ersten Pläne zu einer eigenen Gestaltung tauchen in
dem 21jährigen Goethe in Straßburg auf. Die ersten Nie-
derschriften im Winter 1771/72 in Frankfurt. Sie wachsen
heran zum »Urfaust« (ganz in Prosa), den er 1775 nach
Weimar mitnimmt, erhalten in einer Abschrift des Fräu-
1775 lein von Göchhausen.

Zweite Bauperiode

1786 Wiederbeginn mit Antritt der Italienischen Reise. Es ent-
stehen u. a. die Szenen »Hexenküche«, »Wald und Höhle«,
»Auerbachs Keller«. Pläne für das Ganze. — Nach der
Rückkehr in Weimar erste Veröffentlichung. »Faust. Ein
1790 Fragment.«

Dritte Bauperiode

1797 Wiederaufnahme der Arbeit unter Schillers Drängen.
Fortgesetzte Arbeit daran bis 1801. Es entstehen die Vor-
spiele und die Szenen »Nacht«, »Vor dem Tor«, »Studier-
zimmer«, »Walpurgisnacht«, »Valentins Tod«. 1806
Schlußredaktion. 1808 erscheint »Faust. Der Tragödie
1808 Erster Teil«.

Vierte Bauperiode

1825 Der 75jährige nimmt die Arbeit wieder auf. Es wird das
»Hauptgeschäft«. Aus der dritten Periode liegen die An-
fänge zur »Helena« (dritter Akt) vor. Sie wird 1826 voll-
endet und erscheint 1827: »Helena, Klassisch-romantische
Phantasmagorie«. 1827–1830 erster und zweiter Akt.
1831 vierter und Vollendung des zu Teilen schon von frü-
her vorliegenden fünften Aktes. 22. Juli 1831 »das Haupt-
geschäft zustande gebracht«. »Faust Zweiter Teil« wird
eingepackt und versiegelt. Ende Januar 1832 »Neue Auf-
regung zu Faust ...« – Der letzte Brief, fünf Tage vor
1832 seinem Tod, an Wilhelm von Humboldt handelt von Faust.

Vorspiel auf dem Theater

Wie langsam das anhebt!
Der Ungeduldige wird enttäuscht.
Denn wenn er zu dieser Dichtung gegriffen hat, um nun endlich selbst zu lesen, was es denn mit diesem »Faust« auf sich habe, findet er zunächst, dem wirklichen Beginn des Dramas vorangesetzt, zwei Vorspiele: das »Vorspiel auf dem Theater« und den »Prolog im Himmel«. Das ist etwas, was es sonst bei keinem Drama gibt. Was also soll das? — Es kommt hinzu, daß in dem ersten dieser beiden nicht einmal der Name Fausts genannt und nur in der allerletzten Zeile etwas ausgesprochen wird, was als Hindeutung auf den Gang des folgenden Dramas verstanden werden kann. Was denn auch dazu geführt hat, daß manche Literarhistoriker gemeint haben, es sei ursprünglich gar nicht für den »Faust« geschrieben.
So fragt man erst recht: Was also soll das?
Es treten drei Gestalten auf: der Direktor einer wandernden Schauspielertruppe, der Dichter und die »Lustige Person«, mit der aber nichts anderes als der Schauspieler schlechthin gemeint ist. Es sind die drei Gestalten, die notwendig sind, um ein Drama entstehen zu lassen, es darzustellen und der Welt darzubieten. Und wir werden Zeugen eines Gesprächs, in dem der Direktor von der einen Seite — drängend, willenhaft —, der Schauspieler von der anderen Seite — mehr heiter, gelassen — den Dichter bewegen wollen, ein Schauspiel zu schreiben, das die Menschen in hellen Scharen vor ihre Bühne führen wird. Der Dichter indessen hat seine Einwendungen, die er zum Teil aufs leidenschaftlichste

vorträgt, um aber schließlich doch wohl schweigend zuzustimmen. Wobei freilich eben weder von dem Inhalt noch von den Gestalten, also dem Was dieses Schauspiels, auch nur im geringsten die Rede ist, nur von dem Wie. Darum also geht es in diesem Gespräch: Wie kann in der rechten Weise ein Drama geschrieben werden?

Damit aber sind wir in der Lage, schon zu einer ersten Antwort auf unsere Frage auszuholen.

Etwas Entsprechendes zu den zwei Vorspielen gibt es auf einem ganz anderen Gebiet: dem der Architektur. Die großen Kathedralen des Mittelalters »beginnen« auch nicht unmittelbar. Wer sie betreten will, sieht sich zunächst vor den mächtigen Portalen und ihren großen Gestalten zum Innehalten veranlaßt. Hat er sie durchschritten, steht er in der Vorhalle, an deren Ende ihn wiederum ein Portal anschaut — und dann erst »beginnt« der eigentliche Raum der Kathedrale.

Was diese Portale bedeuten, ist ohne weiteres sichtbar. Sie sind etwas wie ein Anruf zur Selbstbesinnung: Wer bist du denn, o Mensch, der du es wagst, diesen Raum zu betreten? Und ist dir auch bewußt, welchen Raum du betrittst? — Sie bedeuten das gleiche wie die uralte Tempelaufschrift: O Mensch! Erkenne dich selbst!

Eben das meinen diese beiden Vorspiele, insbesondere das erste: einen Akt der Selbstbesinnung, bevor man den ungeheuren Raum der eigentlichen Dichtung betritt. Es stellt diese Frage aber nicht nur dem Zuschauer oder Leser. Der Dichter stellt sich selbst — als Dichter — in Frage. Das Drama stellt sich selbst in Frage. Woher hat es seine Existenzberechtigung? Wozu eigentlich ist es in der Welt? Ist es nicht vielleicht nur eine töricht überflüssige Spielerei? Oder was sonst hat der Zuschauer zu erwarten? — Was erwartet es selbst aber seinerseits vom Zuschauer? — Und da es sich zunächst ja noch gar nicht um ein bestimmtes Drama handelt, so bedeutet das doch, daß es dem Zuschauer zuruft: Mache dich bereit, o Mensch, nicht irgendein, sondern *das* Drama zu erfahren!

Nichts Geringeres als eben das meint dieses Vorspiel. Aber weiter: Wir sagten vorhin, der Dichter stelle damit eigentlich sich selbst in Frage. Auch das gilt in einem sehr umfassenden Sinne. Mancher wird meinen — und diese Vermutung liegt ja nahe —: seine eigene Meinung habe Goethe dem Dichter in den Mund gelegt. Der Dichter, das sei eigentlich er. Und das ist auch weitgehend der Fall. Man darf aber nicht vergessen, daß Goethe durch viele Jahre — und gerade damals, als er dies Vorspiel schrieb (1797/98) — auch Direktor des Weimarer Hoftheaters war; und er hat diese Aufgabe so ernst genommen wie jede, die ihm sein Schicksal antrug. Mit einem gewissen Recht hätte bei einer Aufführung des »Vorspiels auf dem Theater«, wenn sie in jenen Jahren schon möglich gewesen wäre, der Theaterdirektor in der Maske Goethes auftreten dürfen. Zuschauer wie Schauspieler hätten jedenfalls seinen Schatten damals mindestens ebenso um diese Gestalt weben sehen wie um die des Dichters. — Und nicht anders verhält es sich mit dem Schauspieler. Goethe trat wohl auf dem Theater in Weimar nicht auf. Aber bei den Liebhaberaufführungen des Hofes hat er immer wieder mitgespielt, und bei den Proben hat er auch auf der Bühne des Theaters den Schauspielern oft ihre Rollen vorgespielt. Auch das also war etwas, womit er selbst sich identifizieren konnte. Auch das war er selbst.

Wer also spricht hier eigentlich mit wem?

Bevor wir uns nun den Einzelheiten dieses Gesprächs zuwenden, müssen wir uns eine Eigenart Goethes bewußt machen, die gerade bei der Konzeption dieses Vorspiels eine Rolle spielte und die Schiller nach der Lektüre des »Wilhelm Meister« in einem Brief (vom 8. Juli 1796) folgendermaßen monierte: »Sie haben ... verschiedene Winke hingeworfen, was Sie ... gedacht wissen wollen ... Die Winke sind sehr schön, nur nicht hinreichend scheinen sie mir. Sie wollten freilich den Leser selbst mehr finden lassen, als ihn geradezu zu belehren; aber eben weil Sie doch etwas heraussagen, so glaubt man, dieses sei nun auch alles, und so haben Sie Ihre Idee enger beschränkt ...« Worauf Goethe antwortete: »Der Fehler, den Sie mit Recht bemerken, kommt aus meiner innersten Natur, aus einem gewissen realistischen Tick, durch den ich meine Existenz, meine Handlungen, meine Schriften den Menschen aus den Augen zu rücken behaglich finde. So werde ich immer gerne inkognito reisen, das geringere Kleid vor dem besseren wählen, und in der Unterredung mit Fremden oder Halbbekannten den unbedeutenderen Gegenstand oder doch den weniger bedeutenden Ausdruck vorziehen, mich leichtsinniger betragen als ich bin, und mich so, ich möchte sagen, zwischen mich selbst und meine eigene Erscheinung stellen ...«

So ist es auch mit diesem Vorspiel. Goethe gibt sich »leichtsinniger«, als er ist, er verbirgt sich selbst und was er meint. Aber die »Winke« sind doch mehr als ausreichend, den Aufmerksamen zu dem Eigentlichen hinzuführen. So wie er den Schauspieler in das Narren-Gewand der »Lustigen Person« versteckt, sprüht er über die ganze Szene etwas von dem Duft einer Harlekinade, indem er die einer jeden der drei Personen jeweils charakteristischen und notwendigen Eigenschaften ein klein wenig übertreibt. Und man muß ein wenig aufmerken, um wahrzunehmen, was da wunderbar aufleuchtet. So gibt er, vor allem im weiteren Verlauf der Szene, dem nüchternen Tatsachensinn des Direktors leise Züge von Opportunismus, seine kühle Skepsis kommt zumindest in die Nähe von Zynismus. Die Geistzugewandtheit des Dichters bekommt Züge von Empfindsamkeit und Weltflüchtigkeit. Die zauberhafte jenseitige Heiterkeit des Schauspielers verkleidet sich in Narrheit und seine wunderbare Fähigkeit des Spiels in Verspieltheit. Aber es ist doch gar nicht zu übersehen, daß da Goethe jeweils eben nur »das geringere Kleid vor dem besseren« gewählt hat. Denn jede von den drei Gestalten ist ja er selbst.

Der Theaterdirektor beginnt. Er beginnt mit den Sorgen, die Goethe selbst als Direktor des Weimarer Hoftheaters nur allzugut kannte. Auch dieses Theater mußte, um bestehen zu können, immer wieder auf Wanderschaft gehen, zu Gastspielen in Lauchstädt, Halle und Leipzig. Auch er kannte wohl den Traum, daß »die Menge . . . am hellen Tage, schon vor Vieren« — die

Vorstellungen begannen damals um 6 Uhr nachmittags — »um ein Billett sich fast die Hälse bricht«. Wenn er so zu Beginn von diesen durchaus berechtigten Sorgen und verständlichen Wünschen spricht, so steigert er sich im weiteren Verlauf des Gesprächs in eine recht zweifelhafte Haltung hinein. Denn wenn er dann sagt:

Besonders aber laßt genug geschehn! . . .
So daß die Menge staunend gaffen kann,

so spricht doch daraus schon die tiefe Verachtung, die er der so umworbenen »Menge« eigentlich entgegenbringt und die in einer Schilderung des Theaterpublikums gipfelt, wie man sie schlimmer kaum denken kann. Von »Langeweile« spricht er als der Triebfeder, sie kommen »satt vom übertischten Mahle«, »zerstreut . . . wie zu den Maskenfesten«, »und Neugier nur beflügelt jeden Schritt«. Er spricht von den Damen, die »sich und ihren Putz« »zum besten geben« und eigentlich auch — nur »ohne Gage« — eine Vorstellung geben. Und die »Gönner«:

Halb sind sie kalt, halb sind sie roh.
Der, nach dem Schauspiel, hofft ein Kartenspiel,
Der eine wilde Nacht an einer Dirne Busen.

So also der Direktor über sein Publikum. Hat er denn Unrecht? Ist das nicht das Bild, das sich dem illusionslosen Blick bieten muß? Und Illusionen kann er sich ja gewiß nicht leisten! — Man sieht aber auch die — fast möchte man sagen: »tödliche« — Gefahr, in die solches Denken und Empfinden hineinführt, wenn er schließlich sagt:

Sucht nur die Menschen zu verwirren,
Sie zu befriedigen, ist schwer . . .

Ist »verwirren« nicht das Gegenteil von dem, was im Theater geschehen sollte? Und wie oft geschieht es wirklich!
So spricht der Direktor, in dem Realismus zum Zynismus geworden ist, dem wir aber zum Schluß — das wird nachher noch auf-

zugreifen sein — doch wieder in einem positiven Sinne begegnen werden.
Und nun der Dichter: Er ist gleich zurückgezuckt, als der Direktor von der »Menge« sprach. Ihm reimt sich dieses Wort auf »Gedränge, das wider Willen uns zum Strudel« — d. h. zum Abgrund — »zieht«. Ihn verlangt es nach etwas ganz anderem. Und nun gibt ihm Goethe ein Wort in den Mund, das zu den vielen von ihm neugeschaffenen gehört, deren Gewicht und Bedeutsamkeit man allzuleicht übersieht: Es zieht den Dichter »zur stillen Himmelsenge«. Ist der Himmel denn eng? — Diese Bedeutung kann es nicht haben. Aber daß in der Stille des engen »Kämmerleins« der Himmel aufgeht, davon sprach schon die Bergpredigt. Und das Folgende weist in die gleiche Richtung. Nicht die Vielen sucht er, sondern die Wenigen, denen man sich in »Lieb' und Freundschaft« auftun kann. Denn allein in diesem also eröffneten in und zwischen Menschen webenden Innenraum vermögen die Götter zu wirken, daß dem Herzen das Wunder des Lebens entsprieße, reife und mit Frucht gesegnet werde.

Wo Lieb' und Freundschaft unsres Herzens Segen
Mit Götterhand erschaffen und erpflegen.

Wenn er dann weiterhin von dem langen, langsamen Wachstum und der geduldig zuwartenden Pflege spricht, die das so Aufkeimende brauche, auch wenn dann vielleicht erst die »Nachwelt« es empfange, so wird vollends klar, daß, wie der Direktor ganz der äußeren Welt und ihren Notwendigkeiten, so der Dichter ganz der inneren, geistigen Welt hingegeben ist. Und der Gegensatz zwischen den beiden, der Abgrund, der sich zwischen ihnen auftut und den der Mensch oft genug als inneren Konflikt schmerzlich empfindet, bricht vollends auf, wenn der Direktor dann nach seiner ins Zynische gehenden Schilderung des Publikums vom »Verwirren« spricht und der Dichter ausruft:

Geh hin und such dir einen andern Knecht!

Das läßt ihn aber zugleich zu dem höchsten Bewußtsein seiner selbst und seiner Mission erwachen. Was er nun sagt, gehört zu dem Bedeutsamsten und Großartigsten, das je über das Wesen des Dichters ausgesprochen worden ist und zugleich freilich weitverbreiteten Denkgewohnheiten widerspricht.

Ist es der Einklang nicht, der aus dem Busen dringt
Und in sein Herz die Welt zurücke schlingt?

Wird nicht allgemein gedacht, der Dichter, der Künstler überhaupt, sei eigentlich nur ein besonders feines Instrument, das die Harmonie (den »Einklang«) der Welt ertönen lasse? — Hier aber heißt es: Quell und Ursprung dieser Harmonie ist im Inneren des Menschen. Der Dichter fügt der Welt etwas hinzu, was sie ohne ihn nicht hätte. Es wird auf ihn gerechnet. Nicht passiv, sondern höchst aktiv ist er gemeint. Erst wenn er sie in sein Herz, in seinen schöpferischen Mittelpunkt hineinnimmt, vermag die Welt zu tönen.

Das Folgende führt diesen Gedanken weiter aus. Es spricht von dem Naturgeschehen als einem zwanghaften, gleichgültigen Abrollen. Wer aber schafft daraus beschwingten Tanz (»daß sie sich rhythmisch regt«)? Wer macht, daß im einzelnen das Allgemeine, im Irdischen das Überirdische »in herrlichen Akkorden schlägt« und so der Atem einer höheren Welt das Dasein durchweht (»ruft das Einzelne zur allgemeinen Weihe«)? Wer durchseelt bedeutungsvoll die Naturerscheinungen? — Es ist immer die gleiche aus dem Inneren des Menschen, aus dem Inneren des Dichters aufgehende Schöpferkraft, von der es zum Schluß sogar heißt, sie

sichert den Olymp, vereinet Götter.

Aus seinen Händen also geht die Welt verwandelt hervor, vermag sie ein Höheres zu offenbaren, kann sie von Göttern bewohnt werden.

Und nun der Schauspieler. — Er ist ja von Natur, oder besser vielleicht: von Berufs wegen, zum Mittler bestimmt. Er ist derjenige, der die vom Dichter geistig konzipierten Gestalten auf den Büh-

nenbrettern und in den Kostümen des Direktors darzustellen, zu verwirklichen hat. Und als der Mittler tritt er auch in diesem Gespräch auf, den immer wieder schier unüberbrückbar scheinenden Zwiespalt zwischen Direktor und Dichter auf wunderbare Weise versöhnend.
Das beginnt sogleich, wenn der Dichter von der »Nachwelt« spricht, die vielleicht sein Werk erst empfangen werde.

Gesetzt daß ich von Nachwelt reden wollte,
Wer machte denn der Mitwelt Spaß?

Mit diesen Worten korrigiert der Schauspieler ganz leise den Dichter und läßt den Hauch von weltflüchtigem Egoismus, der dessen wunderbar klingenden Worten innewohnt, bemerken, ohne ihn jedoch zu kritisieren. Ist denn nicht wirklich die Mitwelt unsere Aufgabe?
In der gleichen Weise korrigiert er aber auch den Direktor und dessen Verlangen nach der »Menge« — scheinbar es bejahend, in Wirklichkeit aber es umdeutend —, wenn er von sich und seinesgleichen sagt:

Er wünscht sich einen großen Kreis,
Um ihn gewisser zu erschüttern.

Er nimmt nicht die Wünsche, nicht die Dürftigkeit, in der die Menschen erscheinen, zum Maßstab, er will sie »erschüttern«, das heißt aber doch, ihr vergrabenes Innerstes aufbrechen, bewegen und sie verwandeln.
Und was mit ihm gemeint ist, verstehen wir vollends, wenn wir sein letztes Wort in diesem ganzen Passus an den Dichter begreifen:

Laßt Phantasie, mit allen ihren Chören,
Vernunft, Verstand, Empfindung, Leidenschaft,
Doch, merkt euch wohl! nicht ohne Narrheit hören!

Was heißt dieses — durch das vorangesetzte »doch, merkt euch wohl!« noch besonders gewichtig gemachte — »nicht ohne Narrheit«? — Bei der Gestalt des Schauspielers, die Goethe mit gutem Bedacht in das Kostüm des Harlekins gesteckt hat, gilt es ganz besonders zu beachten, was er in dem vorhin zitierten Brief an Schiller schrieb. Man kommt dem, was hier gemeint ist, wohl am nächsten, wenn man an Christian Morgensterns Gedicht »Mir war Humor mein Lebtag schier — Problem« denkt, in dem es dann heißt:

> Sprich, kann Humor je *groß* sein? — Ja! Und baß! —
> Als Brecher, Einmensch, deiner Wichtigkeit!

»Entwichtigung« — um diese wunderbare doppelsinnige Wortprägung Friedrich Doldingers zu gebrauchen — meint er. Der Schauspieler ist ja derjenige, der »spielen« muß. Im Spiel aber verlieren die Dinge ihr Gewicht, genauer gesagt: ihr Lastendes. Das ist das Wunder des Spiels. Und mit je größeren Gewichten einer beschwingt spielen kann, um so größer ist er. Vielleicht mag mancher daran denken, wie die Planeten um die Sonne kreisend weder in diese noch in den Abgrund stürzen, sondern in einem göttlichen Gleichgewicht ihre Bahnen vollenden.
Das Bedeutungsvollste aber spricht er aus, wenn er nach dem »Such' dir einen andern Knecht« des Dichters in die Bresche springt. Jetzt formt er seine Rede so, als führe er nur die leidenschaftlich begeisterten Worte des Dichters über das hohe Wesen der Dichtkunst weiter. Er beginnt:

> *So braucht sie denn die schönen Kräfte*
> *Und treibt die dichtrischen Geschäfte . . . ,*

und fährt dann überraschend, gleichsam mit einem leisen Gelächter, fort:

> *Wie man ein Liebesabenteuer treibt.*

Aber er meint es ernst. Er »beträgt sich« nur wieder »leichtsinniger«, als er ist. Denn man braucht, was er nun ausführt, nur anzuwenden, um zu sehen, daß es wahr ist.
»Zufällig« naht sich der Künstler etwa einem Sonnenuntergang,

da wird er angerührt — noch weiß er nicht, wovon, aber er kann nicht einfach weitergehen, er hält inne; seine Seele webt hinüber und herüber; immer wunderbarer und beglückender offenbart sich das anfangs kaum Geahnte. Stärkere Kräfte muß er aufrufen, Widerstände zu überwinden. Entzücken wandelt sich in Schmerz — und wer, der es ernsthaft meint, kennt nicht diese Qualen der Geburt! —, bis plötzlich unversehens das Ganze herrlich aufklingt. — Das ist es doch, was hier so leichthin tänzelt:

Zufällig naht man sich, man fühlt, man bleibt
Und nach und nach wird man verflochten;
Es wächst das Glück, dann wird es angefochten,
Man ist entzückt, nun kommt der Schmerz heran,
Und eh man sich's versieht, ist's eben ein Roman.

Das ist mehr als ein spielerischer Vergleich. Es muß ein tief entzückter Augenblick gewesen sein, als Goethe entdeckte, daß alles künstlerische Schaffen genau nach den gleichen Gesetzen verläuft wie im Leben eine Liebe. Daß es in seinem Wesen Liebe ist.

Aber indem der Schauspieler damit wohl etwas wie eine Weiterführung dessen gibt, was der Dichter ausgesprochen hatte, indem er nicht nur »Liebe«, sondern »Liebes-Abenteuer« sagt, bringt er wieder eine leise Korrektur an. Denn mit diesem Wort wird ja daran gerührt, daß man sich selbst preisgeben muß. Daß man sich in etwas hineinbegibt, was ein Wagnis bedeutet.

Mit dem jedoch, was diesen Passus abschließt, fügt er nun wiederum eine Korrektur des Direktors und des Bildes an, das er vom Publikum gezeichnet hat. Dieses Bild — zu widersprechen, ist ihm nicht; nur — es ist bloß die halbe Wahrheit. Denn mitten unter denen, die jener so dunkel verächtlich gezeichnet hat,

. . . sammelt sich der Jugend schönste Blüte
Vor eurem Spiel und lauscht der Offenbarung . . .
Ein jeder sieht, was er im Herzen trägt . . .
Wer fertig ist, dem ist nichts recht zu machen;
Ein Werdender wird immer dankbar sein.

Das ist nicht nur im äußeren Sinne gemeint. Nicht nur mitten unter den vom Direktor so zynisch charakterisierten Zuschauern, auch in ihnen selbst ist Jugend. Ein Jugendliches, Werdendes schlummert auch in Menschen, die dem äußeren Anschein nach nichts davon ahnen lassen, und wartet nur darauf, erweckt zu werden. Wenn der Dichter vollbringt, was ihm aufgetragen ist, dann sitzen dort plötzlich nicht nur die Satten, Gelangweilten, Selbstgenießerischen und Zerstreuten, überlegen lächelnd — dann sitzt dort, zumindest mitten unter den anderen, Menschheit, die strahlt und leuchtet und zu dem Schönsten erwacht ist, was sie in sich trägt, und »lauscht der Offenbarung«. Der Offenbarung einer höheren Welt, von der sie zugleich entdeckt, daß sie ihr selbst angehört, sie »im Herzen trägt«. Denn daß das Wort »Jugend« eben in diesem und nicht in einem äußeren Sinne — den Lebensjahren nach — gemeint ist, wird nachdrücklich von der Lustigen Person auf den eben in diesem Mißverständnis befangenen Einwand des Dichters hin ausgesprochen:

Das Alter macht nicht kindisch, wie man spricht,
Es findet uns nur noch als wahre Kinder.

Wer ist es nun, müssen wir uns jetzt fragen, der in dem Narrenkleid der »Lustigen Person« steckt? — Es ist ein jugendlich-kindhaftes Wesen, der »Mittler« zwischen der Welt des Direktors und der des Dichters, beide »ins Rechte denkend«, der ganz Gegenwärtige, dem die »Entwichtigung« des eigenen Wesens so sehr Lebenselement geworden ist, daß man ihn selbst kaum in festen Konturen sehen kann, der, tief ins reine Liebes- und Hingabe-Element eingewurzelt, an den Menschen glaubt. So steht er zwischen den beiden anderen. Ein Wesen, insgeheim verwandt dem Knaben Wagenlenker und Euphorion.

Und nun kehren wir zu einer Frage zurück, die wir eingangs gestellt hatten. Als wir darauf aufmerksam wurden, daß alle drei Gestalten dieses Gesprächs, Direktor, Dichter und Schauspieler, in Goethe steckten, fragten wir: Wer spricht hier eigentlich mit wem? — Es wird deutlich: Dies ist ein Selbstgespräch. Aber es ist nicht ein Zwiegespräch, wie man gewöhnlich meint, wenn ein Mensch mit sich selbst spricht. Das ist das überraschend Großartige, was in diesem Gespräch aufleuchtet: Der Mensch ist nicht ein zwiefältiges, zwiespältiges, sondern ein trinitarisches Wesen. Jeder Mensch trägt den dem Sein der Welt und ihrer Wirklichkeit Zugewandten in sich — wie könnte er sonst existieren! Jeder Mensch trägt, wenn er mit Recht den Namen »Mensch« führt, den dem Geistigen Zugewandten in sich und erlebt immer wieder den zwischen den beiden aufbrechenden Abgrund. Und er kann nur leben, wenn er auch den Dritten in sich atmen läßt, den »Mittler«, der, selbstlos zwischen beiden Welten hin und wider webend, in jenseitiger Heiterkeit die eigentliche Verwirklichung des Menschen erstehen läßt. — Der Mensch ist ein trinitarisches Wesen, immer in der Gefahr, nach der einen oder anderen Seite abzuirren, aber zugleich doch die größere, die göttliche Trinität in seinem Hintergrund ahnen lassend. Auch in diesem Sinne gilt das uralte »Gott schuf den Menschen ihm zum Bilde, zum Bilde Gottes schuf er ihn«.

Das sind die Gestalten, die den herankommenden Menschen von diesem Portal — oder, wenn man will, von dem Himmel dieser Vorhalle — her anschauen. Und daß es wirklich die christliche Trinität ist, wird uns deutlich, wenn wir das Folgende bedenken.

Man erinnere sich daran, wie der Dichter den Vorgang des künstlerischen Schaffens schilderte. Wie er da von dem »Einklang«, von der Harmonie sprach, die aus dem Menschen-Inneren aufgehend die Welt ergreift. Wieso hat man noch nie erkannt, daß Goethe hier von dem christlichen Mysterium spricht? Für die vorchristliche Welt galt durchaus, was heute noch weithin die Vorstellung von dem Wesen des Dichters bildet. Da galt es, nur passives Instrument zu werden, auf dem die von Göttern durchwobene Welt ihre Harmonien erklingen ließ. Daß das schöpferische, weltverwandelnde Wort im Menschen-Ich aufzugehen beginnt, ist das Signum der mit dem Christus anhebenden Welten-Ära. So ist das von dem Dichter repräsentierte Geist-Element von dem Christlichen durchatmet.

Wie stark dieses Christus-Element in der zwischen den beiden anderen stehenden Gestalt des Schauspielers, des »Mittlers«, lebt, in seinem jugendlichen oder kindhaften Liebe-Element, aus dem heraus er heilend das Ineinanderweben der Welten bewirkt, leuchtet unmittelbar auf. Daß es aber auch in der dritten Gestalt, in dem das Vater-Wesen repräsentierenden Direktor, zum Klingen kommt, enthüllt sich, wenn wir auf zwei Worte hören, die er ganz am Anfang dieser Szene spricht. Da sagt er von den schon auf das Schauspiel wartenden Zuschauern:

Sie sitzen schon mit hohen Augenbraunen
Gelassen da und möchten gern erstaunen,

und vorher schon:

Und jedermann erwartet sich ein Fest.

Wer kann denn »staunen«? — Das Kind. Und der Liebende. Und immer wieder jeder, der bereit ist, Offenbarung zu empfangen. Und was ist ein »Fest«? — Ein Geschehen, bei dem, wenn auch nur für kurze Zeit, denn mehr ist uns nicht möglich, das Irdische von einem überirdischen Licht durchstrahlt und verklärt wird, für einen Augenblick der Schwere enthoben. Das also ist eigentlich das Drama! Und seine Vater-Rolle wird noch einmal deutlich in den Schlußworten dieser ganzen Szene, wenn er die beiden anderen auffordert, nun zu Taten überzugehen, und ihnen das ganze Weltall zur Verfügung stellt.

So also beginnt das christliche Mysteriendrama.
Und nun eröffnet sich das zweite große Portal.

Prolog im Himmel

Während das Vorspiel auf dem Theater das Problem des Dramas schlechthin stellt, ist der »Prolog im Himmel« zwar immer noch Vorspiel, aber doch schon das Tor in das eigentliche konkrete Drama. Fausts Name erklingt; und er wird sichtbar. Zwar nicht in seiner irdischen Gestalt, aber wie er in den Augen der geistigen Welt erscheint. Und nicht nur das – sein Schicksal beginnt. Der Prolog macht offenbar, daß jedes Menschenschicksal – wenn nicht alles Geschehen – schon angefangen hat, bevor sein irdischer Beginn wahrnehmbar wird; daß es seine Wurzel nicht eigentlich im Irdisch-Sichtbaren, sondern im Geistigen hat.

Man hat – und selbstverständlich mit Recht – darauf hingewiesen, daß dieser »Prolog« sein Vorbild im Buch Hiob hat oder besser gesagt, dadurch angeregt worden ist: Goethe hat ja bis ins hohe Alter hinein immer wieder und wieder das Alte wie das Neue Testament gelesen; wir werden dieser Tatsache oft begegnen. Auch das Geschehen im Buch Hiob entwickelt sich aus einem Gespräch, das der Herr mit dem Widersacher führt. Aus einer »Wette«, sagt man gemeinhin. Mit diesem Gedanken verbindet sich im modernen Menschen mehr oder minder unbewußt sogleich die Empfindung, es handle sich also um einen Kunstgriff, so daß dann die ganze Szene und all ihre Gestalten, Gedanken und Geschehnisse in das Gebiet des Spielerischen und Artistischen, der »bloßen« Dichtung gerückt werden.

Wir müssen aber bedenken, wie tief ernst Goethe selbst jedes Sprechen vom Göttlichen nahm. Von den vielen Stellen, die man anführen könnte, mag eine genügen: Unter dem 31. Dezember

1823 berichtet Eckermann: »Wir sprachen sodann über religiöse Dinge und den Mißbrauch des göttlichen Namens. ›Die Leute traktieren ihn‹, sagte Goethe, ›als wäre das unbegreifliche, gar nicht auszudenkende höchste Wesen nicht viel mehr als ihresgleichen ... Er wird ihnen, besonders den Geistlichen, die ihn täglich im Munde führen, zu einer Phrase, zu einem bloßen Namen, wobei sie sich auch gar nichts denken. Wären sie aber durchdrungen von seiner Größe, sie würden verstummen und ihn vor Verehrung nicht nennen mögen.‹«
Man kann nicht anders denken, als daß Goethe vor allem diese Szene mit dem allertiefsten, ehrfürchtigsten Ernst gestaltet hat. Natürlich ist es Spiel — aber nicht im Sinne von verantwortungsloser Spielerei; Dichtung — aber nur im Sinne von »Verdichtung« tiefster Ahnungen, die etwas wie Wahrnehmungen höherer, verborgener menschlicher Sinne sind. —
Was uns, wenn sich der Vorhang für diese Szene öffnet, erscheint, ist noch nicht Faust und seine irdische Umgebung. Es sind die mächtigen Geistwesen der Erzengel und durch ihre Worte hindurch die ungeheuren Räume der ganzen Welt, des Kosmos. Als ein Weltendrama also beginnt es, wenn der feierliche Preisgesang der Erzengel anhebt:

Die Sonne tönt ...

»Die Sonne« ist das erste Wort, mit dem alles seinen Anfang nimmt. Das ist kein Zufall, gleichgültig, ob das einer bewußten Absicht Goethes entspricht oder nicht. Wie der Knabe auf dem Dachboden des elterlichen Hauses aus Steinen der vom Vater zusammengetragenen Mineraliensammlung einen Sonnen-Altar errichtete und jenen aus rätselvollen Seelentiefen aufsteigenden kindlichen Sonnenkultus zelebrierte; wie der alte Goethe noch im letzten Jahr seines Lebens zu Eckermann davon sprach, daß es »durchaus in seiner Natur sei, die Sonne zu verehren. Denn sie ist eine Offenbarung des Höchsten, und zwar die mächtigste, die uns Erdenkindern wahrzunehmen vergönnt ist ...«* — so steht

* 11. März 1832

sein ganzes Leben hindurch diese zur Sonne hin gerichtete Religion im innersten Mittelpunkt seines Wesens. In ihr »anbete« er, fuhr er zu Eckermann fort, »das Licht und die zeugende Kraft Gottes, wodurch allein wir leben, weben und sind und alle Pflanzen und Tiere mit uns«. Und es ist wiederum kein Zufall, daß ihm dabei die Worte auf die Zunge kommen, die Paulus in seiner Predigt auf dem Areopag in Athen brauchte, um den »Unbekannten Gott« — der nun aber sich offenbart hat — zu preisen: »Denn in ihm leben, weben und sind wir alle.«

Und die Sonne *tönt*. — Wir dürfen, auch wenn wir das schon oft gehört und vielleicht manches Gelehrte darüber gelesen haben, nicht vergessen, daß im Raum der Dichtung, daß für den mächtigen Engel, der diese Worte spricht, dies nicht eine merkwürdige Lehre, sondern eine Wahrnehmung ist. Wenn die Kommentatoren gewöhnlich zunächst auf Pythagoras als Quelle abheben, der (ebenso wie Kepler) von der »Sphärenharmonie« sprach, so meinen sie, es handle sich um die Übernahme eines poetischen Bildes. Doch wir treffen wohl die Meinung Goethes eher, wenn wir sagen: Pythagoras vermittelt eine Wahrnehmung, wie sie jenen Menschen zugänglich ist, die ihr Bewußtsein in die Sphäre der Engel erhöhen können. Was Pythagoras wußte, war aber nur das Weiterklingen eines um Jahrtausende älteren Wissens. Ägypten war ganz durchdrungen von diesem mächtigen Klingen und Tönen als dem zeugenden Urquell alles Gewordenen. Und es kann kein Zweifel bestehen: Auch das war nur das Weiterleben eines noch viel älteren Erlebens und Wahrnehmens, für welches die Menschheit erst mit dem Auftauchen des intellektuellen Bewußtseins taub zu werden begann*. Aus dem gleichen älteren, tieferen Bewußtsein heraus sind auch die Anfangsworte jenes anderen »Prologs« geformt: »Im Urbeginne war das Wort . . .«, in dem dann ebenso wie in der oben angeführten Äußerung Goethes von der schöpferischen »zeugenden« Kraft der Gottheit gesprochen wird wie von dem »Leben« und dem »Licht«. Auch

* Wie genau das Goethes Meinung trifft, wird bei der Betrachtung der Parallelstelle im Beginn des Zweiten Teiles deutlich werden.

dorthin also gibt es unausgesprochene, unsichtbare Verbindungen. — Das alles klingt mit in diesen ersten Versen. So groß beginnt das Drama.
In dem großen Preisgesang der Erzengel leuchtet noch ein für Goethe sehr wesentlicher Gedanke auf. Nachdem Gabriel in der auf Raphaels gewaltigen Sonnengesang folgenden zweiten Strophe das machtvolle Atmen von Tag und Nacht im fort und fort währenden Umschwung der Erde gepriesen hat, klingt in der dritten Strophe, der Strophe Michaels, zunächst die Urgewalt der Elemente in Sturm und Blitz und Donner auf. Dann aber folgen die beiden Verse — und man muß das Abgründe setzende *doch* hören, mit dem sie anheben —:

Doch deine Boten, Herr, verehren
Das sanfte Wandeln deines Tags.

Hätte alles, was in den vorangehenden Versen ausgesprochen wird, jedem Angehörigen der uralten Menschheitskulturen vertraut geklungen — in diesen zwei Versen lebt etwas, was so erst seit der großen Zeitenwende (und in solchen Menschen, die sie prophetisch vorbereiteten wie Elias) vernommen werden kann. Nicht im Lauten, in der Stille ist das Göttliche göttlicher da. Das Sanfte ist die größere Gewalt. Das heißt doch: Ganz gewiß ist Gott der Allmächtige, der in seiner alles Irdische übertreffenden Gewalt zu Erlebende — aber seine höhere Offenbarung lebt in dem, was still geschieht wie das Steigen und Sich-Neigen des Tages, wie alles Wachsen und Reifen. Doch davon wird am Schluß dieser Szene noch zu sprechen sein.
Das ist die Welt der Erzengel.
Und nun erscheint Mephisto. Sein Auftreten ist sogleich mit Rätseln verbunden. Ist denn nicht sein Ort die Hölle? Wie kann er im Himmel erscheinen? Da aber spricht er selbst in seinem ersten Vers (»Da du, o Herr, dich einmal wieder nahst«) etwas aus, was noch eine ganz andere Vorstellung schafft. Gott naht. Das heißt: er ist in Bewegung. Also nicht Mephisto ist in den Himmel eingedrungen — der Ursprung der Bewegung, der Be-

gegnung ist Gott. Ist das so gedacht, wie etwa Michelangelo in seinen Schöpfungsfresken den Herrn »in mächt'gem Schwunge« durch die Welt schweben läßt? Oder so vielleicht, wie es Sterne gibt, die bald heller, bald weniger hell aufleuchtend gewissermaßen im Lichte atmen? Daß also die Gottheit vielleicht bald nach außen, bald nach innen ihr eigenes Lichtwesen aus- und einatmet? — Eines ist klar: In dieser Welt gelten andere Gesetze als in unserer Raumeswelt. Das sind andere »Räume«. Und Gott ist in Bewegung.

Wer ist nun Mephisto?

Daß er der Böse, der Widersacher ist, ist leicht gesagt. Er erscheint aber — wenigstens vorerst — gar nicht mit den Kräften verbunden, in denen man heute gemeinhin das Böse zu erkennen gewohnt ist: dem Leidenschaftlichen, dem Begehren usw. Daß er auch diese Kräfte zu handhaben weiß, wird erst viel später sichtbar. Zunächst — und das ist tatsächlich sein hauptsächlicher Charakter — erscheint er ganz anders.

Schon bei der Betrachtung des Vorspiels auf dem Theater wurde deutlich, daß es immer zwei Abirrungsmöglichkeiten, das heißt aber zwei Arten des Bösen gibt: Rudolf Steiner hat sie in Anknüpfung an ältere Bezeichnungen das Ahrimanische und das Luziferische genannt. Mephisto nun gehört eindeutig zu jener Sphäre, welche die heutige Welt zu ihrem großen Schaden noch gar nicht deutlich genug als eine Sphäre des Bösen durchschaut hat: zu der Welt des Ahrimanischen. Es zählt zu den Großtaten Goethes, daß er, indem er den Mephisto gerade so gestaltete, gleichsam ein Warnzeichen errichtete, das nur nicht als solches erkannt worden ist.

Mephisto ist derjenige, der die Klugheit, die Gescheitheit, den Intellekt in überlegener Weise verkörpert, all jene kühlen Verstandeskräfte also, welche die ganze moderne Welt großgemacht haben. Die Goethe-Forscher haben — und zwar mit einem gewissen Recht — darauf hingewiesen, daß Mephisto Züge von Goethes Freunden Merck, Herder und anderen trägt. Man sieht dann Mephisto aus einer Steigerung bestimmter menschlicher Züge hervorgehen. Es ist aber umgekehrt. Goethe erkannte, daß gewisse menschliche Kräfte, wie er sie eben in diesem und jenem erblickte, die Auswirkung einer bestimmten übermenschlichen, in Wahrheit dem Menschen feindlichen Macht sind. Daß wir auf der anderen Seite diese Kräfte gar nicht entbehren und einfach verneinen können, daß wir hier also vor einem der tiefsten menschlichen Probleme stehen, war Goethe ebenso klar. Wir werden darauf immer wieder kommen.

Mephisto erscheint zunächst als derjenige, der es vermag, mit Höflichkeit die unverschämtesten Grobheiten unangreifbar auszusprechen. Denn wenn er, scheinbar sich entschuldigend, sagt: »Mein Pathos brächte dich gewiß zum Lachen«, so belächelt er damit eben doch den Preisgesang der Erzengel als »Pathos«. Kaum noch verhüllte Unverschämtheit sind dann die — nun gegen den Herrn selbst gewandten — Zeilen: »Ein wenig besser würd' er (der Mensch) leben, hätt'st du ihm nicht den Schein des Himmelslichts gegeben.« Das hüllt sich ein in die Maske des Mitleids (»Ich sehe nur, wie sich die Menschen plagen«), die aber so eindeutig Maske ist, daß auch hier sich wieder blanker Hohn zeigt. Was aber in all seinem Gerede über den Menschen und die Erde und die ganze Schöpfung eigentlich lebt, enthüllt sich in den Worten des Herrn: »Kommst du nur immer anzuklagen?« — Kein Zweifel, daß hier anklingt, was der Apokalyptiker vom Satan, von der durch Michael ausgestoßenen Macht sagte: »... der sie verklagte vor Gott Tag und Nacht« (Apok. 12).

Damit ist etwas sehr Bedeutsames ausgesprochen: Die Engel preisen — Mephisto klagt an. Das heißt: der Mensch, der »preist«, ist mit den Engeln im Einklang; der Mensch, der anklagt, stimmt in die mephistophelische Aussage ein. Deshalb ist alles wahrhaft künstlerische Tun, auf welchem Gebiet auch immer, Preisgesang, der selbst noch aus den dunkelsten Abgründen aufsteigt. Man denke dabei auch an Rilkes Gedicht: »O sage, Dichter, was du tust! — Ich rühme ...« Und deshalb kann Anklage niemals Kunstwerk werden. Der Ankläger der Menschen, der Welt, des Schicksals zerstört sich selbst.

So bauen sich in Goethes Sinn die Geisteswelten auf. In mächtiger Bewegung das All durchatmend die schaffende Gotteswelt. Preisend und verehrend die Welt der Erzengel. Höhnisch, bar aller Ehrfurcht und anklagend Mephisto. Nun aber scheint in ihrem Bewußtsein die Menschenwelt auf, und als das für sie offenbar charakteristische Element erklingt das Motiv der vorhin schon zitierten Worte Mephistos:

... den Schein des Himmelslichts gegeben.
Er nennt's Vernunft und braucht's allein,
Nur tierischer als jedes Tier zu sein.

Wenn wir, was hier ausgesprochen wird, von dem hämischen Ton befreien, in den es Mephisto einpackt, heißt das doch nichts Geringeres als: der Mensch ist das Wagnis Gottes. Er gab ihm etwas, was ihm Anteil verleiht an dem Licht, in dem er selbst lebt — was ihn freilich auch der Gefahr aussetzt, noch unter die Stufe des Tieres zu sinken, weil es ihn frei macht. Es war eine der tiefsten Gewißheiten Goethes, daß jenes, was er Vernunft nannte — nicht Verstand, nicht Intellekt! —, zu dem gehört, wodurch der Mensch hineinragt in die göttliche Welt über sich. »Ich frage nicht ..., ob dieses höchste Wesen Verstand und Vernunft habe, sondern ich fühle, es ist der Verstand, es ist die Vernunft selber. Alle Geschöpfe sind davon durchdrungen, und der Mensch hat davon so viel, daß er Teile des Höchsten erkennen mag« — notiert Eckermann als eine Äußerung Goethes unter dem 23. Februar 1831. Was Goethe hier meint, könnte man auch so ausdrücken: Es gehört zum innersten Wesen des Menschen, daß ihm ein Teil der göttlichen Vernunft, die in alle Schöpfung ausgegossen ist, nicht nur wie den anderen Wesen in gewissermaßen gebundener Form, sondern frei übergeben ist. Mit der zunehmenden Fähigkeit, als Erkennender sich von allen Bindungen zu befreien, wächst aber auch die Gefährdung. Wohin wird er sich nun wenden? Wem wird er sich anheimgeben? Der Welt über sich oder den Mächten, die von unten locken? — Das ist der Mensch.

Dann erklingt der Name Fausts. Der Herr spricht ihn aus. Und an der Art, wie er in dem ganzen Zusammenhang fragt: »Kennst du den Faust?«, wird gleich klar: Faust ist nicht irgendein beliebiger, zufällig herausgegriffener Mensch, sondern der, den der Herr als Repräsentanten des Menschentums, das er eigentlich meint, ansieht. Hier also wird in der Dichtung selbst ausgesprochen: Das Drama Fausts ist nicht das Drama irgendeines, sondern *des* Menschen. Nun zeigt sich in dem Folgenden sogleich die ganze Armseligkeit des Teufels, der zwar diesen Menschen, dieses seltsame Wesen, ganz genau sehen und auch seine Gestalt genau zeichnen — aber überhaupt nicht begreifen kann.

Er ist sich seiner Tollheit halb bewußt;
Vom Himmel fordert er die schönsten Sterne
Und von der Erde jede höchste Lust . . .

Das heißt: dieses »tolle« Wesen begnügt sich nicht damit, entweder das Geistige oder die Erde zu genießen. Sich von der Welt zurückzuziehen und nur dem Geistigen zu leben, das kann Mephisto ebenso verstehen wie das andere, ganz auf das Geistige zu verzichten und bloß das Irdische zu genießen. Aber beides nicht nur in gemäßigter Temperiertheit, sondern im höchsten Sinne, in seiner ganzen ungeheuren Spannung durchleben, sein Erden- und sein Sternen-Wesen versöhnen und vermählen zu wollen, das kann Mephisto nur als Tollheit ansehen. Denn er kann ja nicht kennen, was eben das menschlichste Geheimnis ist und was den Menschen seiner Macht, ja vielleicht schon seinen Augen entzieht — wir sahen es im »Vorspiel auf dem Theater« schon ausgesprochen —, daß es eine Sphäre der gesteigerten Existenz gibt, wo beide Welten in dem, was wir »Verklärung« nennen, glorreich ineinanderklingen.

Eben dieses Wort scheint uns anzuklingen, wenn der Herr in seiner Antwort von der »Klarheit« spricht, in die er Faust aus seinem »verworren dienen« bald führen will. Denn eben dies ist »Blüt' und Frucht«, ist das, wozu aufzublühen und zu reifen der Mensch bestimmt ist. Der Mensch ist ein Werdendes.

Darauf folgen jene Worte, die so oft zu dem oberflächlichen Gerede von der »Wette« des Herrn mit Mephisto geführt haben. Mephisto: »Was wettet Ihr? den sollt Ihr noch verlieren!« Man muß aber doch beachten, daß der Herr dieses Angebot Mephistos, wie alle dessen Unverschämtheiten, einfach — übersieht; es ist, als ob es nie ausgesprochen wäre. Könnte denn auch für Gott der Mensch Gegenstand einer »Wette« sein? — Das ist es ja eben, daß dieser zynische Vorschlag vom Herrn nicht einmal beantwortet wird. Mephisto verachtet den Menschen, Gott aber glaubt an ihn.

Und steh' beschämt, wenn du bekennen mußt:
Ein guter Mensch in seinem dunklen Drange
Ist sich des rechten Weges wohl bewußt.

Das ist die Weiterführung dessen, was vorher in dem Bilde vom Bäumchen, das im Ergrünen schon auf Blüte und Frucht zulebt — auch das ist ja ein »dunkles Drängen« —, ausgesprochen wurde.

Vorausgegangen ist diesen Zeilen der bedeutsame Satz:

Zieh' diesen Geist von seinem Urquell ab ...

(Zu ergänzen ist: »wenn du's vermagst«.) Er bedeutet ein Doppeltes. Einmal ist er eine Weiterführung des oben ausgesprochenen Gedankens, daß der Mensch wesenhaft Anteil habe am Göttlichen. In seinem innersten Wesen, in dem, woraus sein Dasein quillt, ist er gottverwandt. Dann aber heißt es auch: der Mensch wird Mephisto und dessen Verführung nicht verfallen, wenn er nur seinem »Urquell«, also seinem eigensten innersten Wesen treu bleibt, aus ihm die Direktiven und Impulse seines Handelns »schöpft«. Alle rechte Menschenführung — auch und vor allem die religiöse — müßte sich also eigentlich als oberste Maxime setzen, den Menschen zu sich selbst, zu seinem »Ich bin« zu führen. Ihn nicht von außen, durch Gebote und Verbote, leiten zu wollen.

So erscheint »sub specie aeternitatis« — im Angesicht der Gottheit — die Menschenwelt und als ihr eigentlichster Repräsentant

Faust. Das Wagnis Gottes. Gott gibt ihn preis, weil er an ihn glaubt. Das ist die Tragödie und die Glorie Fausts, Tragödie und Glorie des Menschen. Darin wurzelt sein Geschick.
Man muß nun sehen, wie in den letzten Versen dieser Szene der Herr, nachdem er eben noch zu Mephisto gesprochen, plötzlich über ihn – also in der dritten Person – spricht; als ob dieser gar nicht mehr da, irgendwo tief unten wäre, in seinem Dunkel versunken. Freilich ist das, was er da sagt, auch von der Art, daß Mephisto es gar nicht verstehen, ja man müßte sagen: gar nicht vernehmen kann. Denn hörte er es, er müßte zähneknirschend und aufheulend wie jener Kobold im Märchen sich selbst zerreißen. Erhellt sich doch durch die Worte des Herrn plötzlich der Sinn des Bösen, daß es nämlich eine in Gottes Gedanken wohlbegründete Mission in der Welt hat – ohne es zu wissen. In einer Welt, die er doch im Tiefsten verneint. Denn dieser Widerspruchsgeist »reizt und wirkt und muß als Teufel schaffen«. Das müssen wir hören: Auch die Geister, »die zerstören, die vernichten«, müssen letzten Endes eben das tun, was sie gerade nicht wollen – sie müssen »schaffen«.
Für die Gottheit ist auch der Teufel kein Gegner.
Dann aber kommt jene großartige, das Ganze abschließende Wendung zu den Engeln mit dem nochmals Abgründe setzenden *doch:*

Doch ihr, die echten Göttersöhne,
Erfreut euch der lebendig reichen Schöne!

Auch der Teufel ist offenbar – nur ein »unechter« – Göttersohn. Was aber trennt ihn von jenen und liegt außerhalb seiner Reichweite? – Freude. Man muß eigentlich erschrecken, wenn man das hört. Der Teufel ist ein Wesen, das sich niemals zu freuen vermag! Es läßt sich verstehen, daß es immer wieder einmal Menschen gab, die dem Teufel gegenüber Mitleid empfanden.
Auf der anderen Seite aber heißt dieser Satz also doch wohl: Freude ist das Lebenselement der Engel. Wissen vielleicht, was wahrhaft Freude ist, nur die Engel? – Auch das haben Menschen

immer wieder einmal gedacht. Und erhält dann womöglich von daher ein ganz neues Licht jener Satz des Auferstandenen: »Daß meine Freude in euch sei, und eure Freude die Erfüllung finde!«? Bedeutet dies, daß der auferstandene Mensch in jenen Lebensatem einzutauchen berufen ist?

Kein Zweifel auch, daß dieses Wort von der Freude in innerstem Zusammenhang steht mit dem folgenden, das unausgesprochen schon im Schlußsatz des Preisgesangs der Erzengel mitklang:

Das Werdende, das ewig wirkt und lebt,
Umfass' euch mit der Liebe holden Schranken.

Alles Werden ist im tiefsten Grund Liebe. »Das ist es nun«, beendet Goethe eine Erzählung Eckermanns von einem Rotkehlchen, das zwei kleine Zaunkönige an Kindes Statt angenommen und gefüttert hatte, »was ich die Allgegenwart Gottes nenne, der einen Teil seiner unendlichen Liebe überall verbreitet und eingepflanzt hat und schon im Tiere dasjenige als Knospe andeutet, was im edlen Menschen zur schönsten Blüte kommt« (8. Oktober 1827).

Schließlich vollendet dann ein letzter Gedanke das Ganze:

Und was in schwankender Erscheinung schwebt,
Befestiget mit dauernden Gedanken.

Hier taucht ein Motiv auf, das schon in der »Zueignung« zum Faust eine bedeutungsvolle Rolle gespielt hat. »Ihr naht euch wieder«, heißt es da, »schwankende Gestalten . . .« Worauf Goethe da abhebt, ist jene Phase des dichterischen, überhaupt jedes künstlerischen Gestaltens, in der, was einmal werden soll, zunächst noch in mehr oder minder unkonturierten Möglichkeiten aufschimmert. Wenn Goethe dieses Motiv nun hier in den Worten des Herrn zu den Erzengeln aufgreift, dann heißt das doch: der Weltprozeß ist Kunstwerk der Götter. Göttergedanken sind es, welche die feste Gestalt der Welterscheinungen aus dem unendlichen Meer der Möglichkeiten herauskristallisiert haben. Göttergedanken, die leuchtende Ideenwelt, die Plato sah, liegen der Gestalt der Welt »zugrunde«. –

Freude — Liebe — Schöpfermacht: mit diesem Dreiklang klingt die Szene aus, die so glorreich mit den Versen »Die Sonne tönt ...« begonnen hatte. Es erscheint vielleicht nicht als unberechtigt, zu sagen: es ist das gleiche; eben dies ist der Gesang der Sonne. Und auch, was inmitten dieser Szene sich angesponnen hat als Fausts Schicksal mit all seinen furchtbaren Abgründen, seiner tödlichen Gefährdung, ist darin eingebettet. —

Meisterhaft nun, wie Goethe den Prolog im Himmel, diese Szene, in der wir erfahren, wie Gott und wie der Teufel über den Menschen denken, zum Abschluß gebracht hat. Ein geringerer Künstler hätte wohl kaum der Versuchung widerstanden, entweder mit diesen großen Worten des Herrn oder vielleicht mit einer Wiederholung oder Variation der Erzengelchöre vom Anfang großartig-wirkungsvoll abzuschließen. Goethe macht es ganz anders.

»Der Himmel schließt, die Erzengel verteilen sich«, heißt es in der Regieanweisung — und übrigbleibt Mephistopheles, der plötzlich wieder auftaucht und nun mit unerschütterlicher Unverschämtheit in dem letzten Wort, das er natürlich behalten muß, dem »alten Herrn« eine wohlwollende Zensur erteilt. — Was geschieht damit? Durch diese Gestaltung wird die Szene davor bewahrt, sich in eine Sphäre des vielleicht etwas Wirklichkeitsfremden, nur Schönen abzuschließen. Es wird dem Zuschauer angekündigt, daß das, wozu das eben Gesehene und Gehörte Prolog war, den Charakter eines sehr herben Realismus tragen wird. Der Himmel schließt. Es wird sehr lange brauchen, bis er sich wieder zeigt. Am Ende des Ersten Teils wird mitten in die furchtbarste, erbarmungsloseste Szene hinein wenigstens eine Stimme von oben hereintönen. Sichtbar — freilich bedeutsamerweise in ganz anderer Gestalt — wird diese Welt aber erst am Schluß des ganzen Dramas sich wieder auftun. Der Himmel schließt — Mephisto bleibt. Und eben das entspricht ja der uns zunächst zugänglichen Erden-Erfahrung. Mit ihm bleibt das Bangen um den Menschen — aber auch die Erinnerung: Gott glaubt an den Menschen.

Osternacht

Nun betreten wir den eigentlichen Raum des Dramas, begegnen Faust selbst. Wir begegnen der Gestalt, die seit Generationen wie kaum je eine andere die widersprüchlichsten Empfindungen geweckt hat — von empörtem Abscheu bis zu tiefster Verehrung. Eine Gestalt, welche die Signatur eines ganzen Zeitalters geworden ist wie vielleicht nur Parzival die einer früheren Epoche. Wer ist er denn, dieser Faust? Wer ist dieser Mensch, in den der Herr, wie es im Prolog im Himmel sich zeigte, seine ganze Zuversicht setzt, an den er glaubt?

Wenn wir ihn in einem »hochgewölbten, engen gotischen Zimmer« antreffen, so wird durch den zweiten Teil der Regiebemerkung — »Faust unruhig auf seinem Sessel« — im Grunde schon ausgesprochen, was dann in seinem Monolog sich so grandios entfaltet: daß er eben der Mensch ist, der aus diesem mittelalterlichen »Raum« auszubrechen sich anschickt, ja innerlich schon ausgebrochen ist. Weil dieser ihm, wenn auch »hochgewölbt«, zu »eng« geworden ist: eine Schale, die von dem lebendigen Keim, den sie so lange behütet hat, durchbrochen wird.

Denn eben in dieser Situation finden wir ihn — als den, der alle überlieferten Erkenntniswege bis zum Ende abgeschritten und überall auf Wände gestoßen ist: »Und sehe, daß wir nichts wissen können«. Er aber, weder mit »Skrupel noch Zweifel« behaftet, ohne Vorurteile und Illusionen, mag sich damit nicht fromm begnügen. Er will die Wände dieses »Kerkers« durchbrechen. Wenn er im gleichen Atemzug von seiner Armut spricht, so ist es ganz gewiß erlaubt, auch diese nur als »äußersten« Ausdruck seiner inneren Situation zu verstehen. Er fühlt sich auch und vor allem innerlich bettelarm. Daß er sich »der Magie ergeben«, wie es gleich in der nächsten Zeile heißt, ist eben nicht geschehen, um äußere Macht oder Reichtum zu erlangen, sondern daß er »erkenne, was die Welt im Innersten zusammenhält«. Er wird »Bettler um Geist«*. Wird ihm auch zuteil werden, was in jenem ersten Satz der Bergpredigt denen verheißen wird, die das geworden sind: daß er König wird im Reich des Geistes? Oder werden nur die Trümmer des Gehäuses, dessen Wände zu durchstoßen seine heischenden Hände sich anschicken, auf ihn niederbrechen?

Das ist Faust.

Daß Goethe damit im Grunde nichts anderes als die Situation des modernen Menschen geschildert hat, bedarf keiner besonderen Darstellung. Eines aber darf dabei nicht übersehen werden — daß hier unumwunden ausgesprochen wird: dieser Mensch steht unerbittlich vor dem Schicksal, von der bloßen Sinnes- und Verstandes- zur Geist-Erkenntnis durchbrechen zu müssen. Dabei kann man die Frage ruhig offenlassen, ob der Dichter das in diesem Sinne habe darstellen wollen. Es ist ja eine der nie genug anzustaunenden Eigenheiten des Genies, daß immer wieder sein Bewußtsein in geistige Wirklichkeiten und Gesetzmäßigkeiten leuchtet, die dem Bewußtsein seines menschlichen Trägers verborgen bleiben.

Dazu gehört aber noch anderes.

Dieser Faust ist kein trockener Grübler. Die Verse, mit denen er sich dem in sein Zimmer fallenden Mondenschein zuwendet, erweisen ihn als einen Gefährten der Liebenden und der Poeten; als einen, in dem die Kräfte des Fühlens nicht minder lebendig sind als die des Denkens. Und alles, was er in diesem ganzen Monolog ausspricht mit der tiefen Bereitschaft, das ganz Ungewöhnliche zu wagen, einen ungewöhnlichen Willen einzusetzen, läßt schließlich einen Menschen erscheinen, der seine Kräfte des Den-

* So übersetzen wir nach R. Steiner das »Geistlich arm« der Bergpredigt im Matthäusevangelium.

kens, Fühlens und Wollens, der sein Ganzmenschliches ins Spiel bringt.

Damit berühren wir etwas Wesentliches.

*

Es wäre ein verhängnisvoller Irrtum, der eine wirkliche Erkenntnis der Faust-Dichtung verhüllte, wenn man die Geistbeschwörungs-Szene Faustens für eine nicht ernst zu nehmende romantisch-phantastische Dichtung hielte. Goethe hat nur die geistig-übersinnliche Realität in Bilder gegossen, die eine Stufe sinnlicher sind als die Wirklichkeit, die sie meinen. Aber er meint Realitäten. Man darf doch nicht übersehen, daß Faust mitten in diesem Monolog, unmittelbar bevor er zu dem geheimnisvollen Buch der Beschwörung greift, als den Inbegriff wahrer Natur-Erkenntnis — »Und wenn Natur dich unterweist« — formuliert: »Wie spricht ein Geist zum andern Geist«. Um Erkenntnis geht es ihm. Nur um eine Erkenntnis, die tiefer reicht, die ins Wesenhafte durchbrechend zum Gespräch wird. Um zu diesem »Gespräch« zu erwachen, den verschlossenen »Sinn« zu öffnen, das »tote« Herz zu erwecken, muß er sich, die Reserviertheit des intellektuellen Erkennens verlassend, mit seinem Ganzmenschlichen der Geisteswelt aussetzen, muß er in ihr Element eintauchen:

Auf, bade, Schüler, unverdrossen
Die ird'sche Brust im Morgenrot!

Wahrhaftig, welch ein Wagnis!

Goethe schildert aufs genaueste die einzelnen Schritte und Stufen, die in diesen Bereich führen.

Faust hat das »geheimnisvolle Buch« ergriffen und schlägt es auf. Es ist anders geschrieben als gewöhnliche Bücher — nicht in abstrakten Buchstaben, sondern in »Zeichen« und Bildern, die sich nur dem langen, geduldigen, reinen Anschauen erschließen.

Das ist das erste. Gleichgültig, ob dem Dichter dieser Bezug bewußt war oder nicht, man muß sich erinnern, welchen Wert Goethe eben diesem langen, geduldigen, reinen Anschauen als der unabdingbaren Voraussetzung alles wirklichen höheren Erkenntnisvermögens zumaß. »Anschauende Urteilskraft« überschrieb er jenen Aufsatz, an dessen Ende die Worte von dem »Abenteuer der Vernunft« stehen, das »mutig zu bestehen«, er unternommen habe und das er — in diesem erkenntnistheoretischen Aufsatz vorsichtiger formulierend als in einer Dichtung — doch eben auch dort als eine »Annäherung« an einen »göttlichen Verstand« begriff.

So betrachtet er das erste, das Zeichen des Makrokosmos. Dabei steigt ihm das Bild auf, in dem Jakobs nächtliche Vision der »Himmelsleiter« anklingt:

Wie Himmelskräfte auf und nieder steigen
Und sich die goldnen Eimer reichen!

Aber der Blick auf die reine Harmonie und die ungetrübte Lebensfülle der makrokosmischen Geisteswelt vertieft nur das Gefühl des Entfremdet- und Ausgestoßenseins. Erst wenn er umschlägt und das Zeichen des Erdgeistes erblickt — man muß hören, wie das von Faust ausgesprochen wird: »Geist der Erde!« —, wird dies anders.

Wieder kommt, wie nebenbei, Wesentlichstes zum Ausdruck. Denn wenn Faust jetzt von »Wein« und »Mut« spricht, so stehen diese Worte eben in innerlichstem Zusammenhang mit dem »Geist der Erde«. Es ist ein Bekenntnis zu diesen ebensoviel geschmähten wie hoch gepriesenen, verhängnisvollen wie beglükkenden Kräften, die zu entwickeln der Mensch zur Erde kommt: die Ich-Kräfte. Das heißt nichts anderes als: die Steigerung der wahren Ich-Kräfte — nicht Ent-Ichung! — ist notwendig. Das Ich, welches freilich nicht mit dem für gewöhnlich in unserem Bewußtsein lebenden zu verwechseln ist — das erhöhte Ich, dessen wir uns in seltenen Augenblicken als unseres wahren Wesens bewußt werden, ist das Tor zum Geist.

Das ist das Neue auf dieser Stufe des Menschseins, die von Faust verkörpert wird.

Und nun, als er fühlt, daß die Sphäre, die zu erreichen, zu beschwören er sich anschickt, wirklich näher kommt, spricht er die Worte, die jene vorhin schon geschilderte innere Haltung unverhüllt zum Ausdruck bringen.

Du mußt! du mußt! und kostet' es mein Leben!

Wahre Erkenntnis der höheren Welten erringt der Mensch nur unter Einsatz seiner ganzen Existenz. Und sobald Faust das beschwörende Wort ausspricht, erscheint der Geist.
Wie beschwört man Geister? — Auch hier spricht Goethe nichts als erfahrene und erfahrbare Wirklichkeit aus.
Zunächst sind es Gedanken, mit denen Faust sich in die Sphäre des Erdgeistes erhebt, ihn »ansaugt«. *Gedanken beschwören Geister.* Das ist eine Wahrheit, die nur meist nicht beachtet wird. Man hat heute dem Gedankenleben gegenüber meist die Empfindung, die sich etwa in die Worte kleidet: »Gedanken sind zollfrei.« Als habe es keine reale Bedeutung, keine Wirkung, welche Gedanken man denkt. Einer intimeren Betrachtung kann jedoch nicht entgehen, daß es in Wirklichkeit anders ist: daß Gedanken im Menschen und in der Welt Kräfte entfesseln können, die mächtiger sind als Naturgewalten. Napoleon soll nach seinem Sturz gesagt haben, er habe alle Kräfte in Rechnung gezogen, nur eine nicht, nämlich die deutschen Professoren, und das sei sein Verderben gewesen. Er meinte damit Fichte und die Begeisterungskraft, die von dessen Reden ausging. Es waren Gedanken, »nichts als Gedanken«, denen Napoleon, der doch gewiß ein Realist war, solche Macht zuschrieb. — Und wie Gedanken, die man in sich bewegt, einen zerstören oder aufrichten, tief befrieden oder aushöhlen können, weiß doch ein jeder.
Gedanken beschwören Geister — eine noch dichtere Wirklichkeit aber geben ihnen Worte. Wer wüßte das nicht! Wie oft denken Menschen: Hätte ich doch dieses Wort nicht ausgesprochen! Aus welchem anderen als eben diesem Grunde verlangt es Liebende, immer wieder — unersättlich — dieses eine einzige auszusprechen: »Ich liebe dich!«? Sie wissen es doch! Aber erst im Aussprechen wird die warme leuchtende Wolke, die sie einhüllt, Wirklichkeit.

So und nicht anders – nur in höherer Intensität – beschwört Faust den Erdgeist und muß sogleich erfahren:

Weh! Ich ertrag' dich nicht!

Warum ist unserem alltäglichen Bewußtsein die »Geisterwelt« verschlossen? Warum, wenn es so ist, daß wir sie jede Nacht betreten, nehmen wir sie nicht wahr?
Friedrich Hebbel hat es in einem Gedicht ausgesprochen:

»Quellende, schwellende Nacht,
voll von Lichtern und Sternen,
in den unendlichen Fernen,
sage, was ist da erwacht?

Herz in der Brust wird beengt.
Riesenhaft fühle ich's weben
steigendes, neigendes Leben,
welches das meine verdrängt.

Schlaf, da nahst du dich leis'
wie dem Kinde die Amme,
und um die dürftige Flamme
ziehst du den schützenden Kreis.«

So, wie wir sind, ertragen wir die Größe dieser Welt nicht. Wir »schlafen« für sie auch in unserem Wachbewußtsein. Es sind gütige Mächte, die sie »dem Kinde« verhüllen.
Es ist die gleiche Erfahrung, welche die Alten sagen ließ: »Wer Gott sieht, muß sterben!«, welche die Engel auch des Evangeliums immer als erstes sagen läßt: »Fürchte dich nicht!«
Faust aber ist der Repräsentant einer Menschheit, die berufen ist, eine höhere als die Stufe des »Kindes« zu betreten. Faust widersteht. Er hält sich aufrecht, wenn auch »in allen Lebenstiefen zitternd« und, wenigstens zunächst, »ein furchtsam weggekrümmter Wurm«. Er widersteht der »Flammenbildung«, aus der ihm das Urgewaltige entgegentönt:

In Lebensfluten, im Tatensturm
...

So schaff' ich am sausenden Webstuhl der Zeit
Und wirke der Gottheit lebendiges Kleid.

Er hält stand, wenn er nun als alles Menschenmaß ungeheuer übertreffende Wirklichkeit erfährt, was er als ahnende Empfindung in sich trug: »Wie spricht ein Geist zum andern Geist.« Er hält stand. Und erst wenn er in gesteigertem Selbstgefühl — »wie nah fühl' ich mich dir!« — sich neben ihn, auf eine Stufe mit ihm stellen will, werfen ihn die Worte des Entschwindenden zu Boden. Es ist — und so erlebt es Faust — wie eine Austreibung aus dem Paradies, die dem Sündenfall des Selbstgenusses unerbittlich folgt.

Du gleichst dem Geist, den du begreifst,
Nicht mir!

Und Faust, zusammenstürzend:

Nicht dir!
Wem denn?
Ich Ebenbild der Gottheit!
Und nicht einmal dir!

Es ist erschütternd, wenn es nun heißt: Es klopft — und vor der Tür steht: Wagner. Das ist die Antwort! Das ist »der Geist, den er begreift«*, auf dessen Stufe er sich zurückgeschleudert sieht.

*

Wer ist Wagner?

Auch Wagner ist der moderne Mensch. Er ist keine Karikatur, ist es höchstens in dem Sinne, als der moderne Mensch, der sich gleich ihm mit der Welt und dem Menschen, wie sie nun einmal in ihrer Begrenztheit sind, zufriedengibt — eben eine Karikatur ist. Wenn er, wie es in der Regieanweisung heißt, »im Schlafrocke und der Nachtmütze, eine Lampe in der Hand« erscheint, so bedeutet das nur, daß er nicht die ruhelosen Nachtwachen kennt, in deren einer wir Faust begegnet sind. Er ist in genauestem Sinne der Mensch, der eben dort schläft, wo Faust zu erwachen begonnen hat. Wir sehen ihn als den Gelehrten, von

* Darauf hat insbesondere R. Steiner hingewiesen.

dem es im Zweiten Teil des Faust, wenn wir ihm dort wiederbegegnen, heißt, daß er für die »wissenschaftliche« Welt durchaus an die erste Stelle gerückt sei. Er erscheint als der Vertreter jener Bewußtseinsstufe, die mit Scharfsinn die Sinneswelt und das Überlieferte durchforscht, aber noch nie — schmerzhaft! — an die Grenzen der Verstandeswelt gestoßen ist, noch gar nicht bemerkt hat, daß da Mauern sind, hinter denen ein anderes, größeres Leben wohnt, geschweige denn an ihren Türen gerüttelt hätte. In Wagners Gestalt wird vollends deutlich — nun von der anderen Seite aus —, was oben dargestellt wurde: daß der moderne Mensch, ob er will oder nicht, an der Schwelle steht. Wer das nicht bemerkt, ist — eben nicht mehr als ein Wagner in Schlafrock und Nachtmütze.

Gleich die ersten Worte, mit denen er erscheint — »Verzeiht! Ich hör' euch deklamieren . . .« —, zeigen die verzweifelte Ahnungslosigkeit dieses Menschen, und das Folgende — »Ein Komödiant könnt' einen Pfarrer lehren« — rückt ihn zumindest in die Nähe innerlich hohler, eitler, nur nach Erfolg gierender Pseudomenschlichkeit, die gar keine Möglichkeit hat, wahrzunehmen, was Faust einwirft, um ihn zu innerlicher Wahrhaftigkeit und Echtheit zurückzuführen, zu einer aus dem Herzen, aus dem Mittelpunkt des eigenen Wesens aufbrechenden Ursprünglichkeit. Er spricht schließlich als der typische »Schriftgelehrte« von den »Quellen« in dem Sinne, wie am Schluß von wissenschaftlichen Werken ein »Quellen-Nachweis« erscheint. Sie zu erlangen, ist sein höchstes Strebensziel. Damit weckt er aber in Faust jenes Bild, welches das in ihm lebendige Streben nun aufs großartigste zur Offenbarung bringt:

Das Pergament, ist das der heil'ge Bronnen,
Woraus ein Trunk den Durst auf ewig stillt?
Erquickung hast du nicht gewonnen,
Wenn sie dir nicht aus eigner Seele quillt.

Diese Verse sind, scheint uns, gar nicht recht zu verstehen, wenn man hinter ihnen nicht jenes Bild auftauchen sieht, das in der

Schlußszene des Zweiten Teils in Fausts »Himmelfahrt« durch die »Mulier Samaritana« beschworen wird:

Bei dem Bronn, zu dem schon weiland
Abram ließ die Herde führen;
Bei dem Eimer, der dem Heiland
Kühl die Lippe durft' berühren;
Bei der reinen, reichen Quelle,
Die nun dorther sich ergießet,
Überflüssig, ewig helle
Rings durch alle Welten fließet —

Es ist die Szene aus dem 4. Kapitel des Johannesevangeliums mit der Samariterin am Brunnen. In dem langen Gespräch des Gottessohnes mit dieser Frau fallen ja die geheimnisvollen Worte: »Wer von diesem Wasser trinkt, den wird wiederum dürsten. Das Wasser aber, das ICH ihm geben werde, wird in ihm ein Bronnen werden, der in das ewige Leben quillt« — womit auf das Geheimnis gedeutet wird, daß in Christus eben jener göttliche Urquell Mensch geworden ist, den berührend der Mensch seiner eigenen Verwandtschaft mit dem Göttlichen sich wieder bewußt wird, der im Menschen dessen eigene »Brunnenstube« aufbricht, seine »Gott-Unmittelbarkeit« begründet.
Das also ist »der heil'ge Bronnen«, den Faust jedenfalls ahnt und mit brennendem Verlangen immer wieder sucht — und von dem Wagner zusammen mit allen, die seines Geistes sind, keine Ahnung hat. Wagners Geistesart, verbunden mit der aus all seinen Worten leuchtenden Selbstzufriedenheit und dem vom naiven Stolz auf die eigenen Erreichnisse geschwellten Fortschrittsglauben — »und wie wir's dann zuletzt so herrlich weit gebracht« —, kulminiert schließlich in dem Schlußsatz:

Zwar weiß ich viel, doch möcht' ich alles wissen.

Und man weiß nicht: soll man ihn als hoffärtige Dummheit oder als kindliche Naivität verstehen. Auf jeden Fall muß man ihn hören auf dem Hintergrund von Faustens:

Und sehe, daß wir nichts wissen können.

Das also ist die Gestalt, die auf Fausts verzweifelte Frage, wem er denn nun gleiche, erschienen ist. Eines freilich unterscheidet Faust von ihm: daß er die Ärmlichkeit und Dürftigkeit dieser ganzen Seelenhaltung durchschaut und aus diesem Sein in ein dessen Grenzen durchbrechendes Werden vorzudringen sucht.

*

Der wieder mit sich selbst allein gelassene Faust ist ein anderer als der vom Beginn der ganzen Szene. Gewiß, man kann sagen: auch der Dichter der nun folgenden Verse ist ein anderer. Denn bis hierher, bis zu Wagners Abgang, reichte schon der »Urfaust«, den um 1773 der damals also noch nicht Fünfundzwanzigjährige geschrieben hatte. Das Folgende schrieb ein nahezu Fünfzigjähriger. Aber das ist nicht, wie manche Kommentatoren glauben, der Grund. Es heißt nur, daß der Jüngling das eben noch nicht hatte schreiben können. Hinter all dem, was Faust nun ausspricht, stehen Erlebnisse, wie sie ein junger Mensch nicht haben kann.
Wagner ist gegangen. Sein Kommen war eine Art Selbstbegegnung für Faust gewesen. Mag er auch von ihm als »dem ärmlichsten der Erdensöhne«, »der immerfort an schalem Zeuge klebt«, sprechen – Faust kommt zunächst nicht los von dem niederschlagenden Bewußtsein: Dem Menschen, allem Hohen droht von der Erde her ein Versinken im »Staub«. Immer wieder erklingt dieses Wort »Staub«, eindrucksvollstes Bild für bloße, völlig gestaltlose Materie. Als solchen sinnlosen »Staub« bezeichnet er aber auch alle Bücher und »Instrumente«, die seine Regale füllen.

Ich stand am Tor, ihr solltet Schlüssel sein;
Zwar euer Bart ist kraus, doch hebt ihr nicht die Riegel.

Das blieb ja Goethes Einstellung zu der eben damals mächtig sich vordrängenden experimentellen Naturwissenschaft.
Da fällt sein Blick auf das Fläschchen mit dem tödlichen Gift. Was nun vor seinem Geist als neue Möglichkeit erscheint, dürfte man

nie mit dem Worte »Selbstmord«, vielleicht gar »Selbstmord aus Verzweiflung« bezeichnen. Denn wenn das Begehren, das Menschen zu solcher Untat treibt, dieses ist, daß doch endlich alles aus und zu Ende und endlich Ruhe sei — für Faust bedeutet es genau das Gegenteil:

Zu neuen Ufern lockt ein neuer Tag.
Ein Feuerwagen schwebt, auf leichten Schwingen,
An mich heran! Ich fühle mich bereit,
Auf neuer Bahn den Äther zu durchdringen,
Zu neuen Sphären reiner Tätigkeit.

Nicht Schwäche treibt ihn, sondern prometheischer Wille zum Übermenschlichen (»Vermesse dich, die Pforten aufzureißen«, »Daß Manneswürde nicht der Götterhöhe weicht«) und die gleiche Bereitschaft, seine Existenz einzusetzen, die ihn bei der Beschwörung des Erdgeistes sagen ließ: ». . . und kostet' es mein Leben«, und die hier sich in die Worte kleidet: »Und wär' es mit Gefahr, ins Nichts dahinzufließen.« Es ist nichts anderes als ein neuer Versuch, die Pforte nach drüben aufzureißen, die Schwelle zu überschreiten, das Wagnis, gleich Elias den »Feuerwagen« zu besteigen, der ihn emporreißen wird.

Wie sehr Faust hier aber in »Gärung«, »Verworrenheit« und in Gefahr ist, sich selbst und seiner Bestimmung untreu zu werden, das zeigen die Worte:

Ja, kehre nur der holden Erdensonne
Entschlossen deinen Rücken zu!

Denn eben dies sahen wir ja im »Prolog im Himmel« als sein für Mephisto unbegreifliches Wesen ausgesprochen, daß er beide Welten, Himmel *und* Erde, sucht, nicht die eine unter Preisgabe der anderen. Will er dem untreu werden? Das ist die eigentliche Gefährdung des Menschen, der an die Schwelle gerückt ist.

Schon hebt er die Schale an den Mund. Schon setzt er den Fuß auf die Schwelle, da —

Es gehört wieder zu den genialsten Zügen der Dichtung, daß gerade in diesem Augenblick vom nahen Münster der machtvolle Klang der Osterglocken und der triumphierenden Chöre das

Christ ist erstanden!

verkündet, gefolgt von den Wechselgesängen der Engel, der Frauen und der Jünger, in denen die ganze Glorie des Oster-Ereignisses aufstrahlt. Was durch sie in Fausts Studierstube, in Fausts Seele hineinklingt, gehört mit innerer Notwendigkeit zum Ganzen.

Diese Klänge wecken ihm zunächst Erinnerungen an die Kindheit, an die zauberhafte Stimmung, in welche dieser Tag die Seele des Kindes versetzte, das ahnungsvolle Sehnen in eine zu neuem Leben erwachende Welt hinein, die Verheißung »muntrer Spiele«. Das ist es – seinen Worten nach –, was ihm »das Glas vom Munde zieht«. Nehmen wir das zunächst einmal so hin, wie es ausgesprochen wird – was holt ihn denn zurück? – Eben die »holde Erdensonne«, der er soeben abgeschworen!

Aber ist es wirklich nur dies?

Warum, wenn es so wäre und wenn wirklich Fausts vielzitierte Worte: »Die Botschaft hör' ich wohl, allein mir fehlt der Glaube«, nicht nur für ihn, sondern auch für Goethe die ganze Wahrheit enthielten – warum schließt dann die Szene nicht mit den Worten, die doch zum Ausdruck bringen, daß Faust sich der Erde wieder zugewandt hat: »Die Träne quillt, die Erde hat mich wieder!«? Weshalb klingen die Ostergesänge erst jetzt zu ihrer ganzen triumphierenden Größe auf? Zu diesen Klängen, die den irdisch-überirdischen Glanz der Ostersonne ahnen lassen wie kaum ein anderer Osterhymnus?

Uns scheint das hier waltende Geheimnis in dem letzten Chor der Engel in seiner vollen, unermeßlichen Größe aufzuleuchten.

Die Jünger hatten geklagt:

Hat der Begrabene
Schon sich nach oben,
Lebend Erhabene,
Herrlich erhoben;

Ist er in Werdelust
Schaffender Freude nah;
Ach! an der Erde Brust
Sind wir zum Leide da.

Damit brachten sie eine Stimmung zum Ausdruck, die noch heute weite Kreise des traditionellen Christentums, insbesondere in seiner protestantischen Form, beherrscht, die aber genau dem entspricht, was Faust veranlassen wollte, den Giftbecher zu trinken. Danach trachtete ja Faust: fern der Erde »in Werdelust schaffender Freude nah« sein. Das darf man nicht übersehen!
Und darauf antworten die Engel — nach einer Aufforderung zu innerer Befreiung und Erhebung (»Reißet von Banden freudig euch los!«) — mit den Worten:

Tätig ihn preisenden,
Liebe beweisenden,
Brüderlich speisenden,
Predigend reisenden,
Wonne verheißenden
Euch ist der Meister nah,
Euch ist er da!

Das heißt doch, wenn man es in »nüchterne« Worte faßt: der Auferstandene, eben DER, in dem das Überirdische das Irdische ganz durchdrungen hat, ist nicht fern. Erhebt eure Seelen zu dem Geheimnis: In der Entfaltung innerer Aktivität, in der Erweckung innerer Liebe- und Hingabekräfte, in der Erfüllung eures Auftrages werdet ihr ihn finden. »Nah!« Indem ihr seine Kräfte in euch lebendig macht, findet ihr ihn selbst. In euch. Er ist da. Auferstehung ist erfahrbare Wirklichkeit.
In der »Note« zu seinem Gedichtfragment »Die Geheimnisse« spricht Goethe von der »durch den Ostertag besiegelten ewigen Fortdauer erhöhter menschlicher Zustände«. Wir könnten auch das schon weiter oben gebrauchte Wort »Verklärung« an diese Stelle setzen. Das ist damit gemeint. Nun wird in dem Zusammenhang deutlich: Das ist eigentlich die »Erdensonne«, die das

Kind »so ahnungsvoll« am Ostermorgen erspürt hatte, die Sonne, welche nicht von außen, sondern von innen aufgeht; die zur Erde gehört, ihre eigenste Bestimmung und Hoffnung geworden ist.

Das ist die wahre Erdensonne, deren wärmende und belebende Kraft Faust in seinem Innersten fühlt, auch wenn sein Auge, sein Bewußtsein sie noch nicht wahrnimmt. Sie war wirksam in der ahnungsvollen Seele des Kindes. Sie ist es, die ihn jetzt zurückholt. Sie ist die Verheißung, die über ihm aufgeht. Sie gehört zu ihm. Eingeschrieben dem höheren Wesen des Menschen.

In diese triumphierende Verklärung klingt die Szene aus.

Wenn Faust der moderne Mensch ist, dessen Schicksal es ist, an die Schwelle gerückt zu sein, so heißt der Schluß dieser Szene: Auferstehung, Verklärung ist als Verheißung und Bestimmung über diesem Menschen.

Das wird womöglich noch deutlicher, wenn wir die Szene in ihrem Bezug zum Ganzen des Dramas betrachten.

Es liegt nahe, die Engelchöre dieser Szene mit dem Erzengelchor des Prologs im Himmel zu vergleichen. Dann kann man nicht anders, als die unbestechliche Genauigkeit bewundern, mit der Goethe das gestaltet. Wie vollkommen verschieden ist der Klang der einen und der anderen. Die göttliche Welt in sich und der Anblick, den von ihr aus die Welt und die Erde bieten — das ist die Welt des Vaters. Von der Erde aber erklingt der Triumph des Sohnes. Nicht Rückkehr zur Schöpfung, Auferstehung ist das Tor, das sich von ihr zur göttlichen Welt hin öffnet.

Aber auch wenn man diese Szene in ihrem Bezug zu dem Schluß des Ganzen betrachtet, bietet sich ein bedeutungsvoller Ausblick. Denn in der Art, wie die Osterchöre in Fausts dunkelste Stunde hineinklingen, innerlich verbunden mit dem Vorangegangenen und doch voll göttlicher Gnade, wenn nicht gar Begnadigung, klingt leise an, wie einst die Himmlischen Fausts Unsterbliches den Dämonen entreißen und der Erlösung zutragen werden.

So steht diese Szene da als Ouvertüre, in der die Motive des Ganzen aufklingen.

Der Pakt mit Mephisto

Jetzt erst beginnt der schicksalhaft-dramatische Ablauf, der durch das Hereinschlagen des im »Prolog im Himmel« Geschilderten in Gang gebracht wird.
Es hebt ganz harmlos an. Da zieht draußen vor dem Stadttor eine festlich flanierende Menge an uns vorüber. Alle diese Menschen, die sich auf den Osterspaziergang begeben, Studenten und Handwerksburschen, Bürgermädchen und Mägde, behäbige Bürger, Bettler und Soldaten, die ganze Einwohnerschaft einer mittelalterlichen Stadt, alle erfüllt von dem Verlangen, ihr Leben zu genießen; behäbig und leichtfertig, stürmisch und demütig, abergläubisch und selbstzufrieden, eitel und ängstlich um den guten Ruf besorgt – es ist eine tief in sich selbst in dumpfem Lebenstraum befangene Menschheit. Faust und Wagner mischen sich unter den Festtagsstrom. Wagner, in dem eitlen Stolz des Intellektuellen, blickt mit Verachtung auf die Menge herab und ist doch heimlich voller Gier nach ihrem Beifall und eigenen Ruhm – Faust aber, nach den Erlebnissen der Osternacht ein mit sich selbst tief Versöhnter, ist auch ihnen gegenüber in versöhnlicher Stimmung. Das Licht jener Stunde in sich tragend, sieht er sogar in ihnen das Wunder des Ostertages im geheimen wirksam:

Sie feiern die Auferstehung des Herrn,
Denn sie sind selber auferstanden ...

Gewiß, nur auf einer ersten, primitiven Stufe:

Aus Handwerks- und Gewerbes-Banden.

Das heißt, heute fühlen sie sich nicht als Schreiner, Schlosser, Kaufmann, Magd oder was auch immer, sie erwachen zu dem Erlebnis:

Hier bin ich Mensch, hier darf ich's sein.

Das ist ja Ostern, wenigstens in einem ersten Ansatz. Denn Ostern will doch die Auferstehung des Menschen zum Menschen. Aber schon erwarten Faust ganz andere Erlebnisse.
Sein »Osterspaziergang« führt ihn und Wagner weiter aufs Land hinaus, wo die Bauern im Tanz um die Linde und bei festlichem Trunk den Tag auf ihre Weise feiern. Fausts Erscheinen ruft freudig-ehrfürchtige Bewegung unter ihnen hervor. Man schart sich um ihn, bringt ihm den Ehrentrunk dar, man preist ihn, dankbar sich der Zeit erinnernd, zu der er als junger Mensch in ihren Hütten aus und ein ging, während einer Pestepidemie die von seinem Vater bereiteten Heiltränke furchtlos austeilend. Aber ihre Verehrung, die in Wagners Seele beinahe Neid hervorruft, weckt in ihm ganz andere Empfindungen. War das, was sein Vater in der alchimistischen Küche als Medizin gebraut hatte, nicht — wie er es jetzt sehen muß — vielleicht ein Gift, das, statt zu heilen, erst recht die Menschen sterben ließ? Hatte er nicht vielleicht auf diese Weise mit dem, wofür ihn jetzt die Menschen ehren, den Tod in deren Hütten getragen? Er selbst wußte es damals nicht besser. Aber er hatte es getan! Schuldgefühl umdüstert seine Seele.
In Faust — das heißt aber auch: in Goethe — lebt jenes tiefe und zarte Verantwortlichkeitsgefühl, wie es vor allem in dem Schicksal und dem Lied des Harfners aufklingt:

Ihr führt ins Leben uns hinein,
Ihr laßt den Armen schuldig werden . . .,

als eine Empfindung, die sich nicht mit dem oberflächlichen Trost Wagners rechtfertigen kann, der Mensch vermöge doch nicht mehr, als eben nach bestem Wissen und Können zu handeln. Wer sich damit beruhigt, wer nicht das schaurig tiefe Daseinsrätsel ahnt, das sich da immer wieder auftut, der ist eben nicht mehr als eine Wagner-Natur. Hier steht dieses ganze Motiv ja wohl als erstes leises Vorspiel zu dem, was am Ende des ganzen Ersten Teils so urmächtig aufklingen wird.

Mit diesem Gespräch haben sie sich innerlich wie äußerlich weit von der unbefangen die Gegenwart genießenden Menge entfernt. Der Abend naht, und im Anblick der sinkenden Sonne erwacht in Faust auf eine neue Weise seine ganze Sonnen-Sehnsucht. Mit der Sonne und ihren alles belebenden, alles erwärmenden und erleuchtenden Strahlen über Land und Meer zu immer neuen Ufern hinzuziehen, ist das inbrünstige Verlangen Fausts, und man muß das dort hören auf dem Hintergrunde alles dessen, was schon ausgesprochen wurde. Sowohl der Sonnengesang der Erzengel als auch das Sonnengeheimnis der Osternacht schwingen hier heimlich mit. Es ist doch eigentlich undenkbar — auch wenn man das ganz locker lassen muß —, daß Goethe sich nicht bewußt gewesen wäre, wie sehr die Gedanken, die in der Osternacht Faust zum Selbstmord führen wollten, nun verwandelt sind. Dort: »Zu neuen Ufern lockt ein neuer Tag«, »Zu neuen Sphären reiner Tätigkeit« — aber der »holden Erdensonne« den Rücken kehrend. Hier und jetzt möchte er mit der Sonne und ihrem Wirken ziehen. Es ist, als beweise sich noch einmal der heilende Klang der Osterbotschaft. Faust erlebt dieses Verlangen in Zusammenhang mit dem Verlangen, das er als das Menschlichste, das in jedem Menschen Vorhandene ansieht: sich über sich selbst wie ein Adler zu erheben. Das macht den Menschen aus, ist »jedem eingeboren«. Gleichgültig, ob Goethe das bewußt so gestaltet hat oder nicht — was Faust so als sein Erlebnis des Menschseins schildert, ist eine Weiterführung dessen, was im Anfang der Szene als eine erste Stufe des Oster-Erlebnisses angesprochen war.

Kann Wagner diesem Menschenbild folgen? Kopfschüttelnd redet er von »grillenhaften Stunden« und davon, daß *er* jedenfalls »solchen Trieb« »noch nie empfunden« habe. Das ist eigentlich das erschütterndste Urteil über den Wagner-Menschen, um so mehr als es Wagner selbst ausspricht. Im folgenden wird deutlich, was Wagner zu diesem an der Erde klebenden Wesen macht. Nachdem Faust noch einmal von dem gesprochen, was er als sein eigenstes Schicksal erlebt und was er hier in das vielzitierte und wenig verstandene Wort von den »zwei Seelen« prägt, eben dies, daß er Himmel und Erde, Geist und Physis gleichermaßen liebt, ruft er die Geister an, die ihm die Fähigkeit geben möchten, so seine Flügel zu entfalten. Und da — erschrickt Wagner. Angst ist es, die ihn festhält. Angst ist es, welche die Menschen abhält, sich zum Geist zu erheben, die sie den Geist leugnen läßt.

Wie sehr diese Angst begründet ist und wie wenig zugleich sie Wagner bewahren kann, wird sichtbar in der unmittelbar folgenden, den ganzen »Osterspaziergang« abschließenden Szene mit dem Erscheinen des Pudels, dieser Szene, die — äußerlich ein unbedeutendes, spielerisches Motiv — einem den Atem stocken läßt. Denn nun beginnt *es.*

Wagner bemerkt gar nichts. Faust nimmt das Unheimliche, das um dieses Tier webt, bei dessen Annäherung wohl wahr; aber wenn es dann da ist, übertönt die sinnliche Wahrnehmung die übersinnliche Ahnung. Er nimmt den Hund mit und wird erst später bemerken, wie sehr seine Ahnung recht hatte.

So sieht der Zuschauer oder Leser Faust mit dem unheimlichen Gesellen ins Stadttor verschwinden. In der Osternacht hatte man aufatmend das Wunder der Errettung Fausts erlebt. Aber keine Errettung ist endgültig. Kaum ist die eine Gefährdung bestanden, naht schon die nächste. Zwischen unermeßlichen Abgründen führt der Weg des Menschen, und immer wieder neu muß er sich bewähren.

*

Wir begegnen Faust wieder in seinem Studierzimmer, ganz eingehüllt in den Frieden des Abends, dessen Geheimnis es ist, daß nun, da die Außenwelt versinkt, das Beste und Tiefste des Inneren sich zu regen beginnt. Und das ist: Liebe — Liebe zu Gott, Liebe zu den Menschen. Das alles klingt in seinen Worten auf.

Man sollte nicht übersehen, welches Bekenntnis Goethe hier ablegt. Man sollte aber ebensowenig übersehen, daß er damit nicht nur wiederholt und bestätigt, was er im »Prolog im Himmel« schon ausgesprochen hat. Wenn Faust als menschliche Erfahrung und menschliches Bekenntnis das gleiche ausspricht, was dort die Engel und der Herr selbst als das tiefste Geheimnis der göttlichen Welt verkündet haben, dann heißt das doch: in der Liebe als dem tiefsten Quell des Menschseins strömt das, was Mensch und Gott verbindet. Liebe ist die Wurzel, mit welcher der Mensch in das Leben der Gottheit eingesenkt ist.

In die wunderbar friedevolle Stimmung, die Faust aus diesen Empfindungen heraus umgibt, mischt sich aber von Anfang an die Auseinandersetzung mit dem unruhigen Hund. Ob von da her oder ob aus dem natürlichen An- und Abschwellen der Empfindungen — Faust erfährt, daß der Strom, der seine Seele so wunderbar getragen hat, versiegt. Und nun folgt ein Satz, den man wieder als ein Bekenntnis Goethes auffassen muß:

Wir lernen das Überirdische schätzen,
Wir sehnen uns nach Offenbarung,
Die nirgends würd'ger und schöner brennt
Als in dem Neuen Testament.

Man muß sich doch fragen: haben die »christlichen« Kritiker Goethes diesen Satz nie gelesen? Goethe war nicht der Mensch, irgend etwas nur so hinzuschreiben, wenn er es nicht meinte.

So schlägt Faust das Neue Testament auf und beginnt seinen berühmten Versuch, den geheimnisvollen ersten Satz des Johannesevangeliums zu übersetzen, um den Sinn des griechischen »Logos« zu ringen, von dem es heißt, daß er »im Anfang war«. Wenn er nun nacheinander »Wort«, »Sinn«, »Kraft«, schließlich »Tat« an die Stelle setzt, so muß das nicht unbedingt heißen, daß eine Bedeutung die andere ersetzen soll. Es könnte auch heißen: das alles ist in dem, was wir gewöhnlich mit »Wort« übersetzen, darin. Im Urbeginn war das Wort — aber ein Wort, in dem göttlicher Sinn sich ausprägt, das voller Schöpferkraft, das Schöpfertat ist.

Man ist versucht, die Frage zu stellen, ob Goethe hier nicht auf ein Urgeheimnis des Christentums hat deuten wollen, das zumindest im Hintergrund seines Geistes zuweilen aufschimmerte und das schon im »Prolog im Himmel« anklang. Wenn Goethe, wie er in dem oben zitierten Gespräch mit Eckermann sagte, die Sonne »verehrte«, so dachte er dabei nicht an einen glühenden Gasball. Er verehrte in ihr »das Licht und die zeugende Kraft Gottes, wodurch allein wir leben, weben und sind, und alle Pflanzen und Tiere mit uns«. Das ist aber das gleiche, was ihn dazu bringt, auch hier von »Kraft« und »Tat« zu sprechen. Ist es wirklich nur ein äußerer Zusammenhang, daß er in dem gleichen Atem, in dem er bei jenem Gespräch von der Sonne sprach, auch von Christus als einem von ihm ebenso Verehrten redete? Wußte er in irgendeiner Tiefenschicht seines Wesens, daß der Logos, der in Christus Mensch wurde, das gleiche ist wie das, was er als Sonne verehrte? Daß er, wenn es erlaubt ist, das so auszudrücken, »die Sonne von innen« ist?
Das sind die Gedanken und Empfindungen, die in Fausts Seele lebendig werden. Sie schaffen eine Atmosphäre, die der in dem Hunde verborgene Geist nicht ertragen kann. Deshalb beginnt er zu heulen und zu bellen, bis er schließlich fürchterlich anschwillt zu einem Grauen erregenden Ungeheuer. Und nun sehen wir, daß Faust ein Recht hatte, zu sagen:

Fürchte mich weder vor Hölle noch Teufel.

Er nimmt es auf mit diesem Ungetüm. Er tritt ihm, ohne zu zittern, entgegen, mit den Waffen der Beschwörung, zunächst es als ein Elementarwesen behandelnd, dann, da das wirkungslos bleibt, als einen »Flüchtling der Hölle«. Und nun klingt wieder auf, was eben zuvor in ihm lebendig geworden, was im Prolog des Johannesevangeliums an Weltgeheimnissen verborgen ist. Er hält ihm den entgegen, der selbst nie »entsprossen«, weil durch ihn alles entstanden ist; den »Unausgesprochnen«, weil er das Wort ist, durch dessen Sprechen die Welt geworden ist; den »durch alle Himmel Gegoßnen«, der die ganze Fülle der Gottheit in sich trägt; und der dann, Mensch geworden, der »freventlich Durchstochne« wurde.

Faust fürchtet sich »weder vor Hölle noch Teufel« — nicht, weil er etwa nicht an sie glaubte. Er fühlt sich fähig — und in dieser Szene beweist er es —, ihnen entgegenzutreten. Der Mensch kann eine Kraft in sich lebendig machen, die ihn diesen Widersachermächten gewachsen sein läßt. Das heißt das doch! Und auch, wer diese Kraft in das Menschsein hereingetragen hat, wird deutlich.

So zwingt Faust seinen höllischen Gast sich zu demaskieren, und Mephisto tritt hervor — mit dem gleichen unverschämten Zynismus, den er schon im »Prolog im Himmel« wiederholt bewiesen hat. Denn obwohl er gleich danach bekennen muß:

Ihr habt mich weidlich schwitzen machen,

spielt er mit seinen ersten Worten doch den weltmännisch Überlegenen:

Wozu der Lärm? Was steht dem Herrn zu Diensten?,

als sei das alles doch weiter nichts Besonderes gewesen und Faust habe sich nur aufgespielt.

Er wird gezwungen, sich noch weiter zu demaskieren, zu erklären, wer er ist. Und wie Faust in der Erhebung zu dem Prolog des Johannesevangeliums den von Urbeginn her Schaffenden verehrte, so offenbart sich nun in Mephistopheles »der Geist, der stets verneint«, der voller Haß auf die ganze Schöpfung blickt.

In dieser Szene ist Faust immer noch der Meister und der Überlegene. Doch stellt sich jetzt heraus, daß er es nicht durch sich selbst ist, sondern ein seltsamer »Zufall« zu Hilfe gekommen ist und ihm den Teufel in die Hand gespielt hat. Dadurch, daß der Drudenfuß, das Pentagramm auf der Türschwelle an seiner nach außen weisenden Spitze nicht voll ausgezogen ist, konnte der Teufel wohl herein — nun aber nicht wieder heraus. Denn

's ist ein Gesetz der Teufel und Gespenster:
Wo sie hereingeschlüpft, da müssen sie heraus,

mit welchem Satz Goethe schon eine der wesentlichsten Erkenntnisse der Psychoanalyse vorweggenommen hat.
Faust ist der Überlegene — aber nicht nur dadurch, daß Mephisto sein Gefangener ist. Es ist ganz deutlich: Faust ist so lange der Beherrschende, wie er innerlich aktiv ist. Er verliert aber seine Überlegenheit in dem Moment, in dem er Mephisto gestattet, ihm »die Zeit durch seine Künste würdig zu vertreiben«. Im gleichen Augenblick zeigt sich, daß natürlich doch Mephisto über die größere Macht verfügt und Faust »noch nicht der Mann, den Teufel festzuhalten«, ist. Unter den Bildern voll Sinnengenuß, die der Gesang der Mephisto untertänigen Geister ihm vorgaukelt, schläft er ein. Damit wird aber nur offenbarendes Bild, was eben immer wieder geschieht: In der Hingabe an den Sinnengenuß schläft der Mensch ein, und die Widersachermächte werden Herr.
So endet die Szene damit, daß Faust, wieder erwachend, sich »abermals betrogen«, in Wirklichkeit aber ent-täuscht, einer Selbsttäuschung enthoben sieht wie nach der Begegnung mit dem Erdgeist.

*

Bevor wir nun zur Betrachtung der nächsten, der eigentlichen Pakt-Szene weiterschreiten, müssen wir uns eine Frage stellen, die seltsamerweise nie recht gestellt wird. Warum hat Goethe diese erste Begegnung Fausts mit Mephisto gerade so gestaltet? Weshalb versteckt sich Mephisto in diesen schwarzen Pudel, den Faust vom Spaziergang mit sich nimmt? Wozu dieses seltsame Spiel mit der Bannung Mephistos durch den Drudenfuß, der dieser dann doch entrinnt? Weshalb diese seltsam komplizierte Form der Begegnung?
Man kann in den üblichen Kommentaren den Hinweis finden, daß in der alten Faust-Überlieferung von einem schwarzen Hund die Rede ist, den der Dr. Faustus mit sich geführt habe und in dem ein ihm dienstbarer Geist verborgen gewesen sei. Mag dieses Motiv die Anregung für Goethe gegeben haben — das allein genügt nicht. Denn Goethe hat die alte Sage doch ganz frei be-

handelt, auswählend, weglassend, umgestaltend nach den inneren Notwendigkeiten der Gestalt, in die sich dies alles in ihm verwandelt hatte. Man muß also auch hier wie immer aus Goethe selbst das Rätsel zu lösen, das Bild zu verstehen suchen.

Nun berichtet J. D. Falk von einem Gespräch, das er an Wielands Begräbnistag im Januar 1813 mit Goethe geführt habe, wobei sich das Folgende zutrug:

»Indem ließ sich ein Hund auf der Straße mit seinem Gebell zu wiederholten Malen vernehmen. Goethe, der von Natur eine Antipathie wider alle Hunde besitzt, fuhr mit Heftigkeit ans Fenster, und rief ihm entgegen: Stelle dich, wie du willst, Larve, mich sollst du doch nicht unterkriegen! . . . Dies niedrige Weltgesindel, nahm er nach einer Pause und etwas beruhigter wieder das Wort, pflegt sich über die Maßen breitzumachen; es ist ein wahres Monadenpack, womit wir in diesem Planetenwinkel zusammengeraten sind . . .«

Diese Antipathie Goethes gegen Hunde kommt zweifellos aus der gleichen Tiefenschicht, aus der heraus ein älteres Bewußtsein von dem »Höllenhund« sprach und zum Beispiel in dem Märchen von den »Drei Sprachen« die wilden Hunde darstellt, die in den Tiefen eines alten Turmes einen Schatz bewachen und jeden, der sich nähert, zu zerreißen drohen. Rudolf Meyer sagt dazu in seinem Buch »Die Weisheit der deutschen Volksmärchen«: »Der Hund ist seiner ganzen Natur nach ein Kriminalist. Der Hund hat einen guten ›Riecher‹, wie man zu sagen pflegt, für alles Verbrecherische und Abgründige.« Er weist weiter darauf hin, daß eben aus diesem Grunde die griechische Philosophenschule der Kyniker, die ihren Blick gerade auf das »Allzumenschliche« im Menschen richtete, ihren Namen bekam, der noch heute weiterlebt, indem wir einen Menschen »Zyniker« nennen (von Kyon, der Hund).

Mephisto ist der Zyniker par excellence. Es ist also ein Bild von tiefer mythischer Wahrheit — und daß Goethe wie jeder wahre Dichter einen tiefen mythischen Sinn besaß und immer wieder Mythen schuf, braucht nicht erst dargelegt zu werden —, wenn

Mephisto sich in einen Hund verwandelt, aus einem Hunde hervortritt.

Damit ergab sich aber sogleich noch jenes andere tief bedeutsame Motiv, das mit dem ganzen unendlichen Problem der Schuld und des Bösen zusammenhängt. Darum geht es hier ja immerfort. Faust führt in dem Pudel den Teufel selbst in sein Studierzimmer, obwohl er doch zunächst dessen höllisch unheimliche Natur bemerkt hat. Er hätte es doch besser wissen sollen. Das ist ja die aus uralter Tiefe immer wieder aufsteigende Empfindung des Menschen, wenn er wissend-unwissend schuldig geworden ist.

Das zweite Problem nun, weshalb Mephisto, der sich auf diese wahrhaft teuflisch raffinierte Weise — das Wort »genial« möchten wir ihm nicht zubilligen — bei Faust eingeschlichen hat, sich dort plötzlich als Gefangenen sieht, scheint uns nicht minder bedeutsam. Ist es nicht Ausdruck jener ebenso alten Weisheit, die von dem »dummen Teufel« spricht? Die ganze raffinierte Klugheit, die wir so oft bewundern, erweist sich ebensooft als lächerlich unterlegen gegenüber der höheren Weisheit, die in den Welttatsachen lebt. Selbstverständlich ist Mephisto dem Menschen Faust himmel- oder besser höllenweit überlegen. Aber dies mit dem Drudenfuß ist wie eine heimliche und doch tief einprägsame Prophezeiung, daß das nicht das letzte Wort ist.

Obwohl durch eine wundersame »Fügung«, die als eine Art geheime Figur auf das Mitspiel noch anderer Mächte »hinter der Bühne« hindeutet, Mephisto eigentlich Faust in die Hand »gespielt« worden ist, so weist der weitere Verlauf der Szene in die gleiche Richtung wie das vorangehend Dargestellte: Es ist ein Versagen, eine Schwäche Fausts, durch die Mephisto sich befreien, seine Überlegenheit zurückgewinnen kann.

*

Nun beginnt die Szene, auf welche dies alles zugeht — nicht erst, seit Faust den Pudel hereingeführt hat, sondern eigentlich seit dem Prolog im Himmel. Hier wird der Knoten geschlungen, von dem alles Folgende ausgeht. In dieser Szene, so voll innerer Spannung wie wenig andere, schließt Mephisto mit Faust, Faust mit Mephisto den Pakt. Das Knistern dieser Spannung wird gleich zu ihrem Beginn spürbar.

Mephisto betritt die Studierstube Fausts. Aber er betritt sie nicht einfach, nachdem er angeklopft, wie es in der Osternacht doch sogar Wagner getan, ohne eine besondere Aufforderung abzuwarten. Sein Hereinkommen wird zu einem kleinen dramatischen Akt gestaltet. Faust muß, nachdem er erfahren hat, wer hinter der Tür wartet, ein zweites und schließlich ein drittes Mal »Herein!« rufen. Das Motiv aus der vorangegangenen Szene wird dadurch noch einmal bekräftigt, daß Faust, obwohl er doch einen Augenblick wenigstens das Unheimliche geahnt hatte, das den Pudel umgab, diesen Gast selbst zu sich hereinführt. Dies ist Ausdruck und Gestaltwerdung jenes tiefen Lebensgefühls, daß der Mensch schließlich doch für das, was durch ihn geschieht, selbst verantwortlich ist.

Was nun folgt, kann man kaum ein Gespräch nennen. Denn wenigstens im ersten Teil der Szene beschränkt sich Mephistos Anteil auf wenige kurze Sätze, die keinen anderen Sinn haben, als Faust immer weiter herauszufordern, ihn immer tiefer sich verstricken zu lassen. Mephisto spielt mit ihm wie die Katze mit der Maus.

Diese ganze Szene ist ein Gegenbild zu der vorangegangenen. Dort hatten wir Faust als den erlebt, der in der tiefen inneren Erfülltheit, die dieser Ostertag und schließlich das Eintauchen in das Johannesevangelium ihm geschenkt haben, Mephisto überlegen sein, über ihn triumphieren kann — wenn auch nur für eine Weile. Jetzt treffen wir ihn in einer Stimmung abgründiger Verzweiflung, leidenschaftlicher und qualvoller als die am Vorabend von Ostern. *Diesen* Faust vermag Mephisto zu einem Pakt zu verführen, den er *jenem* niemals hätte anbieten können. Da wir Faust als eine Art Urbild des Menschen ansehen müssen, kann man nicht anders als fragen, welches von beiden denn nun gelten solle? Daß der Mensch in dieser gloriosen Weise den Widersachermächten überlegen ist? Oder das andere? Und die Antwort kann nur lauten: beides. Das eben ist die innere Widersprüchlichkeit, die ungeheure innere Spannung des Menschenloses. Der Geist- und Muterfüllte triumphiert über den Widersacher. Der in Verzweiflung und Depression sich Verstrickende wird dessen Beute.

Angestachelt durch den mörderischen Zynismus Mephistos, der schamlos genug ist, am Ende auch noch den durch das Aufklingen der Osterglocken verhinderten Freitod spöttisch zu erinnern, gipfelt Fausts Klage und Anklage gegen diese Welt schließlich in jener furchtbaren Verfluchung, von der man gar nicht weiß, wie ein Schauspieler sie auf der Bühne aussprechen kann. Sie ist deshalb so tödlich, weil sie nicht nur das Gegenwärtige in den Abgrund stürzt, sondern auch noch dasjenige, was als Zukunft den Menschen überschwebt: die Gewähr der Auferstehung eines höheren Menschen im Abendmahl, in Glaube, Liebe und Hoffnung.

Was könnte Mephisto lieber sein?

In einer der allerletzten Szenen im Zweiten Teil des Faust, der »Mitternacht« überschriebenen, in der letzten Nacht seines Lebens taucht die Erinnerung an diesen Augenblick noch einmal auf, durch eben diesen »Stellenwert« besonders gewichtig. Und da erlebt ihn Faust als den, von wo an er »im Düstern suchte«, weil er »mit Frevelwort mich und die Welt verfluchte«. Aber auch schon unmittelbar diesem Fluche folgend erklingt in dem »Geisterchor« — den man bei einer Aufführung gar nicht gewichtig genug gestalten könnte — eine Antwort, die deutlich macht, daß Entscheidendes, Furchtbares geschehen ist. Erneut wird deutlich, daß Worte Wirklichkeiten sind: »Weh! Weh! Du hast sie zerstört, die schöne Welt ...«

Hat Faust diese Stimmen vernommen? Hat er vor allem den zweiten Teil dieses Geisterchores vernommen, in dem sie nicht nur die Untat beklagen, sondern den Täter zur Wiederherstellung aufrufen? Nichts in dem Folgenden deutet darauf hin. Mephisto freilich fürchtet es, und deshalb erfolgt nun in Versen, deren Holprigkeit ebenso grandios ist wie ihre Lügenhaftigkeit, seine

»Sprachregelung«. Denn wenn er sagt: »Dies sind die Kleinen von den Meinen«, so ist das ebenso unverfrorene Lüge, wie wenn er die Aufforderung zu innerem Tätigwerden einfach ins Gegenteil verkehrt: »In die Welt weit . . . wollen sie dich locken.« Er sieht nun den Weg frei für sein Angebot, das jetzt unmittelbar folgt.

Noch zögert Faust. Die Ursache aber — das muß man sehen — ist nicht Angst, sondern im Grunde Verachtung. Man muß das hören, wie er Mephisto anspricht: »Du armer Teufel!« Und: »Was willst du geben?« Aus diesem Gefühl der Überlegenheit heraus ist schließlich er es, der dem »armen Teufel« die Wette anbietet; die Wette, die schließlich zu dem Vertrag wird, den er mit »einem Tröpfchen Blut«, das heißt aber doch: mit seinem Leben unterzeichnet und besiegelt. Es kann aber auch heißen: Dies ist nur die Bekräftigung eines Paktes, der schon längst, schon in Urzeiten geschlossen wurde, der in dem durch unendliche Generationen fort und fort rollenden Blute lebt. Und uns möchte scheinen, daß dieser Gesichtspunkt der eigentlich weiterführende sei.

In manchen Faust-Kommentaren findet man — mit Recht — als besonders bewundernswerte Leistung des Dichters gepriesen, wie es ihm gelungen sei, den Vertreter des Bösen, des Nichts, der absoluten Negation als individuelle Menschengestalt zu schildern. Uns scheint der umgekehrte Blickpunkt bedeutsamer. Faust ist die Tragödie *des* Menschen. Durch das Blut, im Blut sind Faust und Mephisto unlösbar für dieses Erdenleben aneinander gebunden. In *dem* Menschen, mehr oder minder in jedem Menschen lebt Faust und lebt Mephisto — Faust als das eigentlich, das wahrhaft Menschliche, auch dort noch, wo er frevelt; Mephisto als das Unmenschliche, die den Menschen vernichtende Macht, der er in bestimmten Haltungen verfällt. Alles, was sich um den Abschluß des Paktes rankt, insbesondere was ihm folgt (wobei nun auch bedeutsamerweise Mephistos Anteil an dem Gespräch immer mehr wächst), läßt das deutlich werden.

Das beginnt schon, als Mephisto einen förmlichen Vertrag verlangt. Faust empört das. Er empfindet es als ein Ansinnen, das, jegliches Vertrauen in »Mannes-Wort« und »Treue« mißachtend, ein totes »Gespenst« an deren Stelle setzt. Immer ist es das Starr-Gewordene, in dem Mephisto lebt, wodurch auch tiefste Wahrheiten zu oberflächlichsten Unwahrheiten verfälscht werden. Wenn er sagt: »Du bist am Ende — was du bist . . .«, so klingt da wohl das erste der orphischen Urworte an: »Wie an dem Tag, der dich der Welt verliehen, die Sonne stand zum Gruße der Planeten . . . so mußt du sein . . .« — und ist doch zugleich dessen kalte Verhöhnung, weil er das »Geprägte Form, die lebend sich entwickelt« nicht hören kann oder hören will. Indem Mephisto anführt, diese Welt sei »nur für einen Gott gemacht«, so offenbart er sich als den, in dem alle leben, die das ewige »Ignoramus ignorabismus« nachbeten und nicht wollen, was Novalis in den »Lehrlingen zu Sais« so formuliert: »Und wenn kein Sterblicher . . . den Schleier hebt, so müssen wir Unsterbliche zu werden suchen«, und was Goethe selbst in seinem Aufsatz »Anschauende Urteilskraft«, sich mit Kant auseinandersetzend, im gleichen Sinne zum Ausdruck bringt. Ebenso ist es die unmenschliche, die den Menschen vernichtende Macht, die ihn »mit Genuß betrügen« möchte, die ihn »überall zu naschen« einlädt. Aber der Mensch bemerkt das nicht. Er bemerkt es ebensowenig, wie daß sie es auch ist, die ihn sagen läßt: »So bin ich eben«, und ihn vor »Erkenntnisgrenzen« sich zur Ruhe setzen läßt.

Faust aber ist die Verkörperung, die Menschwerdung jener Kraft, die nicht dem Gewordenen, sondern dem Werdenden zugewandt immer weiter und weiter strebt. Darin gründet auch sein Selbstbewußtsein. Und wenn er als seine tiefe Sehnsucht ausspricht, er wolle »sein eigen Selbst zu ihrem (der ganzen Menschheit) Selbst erweitern«, so lebt darin eben, was auch Rilke in seinem Gedicht »Der Schauende« meint: »Sein Wachstum ist: der Tiefbesiegte von immer Größerem zu sein.« Das ist das eigentlich Menschliche.

Darin lebt Faust. Darin lebt er so stark, daß er es immer wieder neu sagt:

Kannst du mich schmeichelnd je belügen,
Daß ich mir selbst gefallen mag . . .

Wie ich beharre, bin ich Knecht.

Das ist ein so mächtiger Lebensstrom, gleichsam durch alle seine Adern pulsend, daß er es wagen kann, sich in diese Sache auf Tod und Leben einzulassen — ja fast noch mehr: Er weiß ja doch, wer der andere ist. Mit diesem tödlichen Ernst muß man auch die Worte des Paktes hören:

Werd' ich zum Augenblicke sagen:
Verweile doch! du bist so schön!
Dann magst du mich in Fesseln schlagen . . .,

diese Worte, mit denen er das Vergehen auch des herrlichsten Augenblicks tief bejaht.

Damit nähern wir uns dem eigentlichen Geheimnis, das auf dem Grunde des Lebensstromes ruht. Es ist nichts Geringeres als das Geheimnis des »Stirb und werde!«
So wird dieser Pakt geschlossen, der seit Urzeiten besteht, in dem wir alle leben, ob wir es wissen oder nicht.

Hexenküche

Und nun führt Mephisto Faust in die Welt. Eine erste wichtige Station ist die Hexenküche. Diese Szene, welche unmittelbar auf die in Auerbachs Keller — auf die wir ebenso wie auf die zwischen Mephisto und dem Schüler nicht näher eingehen — folgt, entstand während der Italienreise im April 1788 im Garten der Villa Borghese und wird in den Faust-Kommentaren meist sehr kurz behandelt. Man beruhigt sich damit, daß Goethe die Reden der Meerkatzen einmal als »dramatisch-humoristischen Unsinn« bezeichnet hat. Aber Unsinn ist ja keineswegs etwa gleichbedeutend mit harmloser Spielerei; wie furchtbar verderblich kann er werden! Und wie — wäre zu fragen — ist denn das Teuflische und Höllische zu ertragen, wenn nicht mit Humor aufgefaßt? Denn in Wahrheit handelt es sich um eine Art Höllenszene.

Ein Regisseur verführe sicher im Sinne Goethes, wenn er diese Szene so gestaltete, daß der Zuschauer sich wie in einem Irrenhause wähnt. Die Bühne müßte wohl eher eine Wohnhöhle als eine auch nur von ferne an bürgerliche Zustände erinnernde Behausung darstellen: düster, Wände und Decke schwarzverrußt von dem unablässig unter dem Rauchfang brennenden offenen Feuer, dessen Flackern unheimliche Schatten auf und nieder tanzen läßt; überall »seltsamer Hexenhausrat«, kabbalistische Figuren, seltsam gewachsene Wurzeln, Büschel von eigenartigen Pflanzen, absonderlich geformte Gefäße, Geräte von undurchschaubarer Funktion, sicher aber auch vertrocknete Tierleichen nebst ähnlich Grausigem. Und die Haushälter darin »Meerkatzen«, das heißt: Affen-Wesen, die beinahe Menschen sind, immerzu aber nur mit ihrer eigenen Körperlichkeit beschäftigt, bald träge, bald mit wieselschnellen Bewegungen und dabei ausdruckstoten Gesichtern. Dazu dann noch die immerzu entstehenden, sich verwandelnden und vergehenden seltsamen Gestalten, die sich, wie Goethe vorschreibt, in dem aus dem Topf aufsteigenden Dampfe zeigen. Dies alles schließlich erfüllt von dem Gekreisch der Affen, dem seltsamen Tönen und Klingen der Gläser und Gefäße, kulminierend in dem »entsetzlichen Geschrei« der durch Rauch und Flammen aus dem Rauchfang herniederfahrenden Hexe und dem Klirren der von Mephisto wütend zerschlagenen Gläser und Töpfe. Weiß Gott eine Welt, in welcher der Irrsinn zu Hause ist.

In diese Welt führt Mephisto den halb widerstrebenden, halb schon gefesselten Faust. Aber nicht nur als Zuschauer. Es soll etwas mit ihm geschehen. Das bloß animalische Behagen in Auerbachs Keller (»Uns ist ganz kannibalisch wohl / Als wie fünfhundert Säuen«) hat er nicht mitmachen können. Nun soll er mit den Kräften infiziert werden, die sich harmlos als »Jugendkräfte«, als »Verjüngungstrank« bezeichnen, deren Wesen aber erst recht Animalisierung ist. Die Verse, in welche diese ganze Szene mündet — »Du siehst mit diesem Trank im Leibe / Bald Helenen in jedem Weibe« —, sprechen es aus: nicht das Individuelle, sondern das bloß Gattungsmäßige wird seinem Begehren eingeimpft. Weil das aber etwas ist, was in tieferen Wesensschichten des Menschen wohnt, kann Mephisto nicht allein wirken, braucht er die Hexe, das weibliche Element, etwas wie ein dämonisiertes Gegenbild der »Mütter« im Zweiten Teil des Faust. Und wird man darauf aufmerksam, daß die nächste Szene ja beginnt: »Mein schönes Fräulein, darf ich wagen ...«, so sieht man auch, daß die Hexenküche das Vorspiel zur ganzen Gretchen-Tragödie, ja vielleicht ihre Wurzel ist. Diese Szene ist mehr als ein burleskes Zwischenspiel.

Die Kräfte, um die es sich handelt, sind in einer Sphäre zu Hause, in die das menschliche Bewußtsein kaum, nur zuweilen träumend hineinreicht. Deshalb ist es ganz sachgemäß, wenn diese Szene wie ein Alptraum gestaltet ist. Seine Hauptakteure sind zunächst – während Faust und Mephisto nur als Zuschauer darin eingewoben sind – die Meerkatzen: jene Wesen also, die fast wie Menschen aussehen, aber keine sind; starr und ausdruckslos dort, wo man das lebendige menschliche Antlitz erwartet; ganz überwuchert von den organischen Funktionen. Sie reden beinahe pausenlos, in Versen und Reimen. Meint man sonst wohl, daß Verse Ausdruck einer erhöhten Sprache sind, hier muß man bemerken, daß auch das Gegenteil der Fall sein kann. Das rinnt und rinnt – wollten wir meinen: wie ein Bächlein rinnt und gluckert, so wäre das eine Kränkung des Baches. Man möchte sagen: wie Speichel und Schleim. Auch das Reden ist nur organische Funktion. Und nicht nur das Reden. Sie sprechen es selbst aus:

Wir reden und sehn,
Wir hören und reimen . . .

Und wenn es uns glückt
Und wenn es sich schickt,
So sind es Gedanken!

(Wenn gesagt wird, Goethe habe hier eine bestimmte Art von »Poeten« persiflieren wollen, so ist das kein Widerspruch. Es gibt eine – weitverbreitete – Art von Dichtungen, die eben nichts anderes ist als solch ein fortwährendes Von-selber-Rinnen.) Die absurde Vorstellung, Gedanken seien auch nur eine Art Ausdünstung der Gehirn-Nerven, ist gar nicht einmal ganz falsch: Es gibt eine Art von »Denken«, ein ichloses Funktionieren der Gedankenkräfte, das nicht viel mehr ist als ein organischer Vorgang. Es ist klar, daß diejenigen, die so etwas aussprechen, damit in Mephistos Sinne »aufrichtige Poeten« sind.

In diesem Zusammenhang muß aber auch gehört werden, daß die Tiere gleich zu Anfang auf Mephistos Frage, was sie tun, erwidert haben: »Wir kochen breite Bettelsuppen.« Goethe braucht diesen Ausdruck (z. B. im Brief an Schiller vom 26. Juli 1797) für eine bestimmte Art von inhaltloser, breit ausfließender, »in Fäulnis übergegangener« Schriftstellerei ohne wirklichen nährenden Inhalt, »wie sie das deutsche Publikum liebt«, oder hier: »Da habt ihr ein groß Publikum.« Heißt das nicht: was als solche »beliebte« Massen-»Literatur« die Welt überflutet, wird in der Hexenküche gekocht?

Alles, was die Tiere sagen und tun, fügt sich in dieses Bild. Unmittelbar anschließend stellen sie an Mephisto das Ansinnen, mit ihnen zu würfeln. »Reich« zu werden, ist das Verlangen, aber nicht durch Leistung oder Verdienst oder irgendeine Mühe. Begehrlichkeit und Anbetung des Geldes, dessen Besitz allein einem Ansehen verleiht, erfüllen ihre Sinne. Mephisto versteht sie ganz recht: »Wie glücklich würde sich der Affe schätzen / Könnt' er nur auch ins Lotto setzen!« (womit Goethe zugleich ausdrückt, was er vom Lotto-Spielen hält).

Dann folgen Verse, in denen die Melancholie, die manchen Menschen beim bloßen Anblick von Affen ergreift, sich fast bedrückend verdichtet. Die jungen Meerkatzen rollen eine große Kugel heran: »Das ist die Welt!« Was sie nun in den immer gleich kurzatmigen, holprig dahinrinnenden Versen und Reimen schildern, ist ein Bild vollkommenster deprimierender Sinnlosigkeit, Unbeständigkeit und Vergänglichkeit. »Ist hohl inwendig« — ein Tor, wer einen Mittelpunkt, Struktur, Seele oder Geist in ihr sucht. Etwas von dem Schauder vor dem ewig Leeren, das viel später Mephisto dem zu den Müttern steigenden Faust beschwört, weht einen hier schon an. (Und tatsächlich spricht dort Faust: »Hier wittert's nach der Hexenküche.«) Das Leben aber ist nur ein kleiner Glanz an der Oberfläche — es gibt ja auch nichts als nur Oberfläche —, und der letzte Reim ist »sterben« und »Scherben«.

Dies alles kommt zu einem ersten Kulminationspunkt, als die Affen Mephisto einen Wedel in die Hand drücken, ihn auf den Sessel als einen Thron nötigen und ihm schließlich eine Krone bringen, die sie aber ungeschickt zerbrechen. Mephisto — Karikatur des Menschen — als König dieser Welt, einen blödsinnigen, zerbrechlichen Wedel als Zepter in der Hand, die kraftvoll wirken – eine zerbrochene Krone dort, wo ein Sternkreis großer Weltgedanken wohnen sollte. Der Herr des eiskalten, abstrakten Intellektualismus ist König in dieser Welt des öden Materialismus, der Begehrlichkeit, der trostlosen Sinnlosigkeit, des geist- und seelenlosen Funktionierens, in der statt des Menschen nur ein menschenähnliches, fratzenhaftes Tierwesen erscheint.

In dieser wahrhaft alptraumartigen Welt ist es, daß Faust in einem Zauberspiegel das Bild erblickt, das ihn, wenn auch vorerst nur als eine Art Phantasmagorie, verzaubert und berückt: »Ist's möglich, ist das Weib so schön?« Was in ihm geweckt wird, ist nicht Liebe zu einem Menschen, sondern Begehren, das sich dem Geschlecht zuwendet. Daß Mephisto in seiner Replik den göttlichen Ursprung des Menschen verspottet, macht die Situation nur deutlicher.

Und dann kommt das alles zu seinem Höhepunkt mit dem Hereinfahren der Hexe. Was dabei geschieht, vervollständigt eigentlich das Bild des auf dem Throne sitzenden Mephisto, obwohl es dieses äußerlich zerstört. Zu dem Bild des Königs gehört ja neben Zepter und Krone der Mantel. Ist das Zepter Symbol des kraftvoll wirkenden Willens, die Krone Symbol des Denkens in Weltgedanken, so wird im Mantel die Kraft eines Fühlens abgebildet, das liebend zu umfangen vermag. So wie in Mephistos Händen Krone und Zepter zu Karikaturen ihrer selbst geworden sind, so zeigen sich in dem infernalischen Geschrei und wüsten Fluchen der durch den Rauchfang und die Flammen herniederfahrenden Hexe nun als ein Fühlen, das in dieser Welt zu Hause ist: Wut und Haß. Das dritte Wort, das noch dazugehört, spricht Mephisto, indem er mit dem umgekehrten Wedel unter die Gläser und Töpfe schlägt: zerstörende Vergeltung.

Das ist die Welt, in welcher der »kostbare Saft« gekocht wird, der Faust im folgenden unter magischen Zeremonien eingeflößt wird. Das heißt, die in ihm wirkenden Kräfte, die heute ja eine so verhängnisvoll das ganze Leben beherrschende Rolle spielen, werden gezeugt und genährt, wo der eiskalte abstrakte Intellektualismus König ist, wo der Mensch nicht mehr ist als ein höheres

Tier, wo Geld als der höchste Wert angebetet und die Welt als ein sinnlos leeres, in nichts als Verderben rollendes Gebilde angesehen wird.
In manchen Faust-Kommentaren wird dieser Trank als ein Aphrodisiakum bezeichnet. Aber das ist viel zu oberflächlich. Es handelt sich nicht nur um etwas, was eine rasche, aber ja auch vergängliche Wirkung hat. Es handelt sich um etwas, was viel tiefer reicht und mehr oder minder jeden Menschen betrifft. Wir leben alle in dieser Hexenküche. Wo diese Kräfte triumphieren, triumphieren die Hexe und der Satan – an den keiner glaubt. »Den Namen, Weib, verbitt' ich mir ... Du nennst mich Herr Baron ...«

Die Gretchen-Tragödie

Unter den Kritikern Goethes hat es auch solche gegeben, die ihm vorwarfen: da setze er zu Beginn seines Faust Himmel und Hölle in Bewegung, als solle ein Weltendrama entstehen — und dann werde eine simple bürgerliche Liebesgeschichte daraus. Wer so denkt, der sieht zum ersten nicht, daß sich in dem Gretchen-Drama die Menschenseele als der Kampfplatz ungeheurer, übermenschlicher Gewalten und Mächte zeigt. Er sieht zum anderen nicht, daß in dem menschlichen Drama ein Weltendrama dargestellt ist.

Was für ein Drama! Welch ein Reichtum! Da mischen sich innige Zartheit und grobe Brutalität, tiefste Verzweiflung und höchste Seligkeit, reine Hingabe und nackter Egoismus, tiefe Frömmigkeit und zynische Weltverachtung, Dumpfheit und Überklarheit — und was nicht noch alles! Ein Orchester, überreich an Stimmen und Instrumenten, das in diesen oft nur ganz kurzen Szenen aufklingt.

*

Es beginnt mit der Szene, welche die Wirksamkeit der Hexenküche und des Zaubertrankes erweist, die beinahe wie ein Weitergehen jener vorangegangenen wirkt. Faust begegnet der eben aus der Kirche kommenden Margarete, und flammendes Begehren hüllt ihn ein. Er muß sie haben — als ob sie nichts anderes wäre als eine Frucht auf dem Baum, ein Ding, das man kaufen oder auch einfach nehmen kann. »Hör', du mußt mir die Dirne schaffen!« fährt er auf Mephisto los. Und setzt in einer Weise fort, daß dieser– was anderes als tiefes Behagen kann ihn dabei erfüllen! – sagt: »Du sprichst ja wie Hans Liederlich . . .«, und ein wenig später: »Ihr sprecht schon fast wie ein Franzos!« – Mephisto macht Schwierigkeiten, und man weiß nicht recht: geschieht das, um Fausts Begehren nur stärker zu reizen? Oder ahnt er vielleicht, daß er dieses Wesen zu fürchten haben wird? Faust jedenfalls besteht auf seinem Verlangen in einer Weise, die einen fragen läßt: Ist das denn noch Faust? Der Faust der Osternacht? Noch der, der es in der Pakt-Szene verächtlich von sich gewiesen hatte, »überall zu naschen«? So begegnet er ihr. Aber weiß er, ahnt er auch nur, was ihm wirklich widerfahren ist?

Man muß das ganze Wunder empfinden, das in der nächsten Szene geschieht. Mephisto hat Faust in Gretchens Zimmer geführt. Nun wird plötzlich alles ganz anders: Er, der eben noch Mephisto mit der Kündigung des Paktes gedroht hat, »wenn nicht das süße junge Blut heut nacht in meinen Armen ruht«, erlebt mit einem Male das heilige Wunder des Menschseins, und aufs tiefste erschüttert stößt er hervor: »Fort! Fort! Ich kehre nimmermehr!«

Was ist denn geschehen? – Nichts anderes als das im Prolog im Himmel vom Herrn schon Ausgesprochene: daß es dem Widersacher nicht gelingen werde, »diesen Geist von seinem Urquell« abzuziehen. Der bricht wieder hervor. In diesem Faust, den es »drang, so gerade zu genießen«, aufersteht – anders kann man es nicht bezeichnen – sein eigentlichstes Wesen. Aber mehr noch!

Mit dem, was Faust, den Vorhang von Gretchens Bett zurückschlagend, ausruft, leuchtet etwas Allerbedeutsamstes auf. Denn wenn er da – in ungewöhnlichen Wortprägungen, die das Ringen verraten, etwas alle gewöhnlichen Erfahrungen Übersteigendes anschaulich zu machen – von dem »eingeborenen Engel« spricht, der hier träumend ausgebildet worden ist, und von dem »Götterbild«, das hier sich »entwirkte«, so heißt das ja: daß im Menschen ein Göttliches wohnt, nicht nur gelegentlich ihn mehr oder minder erfüllend, sondern als sein innerster Wesenskern. Als das, was in all seinem Werden und Wachsen das heimlich Schöpferische ist.

Es ist das gleiche wie das, was als ein sehr persönliches Bekenntnis in der »Marienbader Elegie« lebt, wo Goethe von dem »Frommsein« vor der Geliebten spricht, das — wenn auch etwas verhüllter — hinter dem steht, was Eckermann unter dem 2. Mai 1824 schildert: Im Anblick der sinkenden Sonne, sprach Goethe von seiner »Überzeugung, daß unser Geist ein Wesen ist, ganz unzerstörbarer Natur; es ist ein fortwirkendes von Ewigkeit zu Ewigkeit. Es ist der Sonne ähnlich, die bloß unsern irdischen Augen unterzugehen scheint, die aber eigentlich nie untergeht, sondern unaufhörlich fortleuchtet.«

Es ist das gleiche Erlebnis, das auch hinter der tiefen Bewegung steht, die uns ergreift, wenn wir miterleben, wie auf dem Antlitz eines kaum ein paar Wochen alten Kindleins plötzlich ein erstes Lächeln aufblüht. Was lächelt denn da?

Das erfährt Faust vor Gretchen. Wenn das so tief bewegend in dieser Szene aufklingt, so wird damit auch zum Ausdruck gebracht, daß es das Wunder der Liebe ist, unter dem dies Doppelte geschieht: daß sie in dem Liebenden selbst dessen Tiefstes, Eigentlichstes aufleuchten und ihn zugleich im geliebten Wesen dessen himmlischen Lebenskeim erschauen läßt.

Und man fragt sich: Klingt hier nicht schon leise auf, was in der allerletzten Szene der gesamten Faust-Dichtung sich strahlend erfüllen wird: daß von Gretchen das ausgeht, was Faust schließlich rettet?

Das aber muß man vor allem sehen: Dieser Faust ist ein ganz anderer als der, dem wir zu Anfang begegnet sind, der in seinem Studierzimmer Erkenntnisse suchte. Jetzt ist er einer, der ein Schicksal hat. Davon hatte er zuvor keine Ahnung. —

An dieser Szene wird erkennbar, daß Faust — daß der Mensch — das Wesen ist, an dem Licht und Dunkel, Himmel und Hölle, Gott und der Teufel Anteil haben. Denn wenn wir vorhin sagen mußten, daß etwas wie eine Auferstehung seines wahren Wesens erfolge — am Schluß der Szene beginnt schon wieder Mephisto in ihm mächtig zu werden. Dem gelingt es bei seiner Rückkehr, wenigstens Fausts halbes Einverständnis zu erlangen, daß sie Gretchen das Kästchen mit dem kostbaren Schmuck dalassen – womit er das »Fort! Fort! Ich kehre nimmermehr!« schon halb widerruft.

Und Gretchen? – Auch auf sie fällt sogleich etwas von seinem dunklen Schatten. Als die Heimkehrende das geheimnisvolle Kästchen findet, es öffnet, den Goldschmuck entdeckt, ist sie auch nicht mehr die, die sie war. Der Fluch des Goldes hat schon Macht über sie gewonnen. Und die Klage darüber ist es, die sie ausrufen läßt: »Nach Golde drängt, am Golde hängt doch alles! Ach, wir Armen!«

*

Das ist das Vorspiel zum Gretchen-Drama. Schon wird die ungeheure Spannung sichtbar, in der Fausts Wesen lebt, und die tiefe Bangigkeit um Gretchens Schicksal. Dann rollt es ab – erst langsam, beinahe spielerisch und doch unaufhaltsam, zuletzt immer rascher und rascher dem Abgrund entgegenstürzend.

Das Schmuckkästchen wird von Gretchens Mutter als allzu gefährlich und verdächtig einem Priester übergeben. Es ist das einzige Mal im ganzen Drama, daß wir Mephisto in beinahe verzweifelter Empörung begegnen. Mit einem zweiten, prächtigeren Kästchen wird Gretchen schon ein wenig tiefer verstrickt. Der Mutter es verheimlichend, kommt sie damit zur Nachbarin, zu dieser sehr zweifelhaften Frau Marthe. Es folgt die grandiose Szene, wie nun Mephisto dort erscheint, mit seiner triumphalen Lügenhaftigkeit diese dumpfe, eitle, innerlich ganz unwahrhaftige Seele zu seinem Spielball macht – man kann dabei nicht anders als daran denken, wie in der »Hexenküche« die Meerkatzen mit der Weltkugel spielen – und so die Schlingen für Gretchen legt, indem er, Faust in sein ganzes Lügengewebe mit einbeziehend, seinen Besuch für den Abend verabredet.

So begegnen wir dann immer abwechselnd den in Frau Marthes Garten spazierenden beiden Paaren: Mephisto mit Frau Marthe, die sehr unverhüllt den galanten Kavalier an ihrer Seite umwirbt, und Faust mit Gretchen. Und auf dem Hintergrunde der animalisch dumpfen Begehrlichkeit auf der einen und zynischer Überlegenheit auf der anderen Seite, welche einen grotesken heimlichen Zweikampf führen, leuchtet um so ergreifender das ganz andere auf, was zwischen Faust und Gretchen webt: unendlich zart, tief demütig, beseligt. Dabei schimmert—wie könnte es anders sein — etwas von den tiefsten Geheimnissen durch, die zwischen dem Männlichen und dem Weiblichen weben. Aus Gretchens letzten Worten: »Du lieber Gott! Was so ein Mann nicht alles, alles denken kann! . . .«, spricht das Staunen vor dem Baum der Erkenntnis. Faust aber hatte als erstes gesagt: »Ein Blick von dir, ein Wort mehr unterhält als alle Weisheit dieser Welt« — und sich damit demütig vor dem Baum des Lebens geneigt. Sind sie nicht, solange das rein in ihnen webt, wirklich im Paradies? Im Sein urständet der höchste Wert der Frau, im Bewußtsein der des Mannes. Zu seinen tiefsten Erkenntnissen aber gehört es, wenn ihm aufgeht, daß in der Sphäre des Lebens mehr Weisheit verborgen ist, als in »aller Weisheit dieser Welt« je begriffen wird.

Bei dem, was Faust in diesen beiden Szenen erfährt, möchte man sich fragen: Erfüllt sich hier nicht das andere, was der Herr im »Prolog im Himmel« ausgesprochen: ». . . und muß als Teufel schaffen?« Mephisto hat Faust den Zaubertrank in der Hexenküche gegeben. Der schuf die Brücke, daß er, Gretchen begegnend, Schicksal zu erfahren begann. Mephisto hat ihn in Gretchens Zimmer geführt. Er hat ihm den Spaziergang mit Gretchen vermittelt. Und Faust hat bei dem einen wie dem anderen Geschehnis so hohe Erlebnisse gehabt wie nie zuvor. Das scheint sich darüber hinaus in der nächsten Szene noch fortzusetzen und aufs großartigste zu erweitern.

Faust erfährt, daß er als Liebender plötzlich, unvermutet alles das geschenkt bekommt, worum er in der Osternacht vergeblich gerungen hat. »Erhabner Geist, du gabst mir, gabst mir alles, worum ich bat . . .« Denn wenn er ihm »die herrliche Natur zum Königreich« gegeben hat, dann heißt das doch, daß die Welt da draußen ihm nicht mehr fremd ist, daß er »Ich« zu ihr sagt. Wenn er in ihr Inneres »wie in den Busen eines Freunds zu schauen« vermag, so wird ihm zuteil, was der spätere Goethe als das Wunderbare des »Gesprächs« erlebte, »erquicklicher als Licht«. Gespräch zwischen der Menschenseele und der Natur. Das »Wort«, das in ihr verzaubert ist, beginnt leise zu raunen. Aber nicht nur die Welt da draußen, auch sein eigenes Inneres und die ganze Menschheitswelt erschließt sich ihm in vorher ungeahnter Weise. Steht er nicht auf einem Gipfel des Menschentums? Er erfährt — viel umfassender noch als in Gretchens Kammer —, was Goethe so tief und genau wußte: Es ist das Wunder der Liebe, daß sie in dem Menschen die verborgensten Tiefen entzündet, daß sie den Genius im Menschen weckt.

Aber zugleich erwacht dieses furchtbare Rätsel in ihm: Er findet nicht nur das vor, was ihn über sich zu sich selbst erhebt, sondern auch, was ihn »erniedrigt« und ins »Nichts« wirft. Und schon tritt Mephisto, wie von Fausts Gedanken gerufen, heran. Die Szene aber, in deren Beginn wir Faust in tiefem Frieden und wie auf einem unvergleichlichen Höhepunkt seines ganzen Werdens und Wesens erlebten, nimmt nun unwiderruflich die Wendung, die das Gretchen-Drama zur Gretchen-Tragödie werden läßt. Es geschieht durch das, was Mephisto nach Fausts eigenen Worten in ihm weckt und was, als er die Worte aussprach, jenen gleichsam herbeizitiert hat: »Begierde« und »Genuß«. Mephisto facht erneut dieses »wilde Feuer« in ihm an, so daß er — im vollen Bewußtsein dessen, was er tut — entschlossen ist, Gretchen ins Verderben zu stürzen: »Mag ihr Geschick auf mich zusammenstürzen und sie mit mir zugrunde gehn!«

In der Verzweiflung dieser furchtbaren Stunde erscheint er sich selbst als »der Flüchtling« und »der Unbehauste«, schließlich »der Gottverhaßte«. Man muß sich fragen: was gilt denn nun? Ist er das? Oder ist er der, als den er sich eben noch erlebt hat, der tief zuhause ist in dem die ganze Welt durchwaltenden Geist? Der Bruder all dessen, was »im stillen Busch, in Luft und Wasser«

webt, in seinem »Königreich«? — Was ist er denn nun wirklich? — Und man muß wieder die Antwort geben: beides! Der Mensch ist beides!

*

Was soll nun werden? — Die Bangigkeit dieser Frage steigert sich in der nächsten Szene unermeßlich. Gretchen, allein, am Spinnrad: »Meine Ruh ist hin, mein Herz ist schwer ...« Faust hatten wir eben, bis zu einem gewissen Grade wenigstens, frei in seinem Verhältnis zu dem geliebten Wesen erlebt; bei Gretchen ist das ganz anders. Bei ihr hat es — das ist das Schicksal des Weiblichen — die ganze Existenz ergriffen. Sie ist preisgegeben, hoffnungslos. Deshalb weiß Faust auch genau, daß die Frage nach der Schuld nur ihn allein trifft.

Bei aller gebotenen Scheu in solchen Dingen ist es an dieser Stelle vielleicht doch erlaubt, einen Blick auf die Wurzel alles dessen in Goethes Seele zu wagen. Es kann wohl kein Zweifel sein, daß dahinter das steht, was Goethe mit Friederike Brion erlebt hatte. Damit wird aber auch offenbar, daß er mehr als deutlich gewußt hat, was er tat, als er sie verließ; es wird offenbar, wie tief ihr Leid in seiner eigenen Seele gebrannt haben muß.

Denn diese Verse Gretchens bis hin zu dem »an seinen Küssen vergehen sollt'!« kann man sich nicht leidvoll genug vorstellen.

*

Und dann ist Faust wieder bei Gretchen im Garten. Dort stellt Gretchen die berühmte Frage nach der »Religon«, hinter welcher mehr steht als nur das kleinmenschliche, kleinbürgerliche Element, mit dem es nachher Mephisto verbindet. Goethe wußte, daß bei jedem Aufblühen einer wahren Liebe ein Religiöses erwacht, das noch größer und umfassender ist als das Frommwerden vor dem anderen. Bei Gretchen aber ist diese Frage verknüpft mit dem, was sie an Fausts Gesellen, also an Mephisto, erlebt. Ihre Schilderung ist wiederum nicht nur »Dichtung«, sondern etwas, wovon Goethe viel Erfahrung hatte: daß es Menschen gibt, in deren bloßer Gegenwart alles Gute, Schöne, Fromme wie unter einem tödlichen Reif erstirbt. Wenn er es hier als Gretchens tödliches Erschrecken vor Mephisto schildert, so heißt das: Goethe wußte, daß das nicht ein bloß menschliches Phänomen ist. Überall, wo so etwas geschieht, wird in und durch Menschen eine eiskalte über- oder besser unter-menschliche Macht wirksam.

Zum Ende dieser Szene hin geschieht es dann, daß Gretchen aus Fausts Hand das verhängnisvolle Fläschchen empfängt, von dem »drei Tropfen nur« den Schlaf der Mutter so tief machen werden, daß sie unbesorgt den Riegel vor ihrer Kammertür für Faust offenlassen kann. Nicht anders als mit tiefem Bangen kann der Zuschauer dies miterleben. Denn von wem, wenn nicht von Mephisto kann Faust dieses Fläschchen haben? Seine Zerstörungsmacht bricht nun herein.

*

»Am Brunnen«, wo die Mädchen sich beim Wasserholen treffen, erfährt Gretchen etwas wie ein leises Vorspiel dessen, was sie erwartet. Sie erfährt als erstes, daß der Sündenfall einsam macht. Sie, die doch einst mit den Gefährtinnen zusammen »so tapfer schmälen« konnte, wenn ein Mädchen sich selbst vergessen hatte und gefallen war, fühlt sich plötzlich aus diesem Chor ausgeschlossen. Sie erlebt weiter, noch von außen, das Schicksal des gefallenen Mädchens, dem seelische Engigkeit, Mißgunst, Rachsucht und Selbstgerechtigtkeit das »Kreuzige! Kreuzige!« rufen. Wann wird das ihr geschehen? Und sie erlebt schließlich das tiefe Rätsel des Menschseins: »Doch – alles – was dazu mich trieb, Gott! war so gut! ach, war so lieb!« – und fühlt sich dennoch schuldig.

*

Schon die nächste Szene – im Zwinger vor dem Bild der Mater dolorosa – zeigt sie uns im tiefsten Abgrund des Leides. Was geschehen ist, was sie so zerbrechen läßt, erfahren wir nicht. Ist es dies, daß sie in sich selbst nun ein Kind heranwachsen fühlt? Ist schon das Furchtbare geschehen, daß sie – unwissend – mit dem Trunk aus dem Fläschchen, das ihr der Geliebte gegeben hatte, die Mutter gemordet hat? Wir wissen, wir erfahren es nicht. Wir erleben sie nur verzweifelt und zerbrochen vor dem Bilde der schmerzensreichen Gottesmutter.

Damit beginnt aber auch schon heimlich die Umkehrung ihres Schicksals. Denn würden wir wohl in der allerletzten Szene des Faust, gewöhnlich »Fausts Himmelfahrt« genannt, Gretchen im Umkreis der Mater gloriosa sehen, wenn sie nicht zuvor sich so innig mit der dolorosa verbunden hätte?

Vielleicht dürfen wir auch diese Szene im Zwinger als ein Gegenbild sehen zu jener anderen: Faust vor dem Erdengeist? Beide Male eine Menschenseele vor der göttlichen Welt. Faust muß zunächst erleben, daß er zurückgeschleudert wird: »Du gleichst dem Geist, den du begreifst, nicht mir!« Erst viel später, als Liebender, darf er sich in dessen Nähe fühlen. Die Demütige, die tränenüberströmt der Schmerzensreichen mit den Blumen, die sie in die Krüge steckt, ihre ganze Seele darbringt, wird sie nicht angenommen, auch wenn es zunächst nicht so erscheint? Denn sie begreift.

Viel später, in seinem Roman »Wilhelm Meisters Wanderjahre«, hat Goethe ausführlich dargestellt, was zumindest empfindungsmäßig auch schon bei der Gestaltung dieser Szene in ihm gelebt hat. Er spricht da von der »dritten Religion«, »gegründet auf die Ehrfurcht vor dem, was unter uns ist; wir nennen sie die christliche, weil sich in ihr eine solche Sinnesart am meisten offenbart; es ist ein Letztes, wozu die Menschheit gelangen konnte und mußte. Aber was gehört dazu, die Erde nicht allein unter sich liegen zu lassen und sich auf einen höheren Geburtsort zu berufen, sondern auch Niedrigkeit und Armut, Spott und Verachtung, Schmach und Elend, Leiden und Tod als göttlich anzuerkennen, ja Sünde selbst und Verbrechen nicht als Hindernisse, sondern als Fördernisse des Heiligen zu verehren und liebzugewinnen!«

*

Gretchen befindet sich im Abgrund der Verzweiflung, doch wird ein Ereignis nach dem anderen geschehen, das sie immer noch tiefer in den aufbrodelnden Schlamm hinuntertritt.

In der Nacht, vor Gretchens Tür erscheint Valentin, ihr Bruder, ein Soldat. Wir erleben in ihm einen Menschen, wie sie zu Tausenden auf der Erde sind. Er war so stolz auf sein »trautes Gretel«. Und nun – »ums Haar sich auszuraufen und an den Wänden hinaufzulaufen«! Was ihr geschehen ist – wie sie selbst das erträgt, was sie erleidet – die Frage kommt ihm nicht einmal. Er sieht nur sich selbst in seinem Stolz, in seinem Selbstbewußtsein, das er von Gretchen bezog, verraten. So wie Lieschen am Brunnen in gleicher Erbarmungslosigkeit über Bärbelchen hergefallen war, die nachts »bei ihrem Buhlen süß« gestanden, während sie selbst – mit welchem heimlichen, neidvollen Ingrimm wohl! – »am Spinnen war«. Nun droht das auf Gretchen selbst herabzustürzen.

Da erscheint Faust, begleitet von Mephisto. Während in Faust eine Ahnung des nahenden Verhängnisses aufdämmert – die Worte, mit denen er auftritt, mit denen er beschreibt, was er sieht: »Wie von dem Fenster dort der Sakristei aufwärts der Schein des ew'gen Lämpchens flämmert und schwach und schwächer seitwärts dämmert, und Finsternis drängt ringsum bei!«, beschreiben zugleich, wie es in seinem »Busen nächtig« aussieht –, während Faust also das Dunkel zu ahnen beginnt, das ein »ewiges« Licht auszulöschen, zu vernichten droht, erleben wir in Mephisto grausiger als je nichts als eiskalten Zynismus. Wenn er von dem langsam aus den Tiefen heraufrückenden Schatzkessel spricht und auf Fausts Frage, ob da wohl ein Geschmeide drin sei, seine »liebe Buhle zu zieren«, sagt, er habe darin »wohl so ein Ding als wie eine Art von Perlenschnüren« gesehen, so steht dahinter unzweifelhaft doch, was im mythischen Volksglauben immer mit dem Bild der Perlen gemeint war: Leid und Tränen. Und wenn er dann, um Gretchen »vollends zu betören«, ein »moralisch Lied« anstimmt – so setzt er damit nur das fort: Hohn und Spott über das menschliche Leid.

Die alte Gralssage erzählt von Kundry. Sie sah den leidenden, sein Kreuz tragenden Gottessohn und lachte — und war fortan verflucht. In dieser Szene wird offenbar, wer der ist, der höhnt und spottet. Weil sie dem sich hingegeben, war sie verflucht. —
Da tritt Valentin hervor, seinen Degen ziehend, um an dem Verführer seiner Schwester, an dem, der ihn so tief verletzt, blutige Rache zu nehmen. Faust, sekundiert von Mephisto, muß seinerseits ziehen, Valentin weiß gar nicht, wie wahr er spricht, als er ausruft: »Ich glaub', der Teufel ficht!« — und schon ist er getroffen und stürzt zu Boden. Und nun folgt, während Faust und Mephisto fliehen, die Szene, deren Grausigkeit kaum noch zu überbieten ist. Indes auf Frau Marthes und Gretchens Geschrei eine Menge Volks herbeieilt, beginnt der sterbende Valentin vor all diesen Menschen seine Schwester als Hure zu beschimpfen, zu verhöhnen, ihre Schande auszubreiten, in Wahrheit doch nichts anderes als das Verletztsein seines Stolzes, seine ganz und gar ichbezogene Wut gegen sie herausspeiend — und fühlt sich dabei — ach, wie sehr! — im Recht: »Ich gehe durch den Todesschlaf zu Gott ein als Soldat und brav.« Und stirbt.
Ob er »drüben« wohl noch ebenso empfunden hat? — Anders kann man nicht fragen. Gretchen aber — wie kann sie danach noch weiterleben?

*

Wenn man in sich trägt, was wir bei Betrachtung der vorangegangenen Szene — vor dem Bild der Mater dolorosa — sahen, dann versteht man auch, was Goethe mit der nun folgenden Szene sagen wollte und was allermeist von den Faust-Kommentatoren gar nicht begriffen wird.
Es ist die Szene, die im Urfaust noch überschrieben war: »Dom. Exequien (Totenamt) der Mutter Gretchens«. Wenn das auch in den späteren Fassungen so nicht festgehalten wurde, so steht doch im Text, daß Gretchens Mutter jetzt gestorben ist, daß sie selbst sich nicht nur an deren Tode, sondern fast mehr noch daran

schuldig fühlt, daß sie — ohne Beichte und Sterbesakramente — »zur langen, langen Pein hinüberschlief«. Daß es auch ein Totenamt ist, wird deutlich durch das »Dies irae, dies illa ...«, den mittelalterlichen Hymnus, der das Bild des Jüngsten Gerichts beschwört. Aber nicht nur am Tod der Mutter, auch an dem des Bruders muß sie sich schuldig fühlen. »Auf deiner Schwelle wessen Blut?« Und unter all den Menschen, mit denen zusammen sie sich da zum Gottesdienste versammelt hat, unter den Klängen der Orgel und des Chores, der die erschreckenden Bilder des Jüngsten Gerichts beschwört, überfällt sie nicht nur das Bewußtsein alles dessen, was sie getan hat — es wird ihrer Seele eingeflüstert mit einer drohenden, vernichtenden Eindringlichkeit, die kein Erbarmen kennt. »Böser Geist« nennt Goethe diese Stimme, und das muß man ernst nehmen.
Hier nämlich wird deutlich, weshalb Goethe so starke Einwendungen zwar nicht gegen das Christentum, aber gegen das, was die Kirchen verkündeten, hatte. Es war das alttestamentliche, gerade nicht christliche Element darin, gegen das er sich so leidenschaftlich wandte. Kommentatoren dieser Szene sagen, es sei die Stimme des Gewissens, die Gretchen da vernehme. Gewiß — es spricht in ihrem Gewissen. Aber wenn es so spricht — das sagt Goethe —, dann spricht ein böser Geist, der dem Gewissen eingeprägt ist, einer, der den Menschen vernichten will. — Christus half der Sünderin, die ihre Richter nach dem Gesetz steinigen wollten, sich aufzurichten.

*

Die folgende Szene »Walpurgisnacht« kann dem oberflächlichen Blick wie eine Unterbrechung des Dramas erscheinen. In Wirklichkeit ist sie eine genaue und konsequente Fortführung. Ist denn, was Gretchen eben »im Dom« erlebt hat, nicht auch schon ein Übergang des Geschehens in »andere« Bereiche?
Nach dem Totschlag an Valentin zur Flucht aus der Stadt gezwungen, ist Faust von Mephisto zur Walpurgisnacht auf den Brocken entführt worden. Die Szene beginnt so, daß man die

beiden in den Felsschluchten des Harz mühsam emporsteigen sieht. Aber rasch wird das anders. Mephisto ruft ein Irrlicht herbei, und in dessen Licht, von ihm geführt, treten sie in ganz andere »Räume« ein. »In die Traum- und Zaubersphäre sind wir, scheint es, eingegangen«, beginnt der Wechselgesang der nun zusammen wandernden drei. Daß jeder dabei seinem eigenen Wesen und Schicksal entsprechende Wahrnehmungen hat, ist nur sachgemäß. Mephisto spricht von den »weiten, öden Räumen« — das ist schon wie eine Vorahnung von dem, was er im Zweiten Teil als den Weg zu den »Müttern« schildern wird. Faust aber vernimmt wie ein Echo des kaum Vergangenen: »Hör' ich Rauschen? Hör' ich Lieder? Hör' ich holde Liebesklage, Stimmen jener Himmelstage?« Und wenn er zum Schluß fragt: »Aber sag' mir, ob wir stehen, oder ob wir weitergehen?«, so bringt dies das gleiche Erlebnis zum Ausdruck, das Wagners Parsifal auf dem Wege zur Gralsburg hat: »Ich schreite kaum, doch wähn' ich mich schon weit ...« In ätherisch-geistigen Sphären sind andere Lebensgesetze wirksam als im Physisch-Irdischen.

Jetzt verändert sich auch die äußere Landschaft. Durch die dunklen Felsen beginnen heller und immer heller die in den Tiefen verborgenen Schätze durchzuschimmern. Dann beginnt, Ausdruck der immer ungebändigter hervorbrechenden Elementargewalten, »die Windsbraut« zu rasen. Mit einer Sprachgewalt, die nicht genug zu bewundern ist, wird nun der durch die Wälder »krachende« Sturm geschildert. Wenn dann in seiner Stimme endlich die Stimmen der Hexen, einzeln und im Chor laut werden, so wird damit ja auch deutlich, wer die sind, als was Goethe sie erlebt hat. Unter den Notizen, die Goethe sich gelegentlich der Arbeit an diesen Szenen gemacht hat, gibt es eine: »Schöpfung des Menschen durch die ewige Weisheit — der Hexen zufällig wie Python«. Hexe also ist — so könnte man wohl im Sinne Goethes sagen —, wenn eins aus dem von göttlicher Weisheit gestalteten Menschlichen heraus sich ins bloß Naturhaft-Elementare und Zufällige verliert. Es ist ein wahrhaftiger Hexensabbat, in den Faust hier hereingeschleudert worden ist, mit all dem Rauschen und Brausen von oben und unten, von rechts und von links. Soll das sagen: in diese Welt ist Faust nun eingetreten, das ist seine Welt? Ist das die Welt, in die der Trank aus der Hexenküche ihn schließlich verdammt? In die Mephisto ihn gern versenken möchte?

Noch aber, wird gleich danach erkennbar, ist er ihr nicht ganz verfallen. Noch leben in ihm Kräfte eigenen Willens. Denn das heißt es doch, wenn er — entgegen dem Willen Mephistos — nach »droben«, zum Gipfel des ganzen Tobens drängt. »Dort strömt die Menge zu dem Bösen, da muß sich manches Rätsel lösen.« Noch immer ist er der, der als Erkennender sich befreien mag, der weiß: das Rätsel des Bösen — wer das löste, der wüßte viel. Mephisto vermag ihn beiseite zu ziehen, was Goethe freilich ursprünglich nur als vorübergehend gemeint hat. Er hatte geplant, Faust schließlich wirklich zum Gipfel des Bösen zu führen.

Und nun öffnet sich wieder eine andere Sphäre. Ein General, ein Minister, ein Parvenü, ein Autor sitzen mit noch anderen zusammen um eines der Feuer. Es sind Gestalten, wie sie zu Tausenden in Verfolg der Französischen Revolution nach Deutschland gekommen waren. Was haben sie auf dem Blocksberg zu suchen? — Aus dem, was sie sagen, wird klar: Innere Verlogenheit, Philistrosität, Aufgeblasenheit, geschminkte Bosheit, Wichtigtuerei, Opportunismus sind die Kräfte, aus denen sie leben. Was also will Goethe hier anderes sagen als: Blocksberg ist nicht nur dort, einmal im Jahr. Blocksberg ist immer und überall, wo diese Kräfte wirksam sind. Zu ihnen gehört auch noch eine Einzelgestalt der »Proktophantasmist« (ein von Goethe selbst gebildetes Wort, auf deutsch: After-Geisterseher), in dem Goethe einen der »Aufklärer« seiner Zeit, Nikolai, darstellte, der nichts als das vom plattesten Verstand Einsehbare gelten lassen wollte und Geist als krankhafte Ausdünstungen des Blutes bezeichnete, die am besten durch an den After angesetzte Blutegel zu vertreiben seien.

Man kann mit Recht fragen: Ist das nicht ein grenzenloser Hochmut, andere Menschen in dieser Weise zu charakterisieren? Aber da zeigt sich etwas Großartiges. In dem diese ganze Szene abschließenden »Walpurgisnachttraum« treten u. a. auch die »Xenien«, also jene von Goethe zusammen mit Schiller verfaßten Spottverse auf Zeitgenossen auf. Und sie sprechen »Satan, unsern Herrn Papa ...« an, womit doch unzweideutig Goethe sich selbst mit jenen in eine Reihe stellt, jedenfalls Teile seines Wesens.

Blocksberg also, Walpurgisnacht, Satansherrschaft — das ist doch zweifelsfrei damit gesagt — gehen immerfort durch die Menschheit, und keiner kann sich dem ganz entziehen. In die Sphäre solch eines — durchaus wirklichen — »Zwischenreiches« ist Faust in der Walpurgisnacht geführt worden.

In der Folge sehen wir dann Faust eine Weile im Tanz mit einer jungen Hexe, eine Weile also offenbar ganz einbezogen in den Wirbel dieses eigentlich außermenschlichen Rhythmus — aber eben nur eine Weile. Dann entdeckt er — und das vermag zwar seine Bezauberung nicht ganz zu lösen, beginnt aber, sie zu lockern — »ein blasses, schönes Kind«, und ihn deucht, »daß sie dem guten Gretchen gleicht«. Aber mehr noch: »Sie scheint mit geschloßnen Füßen zu gehen« — also gefesselt? Weiter dann: »Es sind die Augen eines Toten, die eine liebende Hand nicht schloß ...«; und schließlich — das ist, zumal in seinem Munde, das Furchtbarste —: »Wie sonderbar muß diesen schönen Hals ein einzig-rotes Schnürchen schmücken, nicht breiter als ein Messerrücken!« Er sieht in einer Art Traumbild nichts anderes als Gretchens Schicksal — und durch nichts vermag ihn Mephisto davon abzulenken. Damit endet für Faust die Walpurgisnacht. Offenbar ganz anders als Mephisto gewollt hatte.

*

Es folgt — nach zwei kurzen Zwischenszenen — die vielleicht erschütterndste, die je gedichtet wurde.

Wie und wann Faust nun wirklich Gretchens Schicksal — »im Kerker zu entsetzlichen Qualen eingesperrt« — erfahren hat, bleibt wieder offen. Daß es gleich nach der Walpurgisnacht war, ist unwahrscheinlich. Denn daß er diese mit dem Wort »abgeschmackte Zerstreuungen« meinen könnte, in die ihn inzwischen geführt zu haben er Mephisto vorwirft, kann man nicht recht denken. Daß seine Wut, seine Verzweiflung an Mephisto abprallen – wie könnte es anders sein! Auf schwarzen Pferden brausen sie durch die Nacht, vorbei am »Rabenstein«, der Gerichtsstätte, wo Hexen, schon etwas wie eine Satansmesse zelebrierend, »schweben auf, schweben ab, neigen sich, beugen sich« – »streuen und weihen«.

Dann steht Faust – allein – vor der Kerkertür, vor »dieser feuchten Mauer«, hinter der sie gefangen ist. Wie hatte er in der Pakt-Szene gesprochen, was wollte er? – »Und was der ganzen Menschheit zugeteilt ist, will ich in meinem innern Selbst genießen.« Jetzt erfüllt es sich, wenn auch sehr anders als er damals gedacht: »Der Menschheit ganzer Jammer faßt mich an.« Und dringt durch die noch geschlossene Tür der Gesang

Meine Mutter, die Hur',
Die mich umgebracht hat!
Mein Vater, der Schelm,
Der mich gessen hat . . .,

das Lied des zum Vöglein gewordenen gemordeten Kindes aus dem Märchen vom »Machandelboom«, so klingt damit ein Ton auf, der von vornherein alles, was nun geschehen wird, in ganz bestimmte, mythische Dimensionen heben will.

Als Faust vor der Kerkertür »der Menschheit ganzen Jammer« empfunden hat, da wußte er ja noch nicht, was ihn erwartete, was auf ihn zukommen würde, wenn er nun die Tür aufschließt. Gretchen erkennt ihn nicht, sie hält ihn für den Henker, der kommt, sie zum Tod zu holen. Das geht lange, lange, schier unerträglich. Was sie erfahren hat, war zu schwer, der Spiegel ihres irdischen Bewußtseins ist zerbrochen, sie ist wahnsinnig geworden. Erst als Faust, neben ihr auf den Knien liegend, ihren

Namen ruft, erwacht sie; sie springt auf, die Ketten, die Faust aufgeschlossen hat, fallen von ihr, sie faßt ihn — für einen Augenblick meint man, nun werde alles gut —, aber schon trübt sich der Spiegel wieder. Sie weigert sich, ihm nach draußen zu folgen. In erschütternden Bildern erscheinen dann die, deren Tod sie zerbrochen hat: das Kind, das sie im Waldweiher ertränkte — »Es will sich heben, es zappelt noch! Rette! Rette!« —, die Mutter — »Sie winkt nicht, sie nickt nicht, der Kopf ist ihr schwer, sie schlief so lange, sie wacht nicht mehr.« Schritt um Schritt wird deutlich, daß, was dem irdischen Auge als Wahnsinn erscheint, gleichzeitig wie ein viel helleres, überirdisches Bewußtsein ist.

Faust drängt. Der Tag graut. Gretchen beharrt nur um so fester. Der Tag — »Mein Hochzeitstag sollt' es sein . . .«. Nun ist es der, an dem der Henker sie enthaupten wird. — Klingt hier etwas auf von dem »Zur Hochzeit ruft der Tod«? — Da erscheint Mephisto, zur Eile drängend. Und in dem tödlichen Erschrecken vor dem, dessen Wirklichkeit sie ja schon längst erahnt hat, bricht das, was als ein anderes, höheres Bewußtsein in ihr heranwächst, zu voller Kraft auf. »Was will der an dem heiligen Ort?« Und dann: »Gericht Gottes! dir hab ich mich übergeben!« — »Dein bin ich, Vater! rette mich! Ihr Engel, ihr heiligen Scharen, lagert euch umher, mich zu bewahren!« — Nun erklingen wie gewaltige Glockenschläge noch ein paar Worte von unüberbietbarer Monumentalität. Mephisto ruft, was für ihn allein Wirklichkeit ist: »Sie ist gerichtet« — »Von oben« antwortet eine Stimme: »Ist gerettet!« — Mephisto, Faust mit sich reißend: »Her zu mir!« Und Gretchens Stimme »von innen, verhallend«: »Heinrich! Heinrich!«

Als am Anfang dieser Szene das Lied aus dem Märchen vom Machandelboom erklang, dieses Lied, das im Beginn die ganze Furchtbarkeit des Todes ausspricht, dann aber mündet in das »Da ward ich ein schönes Waldvögelein. Fliege fort! Fliege fort«, da erklang damit die Lösung des ungeheuren Rätsels, das diese Szene, das das ganze Gretchendrama in sich birgt: das Mysterium von Passion und Ostern, von Tod und Auferstehung, von Gottessohn und Menschenkindern. Es klangen darin eigentlich noch einmal die Osterglocken und die Osterchöre auf, welche die erste Szene beendeten.

Gretchen hat das furchtbare Rätsel des Menschenschicksals erfahren: daß der Mensch sich in tödliche Schuld verstrickt, ohne es zu wollen, ohne zu wissen, was er tut. Sie hatte ein Recht zu sagen: »Doch alles, was dazu mich trieb, Gott! war so gut! ach, war so lieb!« Seit Urzeiten strömt in der Menschheit unentrinnbar fort und fort, was da einmal als geheimnisvoller Pakt mit dem Bösen geschlossen worden ist.

Aber sie hat sich dazu bekannt. Sie ist den Weg, den sie vor dem Bild der Mater dolorosa betreten hat, weitergegangen bis dahin, wo er mündete in das: »Gericht Gottes! dir hab ich mich übergeben!« Sie spricht das gleiche aus wie die Frau in Thornton Wilders »Schlafwagen Pegasus«, die als Verstorbene den Engeln sagt: »Ich will bestraft werden . . . Ich will befreit sein von alledem — durch Bestrafung. Ich will ganz neu werden.« Und damit hat sie sich innerlich wesenhaft Dem geöffnet, der, sich mit der Schuld der Menschheit verbindend, freiwillig deren Todesweg beschritt, den Tod auf sich nahm — und überwand zu einem »neuen« Leben. Das ist das, was Mephisto nie begreifen kann. Er sieht nur das »Gerichtet!« Hört er wohl überhaupt das andere, das »Ist gerettet«?

Es gibt weniges in der Welt der Dichtung, das so dies tiefste Mysterium des Christentums darstellt. Hatte Goethe nicht wirklich ein Recht zu sagen: ». . . wer ist denn noch heutzutage ein Christ, wie Christus ihn haben wollte? Ich allein vielleicht . . .«

Auch dies gehört ja dazu: Äußerlich wohl ist Gretchen vernichtet. Aber wesenhaft, muß man sagen, ist sie da nicht weit hinausgewachsen über alles, was sonst ihr Schicksal gewesen wäre? Welch ein Drama!

Und Faust? Um dessen Schicksal es doch vor allem geht? — Auch er hat sich ja zu seiner Schuld, zu seinem Schicksal bekannt, indem er hergeeilt ist zu Gretchen, sich selbst in Todesgefahr bringend, um sie zu retten. Wie wird es mit ihm weitergehen? Kann man Mephistos »Her zu mir!« anders hören als mit tiefem, eisi-

gem Erschrecken? Liegt ja doch auf Faust viel größere Schuld! – Wenn dann als Letztes von innen Gretchens Stimme noch einmal ertönt, zweimal seinen Namen rufend, dann bleibt wohl die Frage offen: ist jetzt etwa – schrecklich zu denken! – Gretchen doch noch dazu erwacht, daß sie befreit werden möchte? – Oder heißt es das ganz andere: daß die, die nun hinübergeht, als ihr Innerstes und unvergänglich in sich trägt die Liebe zu ihm? Obwohl er sie doch ins Verderben gestürzt hat!
Was dann in der Schlußszene des gesamten Dramas als das »Und hat an ihm die Liebe gar von oben teilgenommen« erklingt, gibt doch wohl dieser Auffassung recht.

Neubeginn

Die Frage, mit der man vom Ende des Ersten Teils aufschaut, ist nicht: Wie kann ein Mensch nach alldem weiterleben? – sondern: Kann denn ein Mensch danach noch weiterleben? Der Tod der Mutter, der Todesstreich an Valentin, die Ertränkung des Kindes und schließlich – aus alldem folgend – die seelische Zerstörung des geliebtesten Mädchens: Jedes einzelne muß doch wie eine Gerichtsposaune, die einen Weltuntergang einleitet, in Fausts Seele gestürzt sein. Keines davon hat er gewollt. Und jedes dröhnt ihm entgegen: Schuldig! Schuldig! Schuldig! Das ganze tiefe Rätsel des Menschenschicksals starrt uns daraus an.

Vielleicht möchte einer sagen: Das ist Mephisto! – Aber das ist keine Ent-Schuldigung. Faust hat sich doch selbst mit ihm verbunden. Es eröffnet nur den Blick in mythische Tiefen. Sollte die Bibel doch recht haben, wenn sie davon spricht, daß in den Uranfängen der Menschheit auch die Urschuld wurzelt: daß der Mensch »hörig« geworden ist der rätselvollen Widersachermacht? Es ist das dunkle Feuer dieser Rätselfrage, das hier aufglüht.

Kann denn ein Mensch nach alldem noch weiterleben? Oder muß er die schreckliche Antwort des Judas geben? – Goethe jedenfalls hat es so empfunden.

Es gibt eine Äußerung Goethes, von Eckermann überliefert: »Wenn man bedenkt, welche Gräuel beim Schluß des ersten Akts auf Gretchen einstürmen und rückwärts Fausts ganze Seele erschüttern mußten, so konnt' ich mir nicht anders helfen, als den Helden, wie ich's getan, zu paralysieren und als vernichtet zu betrachten, und aus solchem scheinbaren Tode ein neues Leben anzuzünden ...« (undatiert; wohl nicht vor Mai 1827). — »Paralysieren«, »vernichtet«, »Tod« — und dann »neues Leben«! Man muß das ganze Gewicht dieser Worte fühlen. Hier geht es nicht nur um Besänftigung und Beruhigung — hier geht es um Tod und Leben.

Was geschieht nun?

Die Szene, die den Zweiten Teil des Faust einleitet, hat Goethe im Jahre 1827 geschrieben. Das muß man beachten, wenn man sie recht verstehen, ihr gerecht werden will. Sie ist in höchstem Maße »Altersstil«. Was heißt das?

Ein Vergleich aus einem ganz anderen Lebensgebiet kann da hilfreich sein. Was tut eine Pflanze, wenn sie die Periode ihrer Entfaltung hinter sich hat, »alt« wird und ihrer Vollendung entgegengeht? — Sie bildet nicht mehr Zweige, Blätter und Blüten, aber Früchte und Samen. Und deren Eigenart ist, daß sie in äußerster Zusammenziehung, auf engstem Raum die allergrößte Lebensfülle in sich bergen, während sie nach außen hin unscheinbar werden.

Das ist die Eigenart der späten Werke Goethes. Mit der höchsten Meisterschaft hat er in strenger Verhaltenheit, knapp und auf äußerste Genauigkeit jedes Wortes bedacht, in diesen letzten Jahren seines Lebens geschrieben. Man muß, was er so geschrieben hat, anders lesen als das Frühere — genauer und den Worten und Sätzen nachsinnend. Sonst gerät man in Gefahr, als unscheinbar, trocken und zuweilen womöglich gar schrullenhaft anzusehen, was in Wahrheit voll von Leben ist.

Das also gilt auch — und in ganz besonderer Weise — für die Eingangszene zum Zweiten Teil. Ihr inneres Gewicht steht in umgekehrtem Verhältnis zu ihrer äußeren Erscheinung. Sie ist mehr als nur eine »erste Szene«. Es ist nicht umsonst und nicht zufällig, daß in ihr so deutliche Anklänge an den »Prolog im Himmel« zu vernehmen sind. Sie ist auch »Prolog« und zweifellos ganz bewußt als Gegenbild zu ihm gestaltet. Nun aber — jenem ersten gegenüber! — »Prolog auf der Erde«. Und es gilt zu erkennen, daß das nicht weniger, sondern mehr ist. —

Wie also treffen wir Faust wieder? Die Regieanweisung besagt: »Faust auf blumigen Rasen gebettet, ermüdet, unruhig, schlafsuchend«, von einem »Geisterkreis« umschwebt. In dem Gesang Ariels, des Fürsten dieser Geister, und in Worten, deren Gewicht man ganz fühlen muß, wird zunächst der »als vernichtet zu betrachtende« Faust sichtbar. Wovon ist die Rede? »... Des Vorwurfs glühend-bittre Pfeile«, »... des Herzens grimmen Strauß«, »... von erlebtem Graus«. Als ein Verblutender, innerlich Zerrissener, Mächten der Zerstörung Preisgegebener erscheint er zunächst. In ihm selbst brennt die Frage: Kann denn ein Mensch nach alldem weiterleben?
Was aber geschieht nun, um »ein neues Leben anzuzünden«? — Unter der Einwirkung Ariels und seiner Elfen sinkt Faust in Schlaf. Nur Oberflächlinge indessen können sich mit der Meinung zufriedengeben, es seien einfach Schlaf und Natur, deren wohltätige und heilende Kräfte Goethe hier demonstrieren wolle. Dieser Schlaf ist nicht nur der, in den wir allnächtlich versinken. Wie könnte sonst Faust mit den Worten erwachen:

Du, Erde, warst auch diese Nacht beständig ... !

Diese Worte, mit denen er staunend die Erde wiederbegrüßt, haben nur Sinn als Ausdruck dafür, daß Faust aus einer viel tieferen Nacht und von viel weiter her zurückkehrt — und dazu aus einem Preisgegebensein an Mächte der Unbeständigkeit, der Vernichtung. Die Natur, die hier heilend wirksam wird, ist nicht bloß »Natur«. Es sind — wie Goethe in der gleich noch näher zu betrachtenden Fortsetzung der oben angeführten Äußerung zu Eckermann sagt — »wohltätige und mächtige Geister«, für welche die Natur — wie der Schlaf — nur »Schale« ist. Die Geisteswelt also ist es, aus der heraus Faust »ein neues Leben entzünden« wird. Ihre Musik, ihr Gesang umhüllte den Schlafenden.
Die vier Strophen des Elfenchors füllen die vier »Pausen nächtiger Weile«, das heißt die vier »Nachtwachen«, in die sich einem früheren Bewußtsein die Nacht gliederte — also die Zeit etwa von 6 bis 9 Uhr abends, von 9 bis Mitternacht, von Mitternacht bis 3

und von 3 bis 6 Uhr. Gibt man sich diesen Strophen, die ja zu dem Zauberhaftesten gehören, was in der deutschen Sprache gedichtet worden ist, einmal hin, dann sieht man bald: hier ist nicht nur eine einzigartige Schilderung von Naturstimmungen gelungen — in der Vierheit dieser Strophen lebt zugleich eine heimliche Dramatik. Es sind die vier Akte eines heiligen Dramas, das sich als das Geheimnis der Nacht offenbart, in dessen Atem Faust eingetaucht, wodurch er »dem heiligen Licht« zurückgegeben wird.

Wenn sich lau die Lüfte füllen
Um den grünumschränkten Plan,
Süße Düfte, Nebelhüllen
Senkt die Dämmerung heran,
Lispelt leise süßen Frieden,
Wiegt das Herz in Kindesruh;
Und den Augen dieses Müden
Schließt des Tages Pforte zu.

Nacht ist schon hereingesunken,
Schließt sich heilig Stern an Stern,
Große Lichter, kleine Funken
Glitzern nah und glänzen fern,
Glitzern hier im See sich spiegelnd,
Glänzen droben klarer Nacht,
Tiefsten Ruhens Glück besiegelnd
Herrscht des Mondes volle Pracht.

Schon verloschen sind die Stunden,
Hingeschwunden Schmerz und Glück;
Fühl es vor: du wirst gesunden!
Traue neuem Tagesblick!
Täler grünen, Hügel schwellen,
Buschen sich zu Schattenruh,
Und in schwanken Silberwellen
Wogt die Saat der Ernte zu.

Wunsch um Wünsche zu erlangen,
Schaue nach dem Glanze dort!
Leise bist du nur umfangen,
Schlaf ist Schale, wirf sie fort!
Säume nicht, dich zu erdreisten,
Wenn die Menge zaudernd schweift!
Alles kann der Edle leisten,
Der versteht und rasch ergreift.

Was in der Abfolge dieser Strophen lebt, ist nichts Geringeres als der geheimnisvolle geistige Prozeß, der in jedem heiligen Mysteriendrama lebte und uns in christlicher Form als die vier großen Stufen — oder Akte — des Altarsakraments vertraut ist.

Spricht die erste Strophe davon, wie langsam der Tag und die Sinneswelt versinkt und dafür eine andere, friedvolle Welt leise zu sprechen beginnt, in welcher der Mensch sich seines Ursprungs gewiß wird, so offenbart die zweite das Hingegebensein des Irdischen an die heilige Welt der Sterne, »glitzern hier im See sich spiegelnd, glänzen droben klarer Nacht«. Die dritte Strophe mit dem überraschenden Auftauchen des Motivs reifendes Kornfeld — meinte man nicht eben, mitten im Frühling zu sein? — spricht von dem verwandelnden Hereinwirken eines Höheren, Zukünftigen, unter dessen Anhauch das Wunder des Reifens und Fruchtens aufgeht: Speise und zugleich Keim eines Neuen. — Mit der vierten Strophe aber, der vierten in den Morgen hinüberführenden Nachtwache, erfolgt der Anruf an den Willen, zu »ergreifen«, sich mit dem neu Entstandenen zu vereinen, um selbst schöpferisch tätig zu werden. — Evangelium — Opferung — Wandlung — Kommunion.

Das ist der Vorgang des Stirb und Werde, in den Faust hier einbezogen wird. Das ist der Heilende Geist, aus dem heraus die Kraft zu einem neuen Leben in ihm »angezündet« wird.

Aber noch mehr. In der bereits erwähnten Äußerung zu Eckermann über diese Szene fährt Goethe fort: »Ich mußte hierbei eine Zuflucht zu wohltätigen mächtigen Geistern nehmen, wie sie uns in der Gestalt und im Wesen von Elfen überliefert sind. Es ist alles Mitleid und das tiefste Erbarmen. Da wird kein Gericht gehalten, und da ist keine Frage, ob er es verdient oder nicht verdient habe, wie es etwa von Menschenrichtern geschehen könnte.« — Daß es sich bei diesen »wohltätigen mächtigen Geistern« um die im Lebendigen der Erde, in der Natur wohnenden und wirkenden Geister handelt, wird eindeutig klar in den Versen, mit denen der erste Teil dieser Szene schließt. Die Verse, mit denen Ariel die Elfen vor dem Licht der »tönend«, mit »Getöse« aufgehenden Sonne warnt, sie ruft, aus dem Offenbaren wieder ins Unoffenbare, ins »Tiefe« des Irdischen sich zu verbergen — »zu den Blumenkronen . . . in die Felsen, unters Laub« —, sprechen es aus.

Eine solche Haltung, wie sie Goethe mit den Worten »Mitleid und das tiefste Erbarmen« charakterisierte, ist aber nicht die der Natur gewöhnlich eigene. Diese findet man vielmehr klassisch ausgesprochen in den Versen des »Dichters« im »Vorspiel auf dem Theater«:

Wenn die Natur des Fadens ew'ge Länge,
Gleichgültig drehend, auf die Spindel zwingt . . .

Was für eine Geistigkeit ist es dann, die Goethe hier anruft, deren er ansichtig geworden ist?

Sucht man, wo etwa sonst eine solche Haltung »da wird kein Gericht gehalten« in Erscheinung tritt, so stellt sich wohl am eindrucksvollsten die Szene aus dem Johannesevangelium vor einen, wo die Ehebrecherin zu Christus geführt wird und unter der Wirkung seines Verhaltens keiner mehr wagt, sie zu verurteilen und »Gericht zu halten«.

Wessen also ist Goethe in dieser Szene ansichtig geworden? Dessen, daß im geistig-ätherischen Lebensumkreis der Erde das Wesen des Auferstandenen wirkend geworden ist? Daß es wirklich der Erde eingeschrieben ist, wie es in jener Szene — »und er beugte sich nieder und schrieb in die Erde« — bildhaft angedeutet ist?

Die eben angeführten Verse Ariels sind nun außerdem diejenigen, die vor allem unüberhörbar an die Eingangszene, den »Prolog im Himmel« anknüpfen: »Die Sonne tönt ...« Aber sie tun es nur, um desto deutlicher zu machen, in welche andere Situation uns diese Szene führt. Dort waren wir in den unermeßlichen Räumen des Kosmos mit seinen Welten und Sternen; hier sind wir eindeutig und ganz und gar auf der Erde. Das ist die Bedeutung dieser Ariel-Verse. Sie bezeichnen den kosmischen Ort der Szene. Sie wollen fühlbar machen, was für ein Stern die Erde ist, welches ihre Mysterien sind.

Was also ist die heimlich verborgene Aussage dieses »Prologs auf der Erde«? Wessen ist Goethe — gleichgültig, wie weit er sich dessen bewußt war — ansichtig geworden?

Die Erde ist der Stern, dessen Urworte sind: Schuld — Stirb und Werde — Erbarmende Liebe.

Die Erde ist der Stern des Christus.

*

Faust erwacht. Wie wird uns der aus diesem Geschehen Zurückkehrende begegnen? Wird er sich dazu bekennen? Rechtfertigt, was nun in sein Bewußtsein tritt, das dem Schlafenden unbewußt Geschehene?

Man hat es Goethe zum Vorwurf gemacht, daß Fausts erste Worte nicht Worte der Reue und Zerknirschung sind. Aber das heißt die Situation verkennen. Es ist ja kein gewöhnlicher Schlaf, keine alltägliche Nacht, aus der Faust wiederkehrt, sondern die Nacht einer völligen »Vernichtung«, wie wir gezeigt haben. Einer Vernichtung, in der freilich aus den Kräften eines göttlichen Erbarmens ein neues Leben »angezündet« worden ist. Und so sind seine ersten Worte etwas wie ein tiefes, staunendes Atemholen:

Des Lebens Pulse schlagen frisch-lebendig ...

Leben, Atmen — diese Empfindung durchklingt fast feierlich die Worte, mit denen er die auftauchende Welt staunend begrüßt.

Ein aus den Geisteswelten neu Geborener erlebt auch die Erde um sich her in ihrer bezaubernden Schönheit wie frisch aus den Schöpferhänden Gottes entstanden:

Ein Paradies wird um mich her die Runde.

In diese Verse gleich zu Anfang eingebettet aber stehen nun die Worte, die – gewöhnlich gar nicht oder viel zuwenig beachtet – aussprechen, was in Faust entstanden ist und was er nun als freien Entschluß fassen kann:

... ein kräftiges Beschließen,
Zum höchsten Dasein immer fortzustreben.

Ein Jahrzehnt zuvor hatte Goethe sich als Motiv für diese ganze Szene (zweifellos in Anlehnung an die alte Faust-Sage) notiert, daß Geisterchöre dem schlafenden Faust in »sichtlichen Symbolen und anmutigen Gesängen die Freuden der Ehre, des Ruhms, der Macht und der Herrschaft vorspiegeln« (Paralipomenon vom 16. Dezember 1816). – »Freude, Ehre, Macht, Ruhm, Herrschaft« – davon ist nun eben nicht die Rede. »Zum höchsten Dasein immer fortzustreben«, sein ganzes Leben fortan dem Dienst am Höchsten zu weihen, bedeutet gerade den Verzicht auf alles dies.

Was aber mit diesem »höchsten Dasein« gemeint ist, wird in dem Folgenden noch deutlicher, wenn man sich nur nicht verleiten läßt, es zu leicht und äußerlich zu nehmen.

Es beginnt mit dem Sonnenaufgang, den Faust erlebt – als erführe er ihn als ein eigenstes innerstes Ereignis, die »feierlichste Stunde«.

Wieder ist es die Sonne. Sie ist der heimliche Mitakteur oder Partner Faustens in dieser Szene, deren Hintergrund ihr Glanz bildet. Aber nun muß man bemerken, daß dieser Sonnen-Aufgang nicht, wie es doch das »Natürliche« wäre, als ein Geschehen von unten nach oben, sondern in der Gegenbewegung – oder Spiegelung – von oben nach unten geschildert und so von Faust erfahren wird. Es ist also nicht die Sonne, die sich über die Erde

erhebt, sondern jene, die »stufenweis herab« die Erdentiefen erhellt und zum Leben erweckt.
Das geht noch weiter. Wie jetzt die Sonne hervortritt und Faust geblendet wegschauen muß, blitzt es in ihm auf, daß sich hier nur etwas offenbart, was er längst als schmerzlich erschütternde Erfahrung in sich trägt: »So ist es also ...«, und nun folgen die rätselhaften Zeilen:

... des Lebens Fackel wollten wir entzünden,
Ein Feuermeer umschlingt uns, welch ein Feuer!
Ist's Lieb? ist's Haß? ...

An welche Erfahrung knüpft er mit diesen, das Prometheusbild im Hintergrund aufscheinen lassenden Worten an? Es ist sicher richtig, an die Beschwörung des Erdgeistes zu denken. Aber gemahnen die Worte »des Lebens Fackel«, »Lieb« und »Haß« ebenso wie die folgende Zeile »mit Schmerz und Freuden wechselnd ungeheuer ...« nicht mehr noch an das, was er mit Gretchen erfahren hat? Erlebt er also rückblickend alles, was er von dem Augenblick an erfahren hat, in dem er aus seinem früheren stillen Gelehrtendasein ausgebrochen ist, als Feuer-Ereignis? — Und dann erinnert man sich, daß dieses Motiv schon früher aufgeklungen ist. Der große Monolog etwa der Szene »Wald und Höhle« begann ja:

Erhabner Geist, ... Du hast mir nicht umsonst
Dein Angesicht im Feuer zugewendet ...

Und er endet mit den Worten:

... in meiner Brust ein wildes Feuer
Nach jenem schönen Bild ...

Nur daß sich nun, was er damals kaum ahnte, in seiner ganzen Urgewalt enthüllt:

Ein Feuermeer umschlingt uns, welch ein Feuer!

Es ist ein Rückblick auf seine ganze bisherige Existenz, in der er prometheisch Schuld um Schuld anhäufte, bis er selbst — und

nicht er allein — darin verbrannte. Es ist ein Abschied, den der neu gewordene Faust von seiner vorigen Existenz vollzieht.
Es folgen jene höchst bedeutungsvollen Verse, mit denen Faust sich »wieder nach der Erde« wendet und in denen sich die ganze Summe dessen, was aus ihm geworden ist, was als neues Leben in ihm angezündet ist, verschlüsselt.
Sein Blick fällt auf den »Wassersturz«, der übermächtig in die Tiefe braust und zugleich »hoch in die Lüfte« sprüht, und auf das Wunder des Regenbogens, den die in seinem Rücken stehende Sonne darin hervorzaubert, »des bunten Bogens Wechseldauer«.

Der spiegelt ab das menschliche Bestreben.
Ihm sinne nach, und du begreifst genauer:
Am farbigen Abglanz haben wir das Leben.

Was dieses rätselvolle Bildwort sagen will, wird man nie verstehen, wenn man nicht zuvor sich klarzumachen sucht, wie Goethe den Regenbogen empfand. Goethe hat ja zuweilen seiner dichterischen Produktion weniger Wert beigemessen als seinen naturwissenschaftlichen Bemühungen, insbesondere auf dem Gebiet der Farbenlehre. Wie entstehen Farben? — Er kämpfte verzweifelt gegen die Lehre Newtons, daß die Farben durch »Brechung«, gewissermaßen aus dem Licht herausgespalten werden. Er hatte entdeckt: Farben entstehen aus einem Zusammenspiel von Licht und Finsternis im Medium eines Dritten, Mittleren: der Trübe. Man könnte das als eine trinitarische Auffassung gegenüber einer abstrakt monotheistischen Lehre bezeichnen. Wenn der Farbenbogen, die zauberhafteste Erscheinung der entstehenden Farbigkeit, nun als Spiegelbild, als Inbegriff des »menschlichen Bestrebens« gesehen wird und zugleich als das, worin sich uns »im farbigen Abglanz« »das Leben« selbst schenkt, so heißt das einmal: nicht den Geist — das Licht, die Sonne — unmittelbar anzuschauen, ist dem Menschen angemessen, wohl aber, gewahr zu werden, wie der schöpferische Geist der Dunkelheit des Stoffes die Farbigkeit des Lebens entzaubert. Den Geist in den Erdenerscheinungen wahrnehmen heißt »Leben« haben. —

Und es heißt zum anderen: das menschliche Streben wird dann auf dem rechten Wege sein, wenn es immer das Ziel hat, daß das Licht des Ewigen in ihm das Dunkel des Irdischen überwindend das eigentlich »Menschliche« aufstrahlen läßt. Der Mensch ist der Schauplatz, auf dem immer wieder und immer neu dieser Kampf auszufechten ist. Der Mensch ist der Ort der Wandlung. In ihrem Vollzug besteht das wahrhaft »Menschliche«.

Das ist das »höchste Dasein«, zu dem »immerfort zu streben« Faust nun als den innersten Willen in sich trägt. Das ist das »neue Leben«, das in ihm »angezündet« worden ist, das »menschliche Bestreben«.

Wer also ist dieser Faust, der hier erwacht?

Es ist eines der tiefsten Mysterien, das in dieser Szene in diesem »Prolog auf der Erde« als ihr offenbares Geheimnis lebt. Dieser Faust ist nicht mehr ein Mensch »in seinem dunklen Drange«, als der er im »Prolog im Himmel« erschien und durch den ganzen Ersten Teil des Dramas sich erwies. Es ist der Mensch, der, zum Geistbewußtsein erwacht, den Führer im Seeleninnern gefunden hat. Er ist nicht mehr der, der »nur verworren dient«. Er ist wenn nicht in der »Klarheit«, so doch zumindest in ihren Vorhöfen. Und was vordem als »halb bewußt« und »Tollheit« erschien, vom Himmel »die schönsten Sterne und von der Erde jede höchste Lust« zu fordern, ist zu dem Frieden-überstrahlten Streben verwandelt: des Himmels Sterne in der Erde zu suchen. Das Tor aber, durch das er in das Mysterium dieser Verwandlung trat, ist die Schuld.

Viele haben dieses Geheimnis gekannt. Mit am schönsten hat es einmal Hans Carossa ausgesprochen. »Schuld, große dunkle Gefährtin des Menschen, mir vertraut seit Kindheitstagen, ich werde dich auch diesmal nicht verleugnen. Wer dir ausweichen will ... den holst du eines Tages dennoch ein und meistens in schrecklicherer Form. Angenehm sind beruhigte Jahre, wo du uns zu vergessen scheinst; aber zu neuer Erleuchtung und neuer Würde gelangen wir Erdgebundenen doch nur durch die unendliche Sorge, die du in uns einsenkst.« Daß Goethe solche Gedanken keineswegs fremd waren, enthüllt sich vielleicht am unmittelbarsten in jenen schon im vorigen Kapitel herangezogenen Worten im Wilhelm Meister über die christliche Religion: »... Es ist ein Letztes, wozu die Menschheit gelangen konnte und mußte. Aber was gehört dazu ... Sünde selbst und Verbrechen nicht als Hindernisse, sondern als Fördernisse des Heiligen zu verehren und liebzugewinnen.«

Diese letzte Religion: »gegründet auf die Ehrfurcht vor dem, was unter uns ist; wir nennen sie die christliche, weil sich in ihr eine solche Sinnesart am meisten offenbart ...«, ist also das eigentliche Geheimnis dieser Szene. Vielleicht aber hat Goethe sogar noch ein weitergehendes Geheimnis geahnt und hier aufleuchten lassen wollen.

Die ganze Szene steht unter dem Zeichen des Sonnen-Aufgangs. Sie ist etwas wie ein heimlicher und doch machtvoller »Sonnen-Gesang«, der Sonne aber, die ihr Licht, ihre Leben weckende Schöpferkraft in die Tiefe und das Dunkel des Erdenseins hineinschenkt! — Wollte Goethe damit sagen: was in dieser »dritten« Religion wirksam ist, sich niederzuneigen zu den Dunkelheiten der Erde, ist ein Sonnen-Ereignis? Und wo und wann auch immer in Menschen sich etwas davon verwirklicht, leuchtet als das eigentliche Geheimnis der Erde auf: daß sie der Stern ist, in den hinein die Sonne sich verschenkt hat.

Daß ein so verwandelter — fast möchte man sagen: ge-wandelter Faust nun auch in eine andere, größere Welt tritt, ist nicht Zufall oder Willkür, sondern innerste Notwendigkeit.

Am Kaiserhof

Der Faust des Ersten Teils – Goethe selbst bezeichnete ihn gern als ersten Akt – hatte als Umgebung die Welt der Bürger, zu der Gelehrte, Studenten und Soldaten dazugehören. Das ist die Welt, in der mit vollem Recht das persönliche Glück und Leid, das persönliche Schicksal im Mittelpunkt stehen. Jetzt, im Zweiten Teil, betritt Faust die »große Welt« des Kaiserhofs. Das hat nicht die Bedeutung, in eine Sphäre eintreten, die ein Mehr an Macht und Genuß zu bieten hat. Goethe macht jedenfalls deutlich, daß, wer in dieser Gesinnung dort lebt, nicht am rechten Platz ist. Kaiser sein – und wer auch immer in seiner Umgebung sich befindet, nimmt an seinem Schicksal teil – heißt, daß nicht das eigene Geschick im Mittelpunkt steht, sondern das Schicksal des Reiches, ja, eigentlich das der Menschheit. Nicht größere Genüsse – größere, überpersönliche Aufgaben und Probleme erwarten den, der in diese Welt vorstößt.

Freilich müssen wir lange warten, bis wir Faust selbst wieder begegnen. Wenn es dann geschieht, ist zunächst gar nicht ohne weiteres zu bemerken, daß er es ist, der vor uns erscheint. Dann freilich wird erkennbar, daß keiner so wie er, der »zum höchsten Dasein immer fortzustreben« als innersten Entschluß in sich trägt, auch wirklich dem entspricht, was diese »große Welt« erwartet. Mephisto, in die Rolle des Hofnarren geschlüpft, stellt im Beginn die Verbindung zu dem Vorangegangenen her.

Die erste Szene – der Kronrat, den der Kaiser hält – ist zunächst nur Schilderung der Lage, in der sich das Reich – das heißt aber eigentlich: die Menschheit – in einem bestimmten geschichtlichen

Augenblick befindet. Man kann dann entdecken, daß es — nur auf einer anderen, all-gemeinen Ebene — die gleiche Situation ist, in der wir Faust am Beginn des Ersten Teils antrafen. Es ist eine Schwellen-Situation. Der Kaiser auf seinem angestammten Thron, umgeben von seinen fürstlichen Räten, Hofgesinde, »prächtig gekleidet« — das alles bietet ein Bild an Macht und Reichtum. Aber sehr schnell wird deutlich, daß der Boden, auf dem das Ganze ruht, schon tief erschüttert ist. Noch spricht der Erzkanzler-Erzbischof von den »zwei Geschlechtern«, die den Thron des Kaisers stützen — »die Heiligen sind es und die Ritter« —; aber aus allem, was nun im Staatsrat vorgebracht wird, geht hervor, daß es von den einen, den Heiligen, wohl nicht mehr viele gibt und von den anderen, den Rittern, die meisten aus ihren Bindungen an den Kaiser und das Reich ausgebrochen und nur auf ihren eigenen Vorteil bedacht sind. Das ganze Gefüge des Reiches scheint zu zerbrechen. Unter dem Ansturm der neuen Kräfte des erwachenden Eigenwillens und der Zuwendung zum Nur-Irdischen verlieren alle alten Maße und Gesetze ihre Kraft.
Es ist die Situation der Menschheit im Übergang vom Mittelalter zur Neuzeit. Die alten, überlieferten, halbbewußten Kräfte und Bindungen vergehen. Mit einer ganz neuen Wachheit verbundene Ichkräfte recken sich empor. Und es ist innerlich begründet und folgerichtig, daß in dieser Situation Mephisto, der Herr des abstrakten Intellekts, auftaucht und in der Ratlosigkeit der anderen Ratgeber wird. Denn der Zerfall der alten inneren Ordnungen, die Verarmung, ist bis zu einem Punkt fortgeschritten, daß dem Hof schon die äußere Not droht. Was Mephisto nun zu raten weiß, rührt nicht an die Schicht, in der die eigentlichen Ursachen dieser Not liegen. Er versucht gar nicht erst, dort irgendwie heilend einzugreifen. Nur die Folgen und die Symptome weiß er zu behandeln, das heißt neue Geldquellen zu erschließen — und das in einer Weise, die offenbar macht, daß die innere Schwächung der alten Ordnung auch den Kaiserhof schon ergriffen hat. Alle außer dem Kanzler sind bereit, auch »gern ein bißchen Unrecht« zu haben, wenn nur das Geld wieder fließt. Der

Kanzler fühlt zwar, daß da irgend etwas nicht stimmt — aber er vermag nicht zu durchschauen, was nicht in Ordnung ist. So löst sich unter Mitwirkung des von Mephisto inspirierten Astrologen der Kronrat ergebnislos auf mit dem Beschluß, »auf jeden Fall nur lustiger das wilde Karneval« zu feiern.

Werden die auf diese Weise sich selbst überlassenen ungebändigten Ichkräfte nicht alles in Chaos und Untergang stürzen?

Es ist einer der wunderbarsten und noch gar nicht recht erkannten Kunstgriffe Goethes, wie gerade »das wilde Karneval«, in dem man sich selbst vollends verschwendet, die Peripetie — oder wenigstens die Möglichkeit dazu — aufweist, da im Hintergrund schon die heilenden und helfenden Mächte warten und im Untergang die Kräfte eines neuen, größeren, mächtigeren Aufgangs erstehen.

*

So erleben wir das große Maskenfest, anmutig heiter anhebend, rasch zu rauschender Fülle sich steigernd und aus einem märchenhaften Höhepunkt in eine fürchterliche Katastrophe abstürzend. Auf diesem Höhepunkt erscheint, was freilich erst in der darauffolgenden Szene enthüllt wird, Faust in großartiger Maske. Hat *er* diesen ganzen Zug aufgebaut?

Es ist verständlich, daß manche Kritiker gefragt haben: Ist das nun das »höchste Dasein«, zu dem Faust hinstreben wollte, Maître de plaisir eines Fürsten zu sein? — Die Frage wäre berechtigt, wenn dieser Maskenzug wirklich nichts weiter wäre als eine prunkvolle Fülle von Gestalten, ein rauschendes Fest. In Wirklichkeit ist es so, daß sich in diesen Masken auf eine zauberhafte Weise tiefe Geheimnisse des Menschenwesens enthüllen. Ja, daß sie schließlich eine Antwort geben auf die Frage, welche die vorangegangene Szene gestellt hat.

Man kann sehr bald sehen, daß sich Fülle und Überfülle der Gestalten deutlich in vier Gruppen gliedern. Es beginnt mit dem Reigen der Gärtnerinnen, die singend hereintanzen und ebenso wie die sie begleitenden mannigfaltigen Blüten, Zweige, Sträuße und Kränze mit sich selbst nicht weniger als mit ihren Waren den

»weitläufigen Saal aufputzen«. Es folgen die Gärtner, diese nun mit Früchten. »Wechselgesänge«, die Goethe wie vieles andere der Improvisationskunst des Regisseurs und der Schauspieler zumutete, sollen ihre Begegnung fortführen. Es erscheint die Mutter, die ihre schon ein wenig überreife Tochter hereinführt mit einem Lied, das endet:

Liebchen, öffne deinen Schoß,
Bleibt wohl einer hangen.

Es folgen Fischer und Vogelsteller mit ihren Geräten. »Wechselseitige Versuche, zu gewinnen, zu fangen, zu entgehen und festzuhalten, geben zu den angenehmsten Dialogen Gelegenheit.« Danach »ungestüm und ungeschlacht« Holzhauer und schließlich nach den Pulcinellen und Parasiten der Trunkene, dessen Gesang in einen trunken-jubelnden Chor mündet, den wohl alle bislang Versammelten anzustimmen haben.

Alle Gestalten dieser Gruppe haben eines gemeinsam: Sie atmen in einer Sphäre des vegetativen Lebens. In heiterer, gesunder Anmut die Gärtnerinnen und Gärtner, in etwas zweifelhafter Weise die Mutter mit ihrer Tochter, täppisch und ungeschlacht die Pulcinelle und die Holzhauer, das Glück dieser Sphäre der Unbewußtheit suchend der Trunkene, sich einschleichend wie schmarotzende Krankheitskeime die Parasiten.

Etwas Neues erscheint mit der nächsten Gruppe. Zunächst sollen, von Goethe immer nur angedeutet, verschiedene Arten von Poeten auftreten, ihnen folgend dann eine Reihe von Gestalten der griechischen Mythologie: die Grazien, die Parzen und die Furien.

Es ist unmittelbar einleuchtend, daß es sich hier um die Sphäre des Halbbewußten, dem Träumen Verwandten handelt, die aus dem bloß Naturhaften auftaucht. Während in der ersten Gruppe nur einfach Fülle und Überfülle ohne eine deutlich in Erscheinung tretende Ordnung — also fast chaotisch — sich entfaltet, beginnt nun etwas wie eine einheitlich gestaltende Macht im Untergrund wirksam zu werden. Nicht nur die Figuren als solche und was sie aussprechen, auch die Stellen, wo sie erscheinen, sind bedeutsam.

Die Sphäre, in der diese Gestalten atmen, durchwebt das Spiel von Notwendigkeit und Freiheit. Es ist zauberhaft, zu sehen, wie Goethe hier die Parzen, die Schicksalsgöttinnen, als ein Mittleres zwischen Furien und Grazien ansiedelt. Sinkt in der Lebensführung, in der Auseinandersetzung mit dem Schicksal die Schale zu tief in die Seelenschichten des Unkontrollierten und Unkontrollierbaren, so tauchen wie furchtbare Angstträume die Furien auf. Gewinnt aber die Seite der Freiheit und Wachheit an Gewicht, so erklingt der Schönheit atmende Gesang der Grazien. Nur mit tiefster Beglückung kann man bemerken, wie alles, was in der ersten Gruppe als »Gewinnen, Fangen, Entgehen, Festhalten« aufgetaucht war, hinaufverwandelt ist in »Geben ... Empfangen ... Danken«.

Bei der danach erscheinenden, wieder durch den Herold angekündigten dritten Gruppe ist nun das klare Ordnungs-Element voll ausgebildet. Sie ist ganz einheitlich gestaltet, und es gibt in ihr etwas wie eine Mittelpunktsfigur, der alle anderen mit jeweils verschiedenen Funktionen untergeordnet sind.

Ein Elefant erscheint — »ein Berg« sagt der Herold —, geleitet von einer in seinem Nacken sitzenden »zierlich-zarten Frau«, die, ihn zu lenken, nicht mehr braucht als »ein feines Stäbchen«. Zu beiden Seiten gehen zwei gefesselte Frauengestalten, »die eine bang, die andre froh«. Darüber aber triumphiert die eigentliche Mittelpunktsgestalt des ganzen Aufzugs, »herrlich-hehr« von einem Glanz umgeben, daß der Herold geblendet wird.

Jede außer der Letztgenannten spricht nun, vom Herold aufgefordert, ihr Wesen und ihre Bedeutung aus. Wieder eine Stufe weiter gediehen ist die Entfaltung des Menschenwesens. Die Klugheit, das heißt das in den Verstandeskräften aufscheinende, volle Wachbewußtsein ist die Gestalt, die keiner äußerlich groben Gewalt bedürfend, die ungefüge, mächtige Masse lenkt, wobei man offenlassen kann, ob damit mehr die »Masse« der Menschen oder die Masse der Materie gemeint ist. Das volle Wachbewußtsein aber hält auch zwei Mächte gefesselt und im Gleichgewicht, die als »zwei der ärgsten Menschenfeinde« bezeichnet werden: Furcht und Hoffnung. Und aus dem, was sie selbst als ihr Wesen aussagen, wird deutlich, daß mit ihnen die aus dem Unbewußten und Traumhaften einerseits als Ängste, andererseits als Illusionen aufsteigenden Mächte gemeint sind, die dem Menschen die Wirklichkeit verhüllen.

Wer aber ist jene blendende, das heißt aus sich selbst überhelles Licht verstrahlende Gestalt, die eigentliche Herrin, die — »droben stehend« — durch ihr bloßes Dasein als die alles beherrschende erscheint? Als ein eigentlich göttliches Wesen wird sie geschildert, mit mächtigen Adlerschwingen. Die Namen aber, die ihr gegeben werden — »Viktorie« und »Göttin aller Tätigkeiten« —, sind zunächst wieder Rätsel; Rätsel allerdings, die sich selbst lösen. Denn was im Menschen ist eigentlich seinem inneren Wesen nach »Viktorie«, das heißt Sieg oder Überwindungskraft? Was ist seinem inneren Wesen nach Tätigkeit und Quell alles Tätigseins? — Es ist das menschliche Ich. Goethe scheut sich nicht, es hier als etwas zu bezeichnen, das seinem eigensten Wesen nach nicht nur lichter, sondern göttlicher Art ist.

Freilich erscheint nun, kaum daß diese Gestalt recht geschildert und eigentlich erst voll zum Anblick gekommen ist, eine andere, ihr sie immer verfolgender feindseliger Schatten. In dem Augenblick, in dem das Ich aufleuchtet, erscheint auch das ganze tragische Rätsel des Menschen. Daß in diesem Zoilo-Thersites sich Mephisto verbirgt, ist wohl eindeutig. Was er ausspricht, atmet die gleiche Gesinnung, die im Prolog im Himmel eben Mephistos Worte atmeten: Gegenüber dem Preisen und Rühmen der Engel hämisches Kritisieren und Verklagen, der Wunsch »das Tiefe hoch, das Hohe tief« zu bringen, das heißt das Niedere zum Herrscher über das Hohe zu machen, das Hohe aber herunterzureißen, ist sein eigentliches Verlangen. Aber wie schon mit dem Einführen von Furcht und Hoffnung wird nun noch einmal deutlich, daß es mit dem Auftreten des Ich immer um ein Gleichgewicht-Halten und bei der Widersacher-Macht immer um ein Zwiegestaltiges geht. Die »Doppelzwerg-Gestalt« des Zoilo-Thersites — Goethe greift mit diesem Namen zwei für ihr hämisches Kritisieren berüchtigte Gestalten des altgriechischen Kulturkreises auf — ballt sich, von dem Stab des wachsamen Herolds getroffen, zum »eklen Klumpen«, der zum Ei sich aufblähend und zerplatzend einerseits Schlangengezücht, andererseits Fledermäuse entläßt: das Tödlich-Schöne und das Unheimlich-Finstere. Es ist ein Ineinanderspielen und spielerisch seine Rollen Vertauschen des luziferisch-ahrimanischen Elementes.

Es ist wiederum von einer nur mit tiefstem Staunen wahrzunehmenden Realität, was und wie es Goethe deutlich werden läßt: Auf dieser Stufe hat der Widersacher die Macht, das anfänglich Strahlende in tiefe Bangigkeit zu verwandeln. Unheimliche Mächte, denen der Mensch gar nicht gewachsen ist, ziehen ein. »Ganz verdorben ist der Spaß — und die Bestien wollten das —«, »alle doch in Furcht gesetzt«. Für einen Augenblick scheint dieses ganze herrlich aufgebaute Fest des Lebens plötzlich grausam zerstört; für einen Augenblick wenigstens steigt wieder die Rätselfrage auf: Muß nicht schließlich doch alles den Zerstörungsmächten erliegen? — Da aber naht etwas, was nun freilich dem Herold ganz fremd, ganz unerklärlich, unbegreiflich ist — etwas also, was ganz offenbar damit als einer anderen, höheren Sphäre angehörig bezeichnet wird.

Mit dieser nun erscheinenden vierten Gruppe beginnt der ganze Maskenzug über sich hinauszuwachsen. Die wunderbarsten Geschehnisse heben an.

Schon aus den Worten, mit denen der Herold »schaudernd« das Nahen dieses neuen Zuges ankündigt und beschreibt, geht hervor, daß es sich hier um etwas handelt, wofür andere als die irdischen Gesetze gelten. Das mächtige Viergespann mit seinem Wagen, »mit Sturmgewalt« heranbrausend, wird durch die alle Räume doch schon längst bis zum Rand füllende Menge »durchgetragen«, ohne die Menge »teilen« zu müssen, ohne auch nur ein Gedränge zu verursachen — vom Atem ganz anderer »Räume« umwittert.

Vier geflügelte Rosse also (später werden sie, als hätten sie sich inzwischen unvermerkt verwandelt, als »Drachen« bezeichnet) tragen einen Wagen herein, auf dem reich, prächtig, milde und würdig – dies sind die ersten Worte, die seine Erscheinung zu beschreiben versuchen – ein König thront. Vor ihm aber steht – wir müssen hier an antike Vorbilder denken – als derjenige, der die Rosse zügelt und leitet, dieser zauberhafte »halbwüchsige Knabe«, halb Kind, halb Jüngling: der »Knabe Lenker«. Er ist es auch, der als erster zu sprechen beginnt und wie ein Herold jener anderen, königlichen Gestalt erscheint.

Wer sind diese Gestalten, mit deren Hereinkommen der ganze dunkle Spuk wie weggeblasen ist und etwas wie ein leuchtendes Wunder inmitten der nun herandrängenden Menge steht? Der Herold kann sie nur beschreiben. Ihr Wesen und ihre Bedeutung aussprechen können sie nur selbst. Aber auch das, was nun der Knabe Lenker sagt, gibt eigentlich lauter neue Rätsel auf. Jedenfalls gilt das für alles, was über ihn selbst gesagt wird.

Eindeutiger scheint zunächst die andere Gestalt, das königliche »Prachtgebilde«, worin sich, wie Goethe in einem Gespräch mit Eckermann (vom 20. Dezember 1829) bekräftigt, Faust verbirgt. Er kommt als Antwort auf die Nöte und Probleme, die in der vorangegangenen Szene mit dem Staatsrat so bedrängend deutlich geworden sind. »Plutus, des Reichtums Gott« wird er genannt, Herr unermeßlicher Schätze, ja, des Reichtums der ganzen Welt. Aber wie in der vorangegangenen Szene Goethe die Armut schon als Folge und Ausdruck einer bestimmten menschlichen Bewußtseins-Entwicklung geschildert hat, so ist auch der Reichtum, den diese Gestalt verwaltet, nicht nur eine Anhäufung riesiger Summen. Denn wenn der Knabe Lenker von ihm sagt, daß »seine reine Lust zu geben« größer sei als sein Glück am Besitz, so ist doch offenbar an einen Reichtum gedacht, der nicht durch Sammeln und Festhalten entsteht, sondern unerschöpflich immer neu erquillt, wie es im weiteren Verlauf der Plutus-Szene ja auch bildhaft dargestellt wird.

Nun aber der Knabe Lenker. Es ist eine der zauberhaftesten und geheimnisträchtigsten Gestalten, die Goethe geschaffen hat. »Bin die Verschwendung, bin die Poesie«, sagt er von sich selbst.

Durch seine Kleidung aber, die der Herold beschreibt, ebenso wie durch das, was er von ihm sagt — »Du scheinest mir ein künftiger Sponsierer, recht so von Haus aus ein Verführer« —, wird er darüber hinaus schon in die Nähe des Eros, des Liebesgottes, gerückt. Verschwendung — Poesie — Liebe: daß diese drei Elemente zusammengehören, ist noch verhältnismäßig leicht zu empfinden. Dem Poeten ist nicht nur zu verzeihen, wenn er ein Verschwender ist — er muß es seinem Wesen nach sein. In seinem Schaffen kann er nur verschenken, ohne zu fragen: was wird mir dafür? Und auch das ist klar, daß nur dem liebenden Blick das Irdische sich poetisch verklärt. Auch das gleich danach folgende Motiv fügt sich noch ohne Schwierigkeit in diesen Zusammenhang. Indem er mit den Fingern schnippt, verstreut er Kostbarkeiten, die als Perlenschnüre, Ringe, Krönchen und Juwelen umherfliegen, von der Menge gehascht, allerdings in ihren Händen als krabbelnde Käfer, Schmetterlinge und ähnliches nicht nur wertloser Tand, sondern unangenehm, ja beunruhigend werden. Wer nur Sinn für das Handfest-Materielle hat, in dessen grob Besitzergreifenden Händen verwandeln sich die herrlichsten Zeugnisse höherer Wirklichkeit in Wertloses, das ihm bloß ärgerlich und womöglich beunruhigend ist.
Das weitere Geschehen führt in noch ganz andere Schichten. Der Knabe Lenker spendet Flämmchen, die plötzlich über den Köpfen der Menschen aufleuchten, zuweilen eines am anderen sich entzündend, manches hell aufflammend,

Doch vielen, eh' man's noch erkannt,
Verlischt es, traurig ausgebrannt.

Das Bild des Pfingstfestes, der Ausgießung des Geistes, leuchtet — zumindest im Hintergrund — auf. Und kurz zuvor spricht Plutus etwas aus, bei dem man nicht anders als betroffen aufblicken kann:

Ein wahres Wort verkünd' ich allen:
Mein lieber Sohn, an dir hab' ich Gefallen.

Was wagte hier Goethe! Da man nicht annehmen kann, daß er, der so tief Ehrfürchtige, frevlerisch mit Heiligem spielte, kann das doch nur heißen: In dem Knaben Lenker offenbart sich das Wesen, über dem im Jordan dereinst diese Worte erklangen.

Nun leuchtet plötzlich auch alles andere, was von diesem wunderbaren Wesen gesagt ist, noch einmal eine Stufe höher auf. Der Poet — das ist der Träger der Schöpferkraft des Wortes. Der Liebende, der Sich-Verschwendende — gab es einen, der es mehr gewesen wäre als jener Göttliche? Auch das gewinnt nun seine Bedeutung, was merkwürdigerweise kaum jemand als etwas doch eigentlich Rätselhaftes bemerkt hat: daß der Lenker als »halbwüchs'ger Knabe«, als einer also, in dem das Kindhafte noch wirksam ist, gestaltet wurde. Aber auch umgekehrt: daß dieses kindhafte Wesen der »Lenker«, der Führer ist, daß er als der Siegreiche geschildert wird und er es ja ist, der den ganzen Reichtum, die ganze Überfülle in der Welt seines Vaters hereinbringt, und zugleich der, der die Flammen des Geistes und der Begeisterung spendet, der in jedem Menschen das innerste geistige Feuerwesen wecken möchte, in dem er wahrhaft sagen kann: das bin Ich! — alles das gehört zu ihm.

Nichts Geringeres also scheint durch diese Gestalten hindurch als die göttliche Trinität. In ihnen offenbart sich das tiefste Welt- und Menschengeheimnis. Hinter Plutus leuchtet der unerschöpfliche, glühend aus sich selbst quellende Reichtum der göttlichen Vaterwelt auf. In dem Knaben Wagenlenker verbirgt und offenbart sich die göttliche Liebes- und Schöpferkraft des Sohnes, der die leuchtenden Flammen des Geistes in die Welt bringt. Aus ihm heraus empfängt der Mensch das Bewußtsein seiner eigentlichen Souveränität, seiner Gott-Unmittelbarkeit, seiner Gott-Ebenbildlichkeit.

Wir stehen hier vor einer der Stellen, in die Goethe die Tatsache seines Christ-Seins als »offenbares Geheimnis« hineinverborgen hat. Die etwas frömmelnde Julie von Egloffstein, offenbar »um sein Seelenheil besorgt«, fragte ihn einmal, ob er denn auch zuweilen in der Bibel lese. Er antwortete lächelnd: »O ja, meine

Tochter, aber anders als ihr.« Und man weiß, daß er sie zeit seines Lebens immer wieder und wieder gelesen hat.

Was also wollte Goethe, was wollte Faust mit diesem ganzen Maskenzug, als dessen eigentlichen Veranstalter und Regisseur wir ihn doch denken müssen, in die Welt des Kaisers hineinstellen? Er baut ein großartiges Bild des Menschen auf, dieses emporstufend von dem Zustand des Unbewußten, rein dem Vegetativ-Animalischen Hingegebenen über das auf- und abschwankende Halbbewußt-Träumerische zunächst zum voll Wachbewußten und seiner tragischen Dramatik und schließlich zu einem Überbewußten. In ihm, im Eintauchen in ein höheres Bewußtsein, erfüllt sich erst das Wesen des Menschen. Erst wenn er über sich selbst hinauswächst und dadurch das Göttliche in sich aufleuchtend erfährt, offenbart sich, was mit ihm gemeint ist, verwirklicht er sich ganz.

Kann man tatsächlich Goethe vorwerfen, daß Faust weiter nichts geworden sei als ein Maître de plaisir am Kaiserhof?

Man kann jetzt aber auch als innerlich begründet das ganz neue Verhältnis erkennen, in dem Faust und Mephisto von nun an zueinander stehen. Mephisto ist nur noch der Diener. Auf der dritten Stufe konnte er noch gründlich stören. Jetzt aber — denn auch in dieser vierten Gruppe tritt er auf — vermag er, ohnmächtig, ernsthaften Schaden zu entfesseln, nur ein wenig Ärger zu verbreiten, indem er als »Geiz«, als der »Abgemagerte« aus Plutus' Goldschatz unanständige Gebilde formt.

Das freilich geschieht erst, als der Knabe Lenker, nachdem die Schatzkiste vom Wagen gehoben und Plutus selbst heruntergeschritten ist, von diesem entlassen mit seinem Viergespann den Raum verlassen hat, in seine »Sphäre« zurückgekehrt ist. Soll das heißen, daß in seiner Gegenwart ein derartiger Auftritt des Mephisto nicht möglich gewesen wäre? Ebensowenig wie das, was nun folgt? Das »Gräulichste«, das freilich nicht von dem Abgemagerten, sondern von einer ganz anderen Seite herkommt.

Um die auf Fausts Befehl sich öffnende mächtige Schatzkiste drängt sich die Menge, staunend und gierig. Da hat sich etwas aufgetan wie eine sprudelnde Quelle feurig flüssigen Goldes, aus unergründlichen Tiefen emporstrudelnd; goldene Gefäße, Ringe, Schmuck und Kronen, ja auch gemünzte Dukaten kollern heraus. Aber nicht nur die von dem Magier mit Leichtigkeit in ihre Schranken zurückgewiesene Menge, ein neuer Zug von Masken, eine fünfte Gruppe also, drängt herein.

Das Folgende ist von Faust, wie aus seinen Worten hervorgeht, schon vorgewußt. In der Maske des großen Pan erscheint — was außer Faust aber nur die wissen, von denen er begleitet ist — der Kaiser, umgeben von einem Chor von »Wilden Männern«, Riesen, Zwergen, Nymphen, Satyrn und Faunen, als Weltenherr und Inbegriff aller elementaren Naturkraft. Das heißt aber nichts anderes, als daß nun — nur in mythologischer Gestalt und damit wesenhafter sich offenbarend — die Kräfte jener ersten Gruppe des Maskenzuges hineindrängen, die ja eigentlich überwunden sein sollten. Das kann nur in einer, wenigstens scheinbaren, Katastrophe enden. Der Kaiser, von den Zwergen geleitet, ist an den glühenden Schlund herangetreten; der wie in Flut und Ebbe aufund abwallt. Neugierig bückt er sich darüber, »freut sich des wundersamen Dings«, angstvoll fragt der Herold: »Wie mag er solchem Wesen trau'n?« — da geschieht es schon: Der Bart fällt herunter und hinein, fliegt brennend wieder empor, das »harzig' Reis«, in das der Kaiser selbst und die Masken seines Zuges »eingeschnürt« sind, fängt Feuer. Die auflodernde Glut scheint den ganzen Saal in Flammen zu setzen. Entsetzensschreie branden auf — Panik —, etwas wie ein Weltuntergang scheint hereinzubrechen — da erweist wiederum der Magier Plutus-Faust seine Macht: Mit Zauberregen löscht er die Zauberflammen. Keiner, zeigt sich, ist wirklich zu Schaden gekommen. Der ganz in Flammen gehüllte Kaiser hat sich, wie er in der nächstfolgenden Szene selbst ausspricht, nur »als Fürst von tausend Salamandern« (das heißt Feuergeistern) erlebt.

Was bedeutet das? Hat er nicht begriffen, seine Lektion nicht gelernt? — Auf dem Höhepunkt der Verzweiflung hat der Herold ausgerufen:

O Jugend, Jugend, wirst du nie
Der Freude reines Maß bezirken?
O Hoheit, Hoheit, wirst du nie
Vernünftig wie allmächtig wirken?

Hat Goethe in diese Stelle etwas von seiner persönlichen Tragik am Weimarer Hof »hineingeheimnißt«? Daß der Kaiser manche Züge des jungen Herzogs — ein edles, aber genialisch ungezügeltes Wesen — trägt, ist ebensowenig zu übersehen wie die Tatsache, daß Goethe seine Aufgabe dort in ähnlicher Weise auffaßte, wie er sie offenbar Faust als Rolle zuteilt.

Aber das ist keine Anklage. Goethe wußte: Was in dem großartigen Bild von Plutus und dem Wagenlenker so herrlich aufleuchtete, das in die Sphäre des Gottverwandten hinaufgehobene Menschenwesen, kann noch keine endgültige Wirklichkeit, kann immer nur für Augenblicke aufleuchtende Ahnung sein. Immer wieder bricht aus dem Naturhaften herein, was das eben göttlich Geordnete wieder in Chaos verwandelt.

Die Art aber, wie der Kaiser selbst das Geschehen erlebt hat, bringt wohl zum Ausdruck, was Goethe dem »Edel-Geborenen« gegenüber empfand: daß in ihm etwas weiterlebt von jener Welt paradiesischen Ursprungs, unzerstörbar, unberührbar.

Ins Reich der Mütter

In dieser Nacht des großen Maskenzuges liegen die Wurzeln zu allem folgenden Geschehen. In irgendeinem Augenblick – er ist im Text nirgends bemerkt, wir erfahren nur in der darauffolgenden Szene davon – ist es Mephisto gelungen, eine scheinbare Verwirklichung dessen zu erreichen, was in dem großartigen Bilde vom Einzug des Plutus erschienen war. Ohne recht zu wissen, was er tat – er kann sich nachher selbst nicht mehr daran erinnern –, hat der Kaiser die Anweisung auf Schatzscheine unterschrieben. Das Papiergeld – in den katastrophal sich entwertenden Assignaten der Französischen Revolution damals traurig berühmt – ist in die Welt gekommen. Mit einem Schlage ist der Hof »reich« geworden.

Eckerman schildert (unter dem 27. Dezember 1829), wie Goethe ihm diese Szene vorlas: »Indem Goethe die herrliche Szene las, freute ich mich über den glücklichen Griff, daß er das Papiergeld von Mephistopheles herleitet und dadurch ein Hauptinteresse des Tages so bedeutend verknüpft und verewigt.«

Aus dem »falschen Reichtum« nun, den er, wie Mephisto zynisch viel später selbst bemerkt, dem Kaiser »in die Hände gespielt«, erwächst der Wunsch, auch mühelos zu genießen.

Erst haben wir ihn reich gemacht,
Nun sollen wir ihn amüsieren.

Faust hat sich inzwischen in seiner eigentlichen Gestalt in das Gefolge eingereiht. Der Kaiser und mit ihm der Hof verlangen, durch seine magischen Künste die schöne Helena zu sehen. Und so beginnt, scheinbar zufällig, das große Helena-Drama, das die folgenden Szenen und den ganzen zweiten und dritten Akt füllen wird.

Was für den Hof nur ein Begehren nach einem sensationellen sinnlichen Kitzel ist, verwandelt sich für Faust in ein tief schicksalhaftes Geschehen, das in der Szene »Finstere Galerie« zwischen Faust und Mephistopheles seinen Anfang nimmt.

Mephisto erklärt sich unfähig, »mit wenig Murmeln«, wie Faust angenommen, Helena herbeizuschaffen. Wenn er aber als Grund dafür angibt: »Das Heidenvolk geht mich nichts an«, so ist das nur eine seiner unzähligen Halbwahrheiten, zynisch-lügnerische Ausrede. Der wahre Grund ist ein anderer. Denn wer ist Helena?

Sie ist zunächst natürlich jene historisch-sagenhafte Frauengestalt, von Paris geraubt und von solcher Schönheit, daß zehn Jahre lang im Grunde um sie gekämpft wird im Trojanischen Kriege. Auch für Faust ist sie zunächst nichts anderes. Aber das ändert sich. Man kann schon diesen Diskurs gar nicht recht verstehen, wenn man nicht sieht, daß ihre Bedeutung weit darüber hinauswächst, daß durch das Konkrete, Einzelne ein Höheres, Allgemeines durchschimmert und im weiteren Verlauf immer strahlender aufgeht. »Die schönste aller Frauen« wird zum Inbegriff der Schönheit schlechthin. Und Schönheit — wie könnte Mephisto über ihr Reich Gewalt haben!

»Die Kunst«, sagt Goethe einmal — und Kunst ist ja der Bereich, in dem Schönheit erscheint —, »ruht auf einer Art religiösem Sinn, auf einem tiefen, unerschütterlichen Ernst ...« Und vor den Zeugnissen antiker Kunst hatte er ergriffen ausgerufen: »Hier ist Notwendigkeit, hier ist Gott!« Mephisto aber ist der Geist nicht der Notwendigkeit, sondern der Willkür, nicht des Ernstes, sondern des spöttischen Zynismus, nicht der Verehrung, sondern des Widerspruchs. Abgründe trennen ihn von dieser Welt. Deshalb ist das: »fremdestes Bereich«. Wie sollte er darüber Gewalt haben! In seinen Bereich gehören »Hexen-Fexen«, »Kielkröpfige

Zwerge«, »Gespenst-Gespinste« und höchstens »Teufelsliebchen«, samt dem »Papiergespenst der Gulden«.

Das ist der wahre Grund, weshalb er selbst hier nichts vermag. Eines freilich kann er, und dazu ist er sogar notwendig. Er kann Faust den Weg weisen und ihm auf den Weg helfen. Er übernimmt da eine ähnliche Rolle, wie sie die Irrlichter in Goethes »Märchen« haben, die allein imstande sind, das Tor zu dem unterirdischen Tempel zu öffnen. Fausts Weg führt hier zu etwas, was nicht geringer ist als jener Tempel.

Faust muß den Weg antreten zu den »Müttern«. Und gleich, wie dieses Wort zum ersten Male erklingt, wird deutlich, daß dies ein Bezirk ist, der für Faust keinewegs — jedenfalls nicht in dem Sinn wie für Mephisto — »allerfremdestes Bereich« sein kann. Wie käme es sonst, daß es ihn, wenn er dies Wort nur hört, »schaudert«, es ihn immer wieder »wie ein Schlag« trifft? Wie könnte das sein, wenn nicht etwas in ihm sie kennte?

Wer sind die Mütter?

Als Goethe am 10. Januar 1830 Eckermann die Szene vorlas, notierte dieser danach, daß er sich »gedrungen fühlte, Goethe um einigen Aufschluß zu bitten. Er aber, in seiner gewöhnlichen Art, hüllte sich in Geheimnisse, indem er mich mit großen Augen anblickte und mir die Worte wiederholte: Die Mütter! Mütter! — 's klingt so wunderlich!

›Ich kann Ihnen weiter nichts verraten‹, sagte er darauf, ›als daß ich beim Plutarch gefunden, daß im griechischen Altertume von Müttern, als Gottheiten, die Rede gewesen. Dies ist alles, was ich der Überlieferung verdanke, das übrige ist meine eigene Erfindung . . .‹«

Man geht wohl nicht fehl, wenn man annimmt, daß es Goethe selbst so widerfahren ist, als er im Plutarch dieses Wort fand: daß es ihn »wie ein Schlag« getroffen. Es riß das Tor auf zu tiefen Ahnungen, die in ihm schlummerten, auf die sein ganzes geistiges Streben zuging, im »tiefsten, allertiefsten Grund«. Davon spricht alles das, was in dieser Szene Mephisto, in der übernächsten Faust von diesem Reich sagt. Mit diesem Wort wurde ihm das mythische Bild geschenkt, in dem er seine Ahnungen aussprechen konnte. Und das ist nichts Geringes.

Das erste, was Mephisto über sie sagt, ist: »Von ihnen sprechen ist Verlegenheit.« Warum? — Die Antwort liegt in dem vorangegangenen Satz: »Um sie kein Ort, noch weniger eine Zeit«. Im Raum- und Zeitlosen wesen sie. Wie also wäre von ihnen zu sprechen? Die Sprache kann der räumlichen und zeitlichen Bilder nicht entbehren. Sagt man also etwas von ihrer »Sphäre«, von ihrem »Bereich«, so muß man sich zugleich klar sein, daß es eben nicht eine »Sphäre«, ein »Reich« im üblichen Sinne ist. Es ist die Geisteswelt jenseits von Raum und Zeit.

In dieser Geisteswelt wird Faust die Mütter schließlich finden, »umschwebt von Bildern aller Kreatur«, das heißt den Urbildern alles dessen, was auf der Erde in Erscheinung tritt, wenn »des Lebens holder Lauf« sie ergreift. Das bedeutet aber doch nichts Geringeres als die Vorstellung, daß alles irdische Geschehen, alle irdische Erscheinung im Geistigen zu Hause ist, hervorgebracht von geistigen Wesenheiten — »Göttinnen« sind es —, die sich dort bewegen, »die einen sitzen, andre stehn und gehn ...« Mütterliches Wesen, aus dem alles Gewordene seinen Ursprung genommen hat, zu dem es dann wieder heimgekehrt ist. Goethe schickt Faust hier auf einen Weg, der im Grunde nichts anderes ist als die Einweihung in den alten Mysterien.

Und Goethe weiß von den Gesetzen und dem Wesen dieser Welt. Als Mephisto den Weg schildert, den Faust zu gehen haben wird, kann er sich nicht genug tun in Versuchen, die absolute Öde, das völlige Nichts empfindbar zu machen. Es ist eine Schilderung, die in einer merkwürdigen Weise dem gleicht, was moderne Surrealisten wie zum Beispiel Max Ernst, Salvadore Dali, Chirico als Landschaft in einem luftleeren Raum darstellen — die absolute, lautlose Öde und Leere. Wenn Faust dagegensetzt: »In deinem Nichts hoff ich das All zu finden«, und Mephisto ihm das zugesteht — dann wird damit deutlich: auf diesem Wege hängt, was einer findet, davon ab, wer er ist. Das Organ, mit dem er wahrnimmt, ist er selbst.

Und nun geschieht etwas Rätselhaftes. Eben noch hat Mephisto gesagt: »Nicht Schlösser sind, nicht Riegel wegzuschieben ...«, jetzt aber übergibt er ihm für diesen Weg — einen Schlüssel. Bei der Anweisung, die er zu dessen Gebrauch anfügt, möchte man meinen, eine Wünschelrute oder ein Zauberstab wären angemessener. Er »wird die rechte Stelle wittern«, mit ihm wird Faust sich des Andrängenden, ihn Bedrängenden erwehren, von ihm berührt, wird ihm der glühende Dreifuß aus dem »tiefsten, allertiefsten Grund« folgen. Was soll da ein Schlüssel helfen?

Wir müssen hier zu einem längeren Exkurs ausholen, was uns aber bei der zentralen Bedeutung, die diese Szenen haben, berechtigt erscheint.

Man ist immer gut beraten, wenn man Goethe durch Goethe erklären kann. Nun gibt es tatsächlich eine Dichtung von ihm, in der ebenfalls ein Schlüssel eine bedeutsame Rolle spielt. Es ist die noch dazu eben kurz vor Entstehung dieser Faust-Szene abgeschlossene Dichtung »Wilhelm Meisters Wanderjahre«. In diesem bislang noch kaum erforschten Werk (das sich zu dem vorangegangenen »Wilhelm Meisters Lehrjahre« ähnlich verhält wie der Zweite Teil des Faust zu dem Ersten) berichtet gleich eines der ersten Kapitel, wie der Sohn Wilhelms in einer Höhle oder Kluft etwas findet, von dem bis zum Schluß nicht klar wird: ist es ein Schatzkästchen, ist es ein kostbares Buch? Jedenfalls ist »der Prachtband« verschlossen und der Schlüssel nicht vorhanden. Durch das ganze Werk nun zieht sich wie ein roter Faden die Geschichte dieses Kästchens und der schließlichen Findung des Schlüssels hindurch. Sie ist — und das gehört zweifellos mit innerer Notwendigkeit dazu — hineinverwoben in die zauberhaft zarte Liebesgeschichte, die da zwischen Hersilie auf der einen Seite und Wilhelm und seinem Sohn Felix auf der anderen Seite sich webt.

Das Kästchen wird einem merkwürdigen Alten übergeben, der sich selbst und anderen vielerlei Kostbarkeiten alter und neuerer Zeit in Treue bewahrt. Es ist die Rede davon, ob man es nicht, ohne den Schlüssel zu besitzen, gewaltsam öffnen solle. Der Alte rät ab: »Denn wenn Sie glücklich geboren sind und wenn dieses Kästchen etwas bedeutet, so muß sich gelegentlich der Schlüssel dazu finden, und gerade da, wo Sie ihn am wenigsten erwarten.« Er weist als auf einen ähnlichen Fall auf ein kostbares elfenbeinernes Kruzifix, von dem er zunächst nur den Torso des bloßen Körpers mit Haupt und Füßen besessen, bis nach dreißig Jahren das zugehörige alte Kreuz mit Inschrift und wiederum eine Weile später die noch fehlenden Arme sich dazugefunden.

Jahre sind vergangen. Eine Fülle bewegender Gestalten und Ereignisse sind über die Bühne der Dichtung gezogen. Da berichtet ein Brief Hersiliens, den man nicht anders denn als heimlichen Liebesbrief bezeichnen kann, die wunderliche Findung des Schlüssels. Und sie fügt — womit die geheimnisvolle Bedeutung dieser Figur unterstrichen wird — dem Brief eine Abbildung des »Rätsels« bei — die seltsame Zeichnung, die plötzlich in allen Texten stehen muß, wie eine Rune. — Der Schlüssel ist nun bei Hersilie, das Kästchen, räumlich weit entfernt, bei dem Antiquar, dessen Prophezeiung sich also zu erfüllen beginnt.

Wieder eine Weile später hat Hersilie zu berichten, daß rätselhafterweise nun das Kästchen, gleichsam dem Schlüssel nachreisend, auch vor ihr stehe. Der Antiquar ist gestorben, und auf seltsamen Wegen ist das Kästchen eben in ihre Hände gelangt. Sie mahnt Wilhelm zu kommen, »auch wohl Felix dazu, daß es ein Ende werde, wenigstens, daß eine Deutung vorgehe, was damit gemeint sei mit diesem wunderbaren Finden, Wiederfinden, Trennen und Vereinigen« — und der Leser weiß nicht recht: beziehen sich diese Worte mehr auf den Schlüssel und das Kästchen oder auf die drei Menschen und ihre Herzen?

Schließlich erfährt man auf den beinahe letzten Seiten der ganzen Dichtung das — wenigstens vorläufig — abschließende Ereignis, in dem »das Rätsel« noch einmal gesteigert erscheint. Felix ist zu Hersilie geeilt, die er mit einer knabenhaft ungestümen Liebe liebt. Sie hat ihm auch das Vorhandensein von Kästchen und Schlüssel nicht verhehlen können. In seinem Ungestüm bemächtigt sich Felix des einen wie des anderen, steckt den Schlüssel in

die Öffnung – und er bricht ab. Wenigstens scheinbar. Ein bald danach eintreffender alter Goldschmied entdeckt, daß gar kein Bruch entstanden ist, daß vielmehr offenbar der im Kästchen steckengebliebene Teil nur magnetisch mit dem übrigen verbunden gewesen sein muß. Er steckt das draußen gebliebene Stück des Schlüssels hinein, »er zieht den Schlüssel ergänzt heraus; sie sind magnetisch verbunden, halten einander fest, aber schließen nur dem Eingeweihten. Der Mann tritt in einige Entfernung; das Kästchen springt auf, das er gleich wieder zudrückt: an solche Geheimnisse sei nicht gut rühren, meinte er.«
Der Leser freilich erfährt bis zum Schluß nicht, was in dem Kästchen enthalten ist.
Was will diese seltsame Schlüsselgeschichte, von der ja von vornherein klar ist, daß sie über sich selbst hinausweist? Spricht sie nicht eben von dem, was der Ausgangspunkt der ganzen Faust-Dichtung ist: Der Mensch, der die Erde, die Welt zu erforschen sucht, steht vor lauter verschlossenen Geheimnissen. »Und sehe, daß wir nichts wissen können«; und ein wenig später, in der Verzweiflung der Osternacht:

Geheimnisvoll am lichten Tag
Läßt sich Natur des Schleiers nicht berauben.
Und was sie deinem Geist nicht offenbaren mag,
Das zwingst du ihr nicht ab mit Hebeln und mit Schrauben.

Mit dem Ungestüm und der Abenteuerlust eines Knaben hat sich die Menschheit der Schätze der Erde bemächtigt. Aber nun hält er sie in der Hand und kann die Worte des geheimnisvollen Buches nicht lesen, kann hinter ihre Oberfläche nicht dringen, ihre »äußre Schale« nicht durchbrechen. Der neugierige Intellekt versucht wohl mit Gewalt, »mit Hebeln und mit Schrauben«, einzudringen – aber das ist nicht der Schlüssel. Weiter führt es, wenn man sich jenem Alten anvertrauen kann, geduldig wartend. Das verlangt ein Verhalten, das sich selbst ganz zurückstellt, verzichtend auf die rasche Befriedigung der Neu-»Gier«; verlangt die geduldige Selbstlosigkeit der »Entsagenden« — welches Wort ja der Untertitel der »Wanderjahre« ist.

Ist der Mensch aber zu solchem Verhalten bereit, dann wird eines glücklichen Tages die Lösung erscheinen — als ein wunderbares Geschenk. Sie wartet nur darauf, kommen zu können, denn »Wahrnehmung und Begriff« sind — um mit Rudolf Steiners »Philosophie der Freiheit« zu sprechen — nur die beiden Hälften der Wirklichkeit. Sie suchen einander mit magnetischer Anziehungskraft — wie Schlüssel und Kästchen; wie die beiden scheinbar auseinandergebrochenen Teile des Schlüssels. Das ist auch das Geheimnis der Schlüsselfigur: die beiden fast spiegelbildlich gleichen, aufeinanderzustrebenden und in einem wie von einem Bande gehaltenen Punkte sich berührenden und vereinigenden pfeilähnlichen Formen.

Wer diesen Schlüssel gefunden hat und zu benutzen weiß, dem springt das Geheimnis auf. Er findet zu den »Müttern«.

So hatte Goethe das Rätsel des Pflanzenwesens mit sich herumgetragen, jahrzehntelang — und endlich eines Tages, als er eigentlich mit ganz anderem beschäftigt war, im Botanischen Garten von Palermo, war ihm »der Schlüssel« in die Hand gefallen: Er hatte die Idee der Urpflanze gefunden. Und Ähnliches erfuhr er immer wieder.

Das freilich gehört auch dazu: Es geht nicht um ein passives Sichgedulden. Man muß vielmehr sehen, daß die Geschichte von dem Kästchen und seinem Schlüssel umwoben ist von dem eigentümlich Zarten und doch die ganze Existenz Bedrängenden des zwischen Hersilie, Felix und Wilhelm Webenden. Es ist herzbewegend, schicksalhaft und Schicksal bildend durchwoben von dem Geheimnis der Liebe. Diese Einstellung Goethes zum Problem der Erkenntnis läßt ihn in seinem einzigen Aufsatz erkenntnistheoretischer Natur »Anschauende Urteilskraft«, wie wir schon weiter oben anführten, das Wort prägen vom »Abenteuer der Vernunft«, das er »mutig zu bestehen« gewagt. Wirkliche Erkenntnis ist nicht nur eine Angelegenheit des Kopfes, sondern auch des Herzens, ja des ganzen Menschen und seines Einsatzes.

Das ist der Schlüssel, der Faust hinunterführen wird zu den »Müttern«, Sinnbild einer bestimmten inneren Haltung und Einstellung. Er wird ihn in jenen »tiefsten, allertiefsten Grund« führen zu dem glühenden Dreifuß, der zweifellos zumindest eine Art Spiegelung darstellt des trinitarischen göttlichen Urfeuers. Auch das Schicksalhafte, das eben als wesenhaft notwendig mit dieser Schlüsselgewalt verbunden geschildert wurde und das den Gebrauch zu einem Abenteuer macht, leuchtet hier in einem letzten Motiv, nun freilich mit tödlichem Ernste, auf.
Mephisto, der Faust hinuntergeschickt hat auf diesen Weg, beschließt, allein geblieben, die Szene mit dem ebenso überraschenden wie zynischen Satz: »Neugierig bin ich, ob er wiederkommt.«
Der Weg in die geistige Welt ist immer ein Abenteuer auf Leben und Tod. Es verlangt, daß der, der ihn geht, sich selbst preisgibt.

*

Die nächstfolgende Szene mit dem zurückgebliebenen Mephisto und Angehörigen des Hofes im Charakter eines Satyrspiels ist ein bewundernswerter Kunstgriff Goethes, mit dem er das Bangen des Zuschauers um den entschwundenen Faust nicht nur im Untergrund seiner Seele wachhält, sondern ihm sogar Worte verleiht in dem Ausruf des in die Enge getriebenen Mephisto: »O Mütter, Mütter! laßt nur Fausten los!«
Dann beginnt die Szene von Fausts Wiederkehr: Man muß sehen, in welcher Weise das gestaltet ist: Weder gibt es einen Bericht Fausts über seinen Weg, noch wird die Gestalt der Helena einfach in die Welt des kaiserlichen Palastes hineingezaubert — der in die Geistwelt verschwundene Faust bringt bei seiner Rückkehr ein Stück dieser Welt selbst mit sich.
Der ganze Hof ist mit dem Kaiser im Rittersaal versammelt. Entsprechend dem großartigen Charakter der nun folgenden Szene erklingen Posaunen — und dann geschieht es. »Die Tepp'che schwinden, wie gerollt vom Brand; die Mauer spaltet sich, sie kehrt sich um . . .« Das heißt doch nichts anderes, als daß die Ge-

setzmäßigkeit der geistigen Welt, der »andere« Raum, die Grenzen und Begrenztheit des irdischen Raumes auflöst. Nicht nur rollt ein Vorhang von einer Bühne weg. Die Mauer »kehrt sich um« — was »hinter« dem Irdischen ist, wird sichtbar. Dort, wo eben noch die fest gebaute Mauer war, tut sich ein »tiefer« Raum auf, »scheint sich aufzustellen«, von einem »Schein« erhellt, dessen Herkunft »geheimnisvoll« bleibt.
In diesem geheimnisvollen Raum erscheint nun als erstes, den besonderen »Raum«, in dem sich das Folgende abspielen wird, zu bezeichnen, ein griechischer Tempel, offenbar des ältesten dorischen Stils. Und dann kommt — ebenso wie alles andere in dieser Szene vom Astrologen angekündigt und beschrieben — Faust, »im Priesterkleid, bekränzt, ein Wundermann«. Er beschwört — »großartig« heißt die Regiebemerkung — die, von denen er herkommt, die Mütter. Hier ist es, wo davon gesprochen wird, daß ihr Haupt umschwebt wird von den Urbildern alles Lebendigen: »Die einen faßt des Lebens holder Lauf«, um irdisch in Erscheinung zu treten. Die anderen müssen, von dem »kühnen Magier« aufgesucht, erscheinen. Hier hatte Goethe ursprünglich geschrieben: »Die andern sucht getrost der Dichter auf ... Was jeder will, das Schöne läßt er schauen.« Damit stellt sich noch einmal die Frage nach dem Wesen des Wegs zu den Müttern.

*

Bei der Schilderung alles dessen, was mit dem Geheimnis des »Schlüssels« zusammenhängt, konnte es scheinen, hier handele es sich also um den »Schlüssel der Erkenntnis« und den Erkenntnisweg. Wenn jetzt der Dichter und der Magier apostrophiert werden, so leuchtet damit etwas auf, was für das ganze Faust-Problem von entscheidender Bedeutung ist.
Faust begegnet uns ja zunächst als der Erkenntnis Suchende: »Daß ich erkenne, was die Welt im Innersten zusammenhält«. Jetzt, könnte man sagen, hat Faust gefunden, weshalb ihm die übliche Art des Erkennens nicht genügte und was ihm fehlte: ein

geistiges Tätigsein, das zugleich denkerisch, künstlerisch und religiös ist. Es geht um den ganzen Menschen, und das Faust-Problem ist das Problem der Selbst-Verwirklichung des Menschen. Das wird am Schluß dieser Szene noch einmal deutlich werden.

Aber es bestätigt sich jetzt auch, was wir vorhin schilderten: Auf dem Weg zu den Müttern, auf dem Weg in die geistige Welt kommt es darauf an, was ein Mensch ist und daß er sich preisgeben muß. Wenn er jetzt im Priesterkleid erscheint, so heißt das, daß er wirklich, wie Mephisto erwartet hat, durch einen Tod gegangen, aber durch ihn hindurch zu einem neuen Leben erweckt worden ist. Das Ganze bedeutet: Die Wirklichkeit der geistigen Welt in das Erdensein hereinrufen ist priesterliche Handlung. Aber auch der Erkennende, auch der Künstler, wenn sie zur wirklichen Geistwelt vordringen, handeln priesterlich. Und daß es sich darum, um ein Hereinrufen der wirklichen geistigen Welt handelt, zeigt das Folgende.

Faust hält noch immer, wie der Astrolog das Geschehen schildert, den Schlüssel in der Hand, der aber nun selbst glühend geworden ist. Er berührt mit ihm »die Schale«, also den glühenden Dreifuß, der auf eine nicht weiter geschilderte Weise mit Faust heraufgelangt ist, und es beginnen aus diesem Wolken aufzusteigen und luftig den ganzen Raum zu durchziehen. Sobald sie aber den Tempel erreichen, geschieht wieder etwas Neues: Es »wird alles Melodie. Der Säulenschaft, auch die Triglyphe klingt; ich glaube gar, der ganze Tempel singt.« Daß »Architektur gefrorene Musik« sei, war ein Goethe vertrauter Gedanke. Vielleicht spielt aber hier noch etwas anderes mit — wobei wir offenlassen müssen, wieweit Goethe selbst das bewußt gemeint hat. »Die Sonne tönt...« Aus dem Tönen der göttlichen Schöpfermächte wird die ganze Welt gestaltet. Wie könnte es, wenn die Wirklichkeit der geistigen Welt hereingerufen wird, anders sein, als daß auch dieses Klingen anfängt wahrnehmbar zu werden.

Danach erscheinen die Gestalten, um die es ja bei dem ganzen Unternehmen ging: zuerst Paris und dann Helena. Noch einmal

zeigt sich, daß in der Begegnung mit der Geistwelt, was einer wahrnimmt, davon abhängt, was er ist. Die vielfältigen Äußerungen der Hofgesellschaft lassen uns wohl sehen, was da geschieht — wie Paris einschläft, Helena erscheint, sich über ihn beugt, den Schlafenden zu küssen, zurücktritt und sich wendet, wie Paris erwacht, sie erblickt, auf sie zustürzt und sie ergreift, um sie fortzutragen. Noch viel vernehmlicher aber machen sie die Eitelkeit, die Selbstsucht, das sinnliche Begehren, die ganze Kleinlichkeit, die in ihren Vertretern lebt und sie im Grunde unfähig werden läßt, wirklich wahrzunehmen, was sich ihren Augen bietet.
Wie anders Faust! — Er sieht. Er sieht nicht nur eine schöne Frau, er sieht die Schönheit, »der Schönheit Quelle«, von der alle irdische Schönheit, wie er sie »in Zauberspiegelung erblickte«, nur »ein Schaumbild« ist. Schönheit als die Offenbarung der göttlichen Schöpfermächte. In der Begegnung mit Helena vollendet sich erst sein Weg zu den Müttern, aus deren Reich er sie heraufgerufen. In der Begegnung mit ihr vollendet sich erst seine Einweihung, seine Priesterschaft. Und indem er um Worte ringt für das ihn Erfüllende, bringt er zugleich zum Ausdruck, daß das Eintauchen in das Geistige nicht eine Entfremdung der Welt gegenüber bedeutet, vielmehr eine unendlich vertiefte Bejahung dieser Welt. »Wie war die Welt mir nichtig, unerschlossen!« Jetzt erst ist sie ihm »wünschenswert«, das heißt mit dem ganzen Herzen zu bejahen, »gegründet, dauerhaft« — man muß hier an die Worte denken, mit denen der Herr im Prolog im Himmel sich an die Engel wendet:

Doch ihr, die echten Göttersöhne,
Erfreut euch der lebendig-reichen Schöne!
Das Werdende, das ewig wirkt und lebt,
Umfass' euch mit der Liebe holden Schranken,
Und was in schwankender Erscheinung schwebt,
Befestiget mit dauernden Gedanken!

Es ist, als sei Faust in ihren Kreis eingetreten.
Aber er ist nicht Engel, sondern Mensch, ein Mensch mit seiner

ganzen Problematik. Denn was nun geschieht, kann man wohl als Folge seiner Unvollkommenheit, gleichzeitig aber auch als Ausdruck seiner Größe sehen. Daß er diese Schönheit nicht nur kühl von ferne betrachten kann, sondern – immer sich steigernd – in »Neigung, Lieb', Anbetung, Wahnsinn« zu ihr entflammt wird, erhebt ihn weit über das Klein-Menschliche der ganzen Hofgesellschaft ins Wahrhaft-Menschliche – und wird zugleich Anlaß zu der Katastrophe, die das Geschehen dieser Szene abbricht.

Der Mensch, der des Geistigen ansichtig geworden ist, würde sein Menschlichstes versäumen, wenn er nicht zugleich in Liebe dazu entbrennte und nicht ruhte, ehe er es nicht ganz ergriffen, sich mit ihm vermählt hätte, das »Doppelreich« sich bereitend. Aber was hier geschieht, ist im wahren Sinne ein Kurzschluß. Als Paris Helena forttragen will, stürzt Faust, aller warnenden Zurufe Mephistos nicht achtend, in den jenseitigen Tempelraum hinein, an dessen Rande er bislang gestanden hatte, streckt unter einer letzten gewaltigen Anrufung der Mütter den magischen Schlüssel gegen Paris – »Explosion, Faust liegt am Boden. Die Geister gehen in Dunst auf«.

Was alles wird sich ereignen müssen, bis Faust sich wieder erheben, sich auf den Weg machen kann! Aber eigentlich hat er ihn schon begonnen, den Weg der Selbstverwirklichung in der Vermählung mit der Geistwelt.

Klassische Walpurgisnacht

In der Gestalt der Helena ist zum ersten Male die Welt aufgetaucht, die nicht nur den ganzen dritten Akt, sondern auch schon den größten Teil des zweiten mit ihrem unsagbaren Zauber erfüllen wird: die Welt des klassischen Griechentums. Was war es, was Goethe seit seiner Italienischen Reise und nicht viel anders einen großen Teil seiner Zeitgenossen diese Welt so über alle Maßen lieben ließ? – Es war nicht nur das ästhetische Element, die Schönheit der klassischen Statuen. Die war nur der Vordergrund des Eigentlichen: daß nämlich in dieser Welt das Geistige und das Irdische untrennbar miteinander verbunden, Götter und Halbgötter nicht in einem fernen Jenseits, sondern jeden Augenblick aus den Erscheinungen des Diesseits hervorzutreten imstande waren.

Aber bevor Goethe Faust in diese Welt hinein erwachen läßt – und um ihn dort erwachen zu lassen –, braucht er einen Kunstgriff von erstaunlicher Tiefe. Faust wird zu seinen Ursprüngen zurückgeführt. Mephisto, der sich den Ohnmächtigen und Bewußtlosen aufgeladen hat, trägt ihn in die alte Wohnung zurück, in das Studierzimmer, in dem er den Pakt mit ihm geschlossen, wo noch wie ein Sinnbild dessen, was Faust verlassen hat, der alte Professoren-Talar hängt, wo nebenan immer noch – und nun erst recht – der gelehrte Wagner sein wunderliches Wesen treibt. »Hier lieg', Unseliger . . .« Bewußtlos liegt Faust auf seinem Bett, während der Chor der Insekten, von Mephisto aus dem alten Professorenpelz geschüttelt, diesen als ihren Papa begrüßen und während angstbebend der Wagner nun dienende Famulus und dann der Baccalaureus erscheinen, dem Mephisto einst, als dieser als Schüler zu ihm kam, das »Eritis sicut Deus« ins Stammbuch geschrieben hatte und der nun wirklich wie zu einem Gott aufgeblasen die ganze Unverschämtheit der Jugend hervorstelzt. Womit zum Ausdruck kommt, daß auch hier in seiner Weise das Leben weitergegangen ist. Faust muß dort anfangen, von wo er ausgegangen ist. Unbewußt wie in einem Mutterschoße liegt er da. Und eben dort bereitet sich das vor, was ihn auf einem neuen seltsamen Wege ins Leben und seinen Zielen entgegenführen wird. Als Mephisto Wagner, »den Ersten jetzt in der gelehrten Welt«, aufsucht, findet er ihn bei einem Werk, das anzeigt, daß auch dieser auf seinem Wege weiter fortgeschritten ist. Er ist damit beschäftigt, den Traum aller mittelalterlichen Alchimisten zu erfüllen: einen künstlichen Menschen, einen Homunculus aus der Retorte entstehen zu lassen.

Kein Zweifel, daß Mephistos Dazukommen an dessen Entstehung mitwirkt. Seine Worte: »Ich bin der Mann, das Glück ihm zu beschleunen«, bezeugen es ebenso, wie daß der Homunculus ihn als »Herr Vetter« begrüßt und ihm dankt, »im rechten Augenblicke« hier zu sein. Und vor allem bezeugt es das Wesen des Homunculus. Denn das ist ja eben Ausdruck für jenes Auseinander-Gebrochensein des Menschen und der Welt, an dem Mephisto nicht unschuldig ist. Homunculus ist das Gegenteil von dem, was wir als das eigentliche Wesen der griechischen Welt ansprachen, das innige Verwobensein des Physischen mit dem Geistigen. Er ist entstanden aus der Verachtung des Naturhaften. »Wie sonst das Zeugen Mode war, erklären wir für eitel Possen«, sagt Wagner. Ein künstliches Gebild, »das trefflich denken soll, wird künftig auch ein Denker machen«. Drum fehlt's ihm freilich auch, wie es dann später heißen wird, »am Greiflich-Tüchtighaften«. Das entstandene zauberhafte Gebilde ist ein rein geistiges Menschenwesen, wobei freilich nicht an das zu denken ist, was Goethe als die geistige Entelechie des Menschen bezeichnete, und das Geistige hier mehr in der Richtung des Intellektuellen zu verstehen ist. Deshalb hat Homunculus aber auch Fähigkeiten,

die ihn nicht nur Wagner, sondern sogar Mephisto überlegen sein lassen.
Mephisto zeigt ihm, die Tür zu diesem Raume öffnend, den auf dem Lager hingestreckten Faust. Die Phiole mit dem leuchtenden Menschlein »entschlüpft aus Wagners Händen, schwebt über Faust und beleuchtet ihn«. Und sein erstes Wort (»erstaunt«) ist: »Bedeutend! —« Aber Homunculus sieht und erkennt nicht nur das Wesen dieses Menschen, obwohl Faust sich ja gar nicht zu äußern vermag — er sieht und schildert dessen Traum, die Bilder, in die Fausts Seelenwesen verwoben ist: die Geschichte von der Geburt, genauer der Zeugung der Helena durch den in Schwanengestalt der Leda sich nahenden Gott. Homunculus ist es auch, der Rat weiß: »Jetzt eben, wie ich schnell bedacht, ist klassische Walpurgisnacht.«
Diese »klassische Walpurgisnacht« ist eine reine Erfindung Goethes. Die Antike kannte diesen Begriff nicht. Er bindet sie räumlich wie zeitlich an Bedeutungsvolles aus der griechischen Welt. Sie vollzieht sich am Fuße des Olymp am Ufer des Peneios, auf den Pharsalischen Feldern, wo sich von der Vorzeit an immer wieder Schicksalhaftes vollzog. Hier hatte nach den Vorstellungen der Griechen ebenso der Kampf gegen die Kentauren wie die Titanomachie sich abgespielt. Hier hatte (168 v. Chr.) der römische Konsul Aemilius Paulus den König Perseus von Makedonien, den Beherrscher Griechenlands, besiegt, wodurch Rom seine nie wieder verlorene Vorrangstellung gegenüber Griechenland gewann. Hier hatte schließlich (49 v. Chr.) Caesar Pompeius besiegt und damit den Grund gelegt zu dem Imperialismus Roms. Auf die Nacht vor diesem Schicksalstage (9. August) legt Goethe auch die Klassische Walpurgisnacht. Als ob da noch einmal gleichsam sich stauend alles, was eigentlich griechisch war, sich versammelt hätte.
In diese von wunderbaren und wunderlichen mythischen Gestalten Griechenlands erfüllte, ja überquellende Welt führt nun Homunculus den ratlos davorstehenden Mephisto auf dessen Zaubermantel zusammen mit dem immer noch tief bewußtlosen

Faust, sein »Väterchen« Wagner traurig zurücklassend und mit leisem Spotte tröstend: »Entfalte du die alten Pergamente ...«

*

Die Beschwörung und Erscheinung der Helena ebenso wie ihre Vermählung mit Faust ist schon in den frühesten Plänen zu dem Gesamtwerk festzustellen. Die Ausführung und Gestaltung aber gehört mit zu dem letzten, was Goethe geschaffen hat. 1827 war die »Helena« — also der jetzige dritte Akt — vollendet. 1830 entstand die Klassische Walpurgisnacht. Das heißt: ein halbes Jahrhundert trägt Goethe diesen Stoff in sich. Es ist ungeheuer reizvoll, zu verfolgen, wie dieser sich im Laufe der Zeit verwandelt, wie er Jahre und vielleicht Jahrzehnte ganz liegen bleibt, wie er dann immer wieder hervorgeholt wird, wie Goethe dies oder jenes Stück zu gestalten sucht, aber nicht recht weiterkommt und es wieder niederlegt. »Endlich«, sagt er einmal, nachdem er vorangeschickt: ». . . ich wußte lange nicht, was ich damit machen sollte«, »endlich fiel mir's wie Schuppen von den Augen; ich wußte: nur so kann es sein und nicht anders!« Und es gehört zu den Dingen, die man nur anstaunen kann, wie der Achtzigjährige nun den ganzen gewaltigen Stoff mit einer überwältigenden, überströmenden Schöpferkraft gestaltet.
Dafür sind gleich die ersten Worte ein tief bewegendes und überraschendes Zeugnis. In dem Moment, wie Faust den Boden berührt, erwacht er: »Wo ist sie? —« Das kann einen wie ein Schlag treffen. Nicht »Wo bin ich?« — was doch für einen aus tiefer Ohnmacht Erwachenden das Natürliche zu sein schiene. Da er überhaupt erwacht, ist das Wo nicht fraglich. Dorthin, in diesen »Raum« ist er offenbar die ganze Zeit, seit er in Ohnmacht stürzte, unterwegs gewesen. Das ist das eine. Das andere ist: Um ihn selbst geht es überhaupt nicht — nur um *sie*. Und wie völlig er von ihr hingerissen ist, lebt noch einmal sich aus, indem kein Name gerufen wird, nur »sie«.
Nun machen die drei Wanderer sich auf den Weg durch die ver-

zauberte Nacht. Wieder zeigen sich dabei die Gesetze, die schon für den Weg Fausts zu den Müttern gültig waren: Hier kann jeder nur allein gehen. Sie trennen sich, und daß sich ihre Wege gelegentlich für Augenblicke kreuzen, macht dieses Gesetz nur augenscheinlicher. Und ebenso gilt das andere Gesetz: Was einer sieht, hängt davon ab, was er ist.

Was für eine Welt!

In ihr erscheint die ganze Fülle und Überfülle der mythologischen griechischen Gestalten, zu Goethes Zeiten jedem Gebildeten selbstverständlich vertraut, dem heutigen Menschen kaum ohne Zuhilfenahme eines Lexikons verständlich. Für diese ganze Welt gilt, so andersartig sie sonst auch ist, das gleiche, was Faust beim Eintritt in die romantische Walpurgisnacht ausrief: »In die Traum- und Zaubersphäre . . .« Die Wirklichkeit dieser Gestalten ist nicht im Physischen zu suchen, aber deshalb nicht geringer, eher mächtiger. So wirr nun bei der Überfülle der Gestalten und Geschehnisse das Ganze zunächst scheinen mag, so zeigt sich doch bald eine sehr klare Gliederung in gleichsam vier Sätze einer großen Symphonie.

Den Anfang macht — »Am oberen Peneios« — Mephisto. Die Wesen, denen er begegnet — Sphinxe, Greifen, Sirenen, Ameisen, Arimaspen, die stymphalischen Vögel, die lernäische Schlange, schließlich die Lamien —, sind durchweg Verderben bringende. In ihnen hatten für die Griechen all jene Mächte Gestalt gewonnen, die in einer mehr nur kosmisch-naturhaften Weise wirkend in der vorausgegangenen ägyptischen Stufe der Menschheits-Entwicklung noch als göttliche erlebt und verehrt worden, nun aber zu fürchten und zu überwinden waren, weil sie das heraufziehende menschliche Selbstbewußtsein kränkten oder vernichteten. Bei ihnen, wiewohl sich doch fremd fühlend, hat Mephisto sich niedergelassen. Es ist ein großartiger Zug, daß Faust, als er für einen Augenblick durch diese Sphäre durchzieht, auch bei ihnen »im Widerwärtigen große, tüchtige Züge« sieht — aber eben weil vor sein Bewußtsein zugleich die großen menschlichen Überwinder dieser Mächte treten. Doch dient dieser ganze erste

Satz offenbar nur dazu, jeden von den beiden auf den ihm angemessenen Weg zu weisen. Faust wird zu Chiron gewiesen, Mephisto zu den Lamien.

Wenn man nun — »Am untern Peneios« — in den zweiten, Faust gehörigen Satz hinüberwechselt, wird man zunächst einmal gefangengenommen von dem Schönheitszauber dieser ganz anderen Welt, der bis in den Wechsel des Versmaßes — von den leicht holprigen Jamben zu den still hinfließenden Trochäen — sich auslebt. Mit Versen von einer zauberhaften sprachlichen Poesie, Versen, die nichts als das Flüstern, Hauchen, Säuseln, Lispeln der Ufergewächse aufklingen lassen, beginnt der aus seinen Träumen halb erwachende Flußgott zu sprechen. Wenn dann der alsbald erscheinende Faust »hinter den verschränkten Lauben dieser Zweige, dieser Stauden« etwas wie ein »menschenähnlichs Lauten« zu vernehmen meint, so versteht man das sogleich als etwas, was mehr zum Ausdruck bringen will als etwa nur einen äußeren Bezug auf jene Worte. Es ist das durch die ganze Faustdichtung immer wieder leise aufklingende Geheimnis des Worthaften, das allem Geschaffenen ursprunghaft zugrunde liegt. Der wiegende Rhythmus des Nymphen-Chores: »Wir säuseln, wir rieseln, wir flüstern dir zu« — führt das fort und läßt Faust, nun im Wachen, eintauchen in die Bilderwelt, in der er träumend während seiner Bewußtlosigkeit gelebt hat, nun aber nicht wissend: »Sind's Träume? sind's Erinnerungen?« Vor ihm enthüllt sich die Geschichte von Leda und ihren Gefährtinnen und dem in Schwanengestalt ihr nahenden Zeus — und da kommt, wie von dem Atem dieser Szene herangelockt, Chiron, der Kentaur, der Faust ja nun wirklich auf den Weg zu Helena führen wird. Wieder kann man nur staunend und bewundernd vor der echten Inspirationskraft stehen, die sich hier in Goethe offenbart. Denn wer ist Chiron?

Chiron gehört als Kentaur, also als ein Wesen, bei dem ein menschlicher Oberleib aus einem Pferdekörper herauswächst, durchaus mit in die Reihe jener traumhaften Gestalten, die einem älteren Bewußtsein entstammen — nun aber nicht wie die Mephisto begegnenden und wie auch seine aus dem Kampf der Lapithen mit den Kentauren bekanntgewordenen engeren Artgenossen im negativen, sondern im positiven Sinn. Als ein Wesen, das mit dem menschlichen Bewußtsein begabt, zugleich tiefer als ein Mensch mit den naturhaft-animalischen Kräften verwachsen ist, vermag er als der große Arzt die heilenden Werdekräfte des Ätherischen ebenso zu handhaben, wie er als der große Lehrer der vorzeitlichen Heroen daraus mehr als menschliche Weisheit übermitteln konnte. Diesem Wesen entspricht es auch aufs genaueste, daß Goethe ihn hier schildert als einen, der sich nicht anhalten läßt — sowenig wie sich das Leben anhalten läßt — und mit dem Faust nur in das ersehnte Gespräch kommen kann, indem er auf ihn aufsitzt und damit in seine Bewegtheit eingeht.

Ist damit nicht schon nahezu gesichert, daß Chiron ihn zu Helena hinführen wird? — Denn wenn Helena die Schönheit schlechthin ist, dann wohnt sie ja doch in dem Bezirk, den Goethe andeutet mit jenem Satz: »Schönheit ist eine Offenbarung geheimer Naturgesetze, welche ohne dieselbe wären verborgen geblieben.« Das aber ist keine starre, sondern eine bewegte Welt. Ihr kann man sich nur nähern, indem man, sich selbst in Bewegung setzend, ein Werdender wird.

Und so beginnt nun dieses lange Gespräch, in dem Chiron zunächst von den Argonauten, dann von Herakles als seinen Erlebnissen erzählt und schließlich von selbst Helenas Namen ausspricht als einer, die er getragen, die ebenso auf seinem Rücken gesessen hat wie jetzt Faust. So nahe also ist dieser damit der Gesuchten. Man erlebt nun aus Chirons Erzählung mit, wie selbst er von ihrem Wesen »entzückt«, »beglückt« worden ist. Das freilich, was Faust nun begehrt, sie wesenhaft für sich zu gewinnen, kann er nur als unsinnig, als Zeichen eines kranken Sinnes sehen. Ja, er nennt ihn geradezu und unverblümt »verrückt«. Als solchen bringt er ihn zu Manto, der Seherin und Tochter Äskulaps (des Heilgottes): »Ihr glückt es wohl, bei einigem Verweilen, mit Wurzelkräften dich von Grund zu heilen« — und führt ihn damit dennoch auf den Weg zu Helena.

An dieser Stelle aber wird noch etwas Bedeutsames ausgesprochen. Als Chiron mit Faust auf seinem Rücken an Mantos Tempel herantrabt, ertönt von innen – »träumend« – deren Stimme: »Von Pferdes Hufe erklingt die heilige Stufe, Halbgötter treten heran.« Chiron ist ein Halbgott. Wenn das Wort hier aber im Plural gebraucht wird, kann das ja nur heißen, daß auch der andere, also Faust, von der Seherin in ihrem Traume als Halbgott erlebt wird. Sieht man nun Fausts Weg als den der wahren Menschwerdung an, hieße das dann also: Wahre Menschwerdung vollzieht sich, wenn einer über sein Menschliches hinaus dem Göttlichen entgegenzuwachsen beginnt? Und daß Faust auf diesem Wege eine bestimmte Stufe erreicht hat?

Damit klingt dann auch zusammen, was sie Chiron erwidert, der den »mit verrückten Sinnen« Helena für sich Begehrenden ihr zu asklepischer Kur überliefert: »Den lieb' ich, der Unmögliches begehrt.«

Sie eröffnet Faust, während Chiron »schon weit weg« ist, daß »der dunkle Gang« – wovon Chiron nicht gesprochen, vielleicht gar nichts gewußt hat, was Faust wie ein Schlag treffen muß – »zu Persephoneien«, also ins Schattenreich der Toten, führe, aus dem einst Orpheus seine Eurydike beinahe heraufgebracht hätte. »Benutz es besser! Frisch! beherzt!« Und sie steigt mit ihm hinab.

So entschwindet Faust aus dem Bezirk der Walpurgisnacht.

Er entschwindet in die Unterwelt, in das Mysterium des Todes.

*

Der nächste Satz dieser großen Symphonie – »Am oberen Peneios wie zuvor« – gehört wieder Mephistopheles, nur für eine kurze Weile durch eine Homunculus-Szene unterbrochen. Und dem entsprechen ebenso die Gestalten, die hier erscheinen, wie die Geschehnisse.

Es beginnt, lange bevor noch Mephisto auftritt und, kaum daß mit dem die Wasserwelt preisenden Lied der Sirenen die Verbindung zu der vorangegangenen Mephisto-Szene hergestellt ist, mit einem den ganzen Schauplatz gewalttätig verändernden Ereignis. Ein Erdbeben, in dem Riesen Seismos als Gestalt erscheinend, türmt aus den Tiefen wie in Urzeiten der Erde ein neues Gebirge empor, das auf sein Wort sich alsogleich begrünt und von »bebuschtem Wald« bewachsen wird, so daß »das hier Emporgebürgte« auch schon — nach den Worten der Sphinxe — »uralt« erscheint.

Sogleich sind, von ihrer Goldgier getrieben, Greife, Ameisen und Zwerge — die etwas größeren Pygmäen und die ganz kleinen Daktylen — erschienen. Die Pygmäen werfen sich zu Herren auf, die Ameisen — »Imsen« — müssen Metalle, die Daktylen Holz zu Kohlenmeilern und Schmiedefeuern schaffen. Alles vollzieht sich, noch ehe es recht ausgesprochen ist, so wie im Traum sich lange Geschehnisse in Augenblicken abspielen können. Schon sind auch die Waffen geschmiedet und haben sich die Pygmäen-Krieger in »mißgestalteter Begierde« auf die Reiher gestürzt, ihnen die Federn für den Helmschmuck zu rauben, ist »der See von ihrem Blut gerötet«, haben es aber auch die Kraniche des Ibykus Rache schwörend wahrgenommen — da erscheint, diese Geschehensreihe zunächst unterbrechend, Mephisto.

Man fragt sich: Was will diese Szene? — Wir werden gewahr, wie Wesen, die von den vulkanischen Feuerkräften des Erdinneren herbeigezogen — ihnen also offenbar innerlich verwandt —, von Herrschsucht, Eitelkeit und Besitzgier angetrieben, sich nicht nur dieser neuen Erde bemächtigen, sondern auch Tod und Verderben über sie bringen, sogleich aber auch schon selbst von einer drohenden Wolke rächender Gerechtigkeit überschwebt werden — und daß dies alles nichts anderes ist als ein rasch verwehender Traum. Und wir können uns weiter fragen: Meinte Goethe hier das Zwergengeschlecht der Menschen und ihre äußere Geschichte, die nicht mehr sei als ein schlechter Traum? Meinte er zumindest, daß, wo die Menschen sich von diesen Kräften treiben lassen, ihr Wesen und ihr Schicksal dem Zwergentum entspreche?

Mephisto war von den Sphinxen auf die Lamien gewiesen worden. Ihnen nachjagend taucht er hier auf und gerät zu seinem tiefen Unbehagen in diese sich bewegende Welt. Wie wohl konnte er sich in seiner, in der anderen Walpurgisnacht auf dem Brocken, fühlen. Da stand alles an seinem Platz. Mephisto ist der Dämon einer gewordenen, nicht einer werdenden Welt wie Griechenland.

Mephisto läßt sich von seiner sinnlichen Lüsternheit hinter den Lamien herziehen. Die Lamien gehören zu den menschenfeindlichen, blutsaugerischen Wesenheiten. Sie haben die Fähigkeit, sich in vielfältige Gestalten zu verwandeln, und erscheinen hier wie so oft als verführerisch schöne Mädchen. Mit entzückendem Humor schildert Goethe, wie sie den fremden Gast mit dem Pferdefuß zu ihrer Erheiterung hinter sich herstolpern lassen, wobei Mephisto ganz genau weiß, daß er an der Nase herumgeführt wird, und doch nicht widerstehen kann. Und als er am Ende sich verleiten läßt, nach ihnen zu greifen, hält er plötzlich statt der verführerischen Formen junger Mädchen einmal einen Besenstiel, dann eine entschlüpfende Eidechse, einen Thyrsosstab und schließlich einen zerplatzenden Bovist in der Hand, indessen sie den »eingedrung'nen Hexensohn« noch verspotten und, plötzlich in Fledermäuse verwandelt, »unsich're, schauderhafte Kreise« um ihn ziehen. Er erfährt den trügerischen Aspekt der bloß sinnlichen Schönheit, gespenstisch hohl und noch im nachhinein verwirrend. Denn daß sich Mephisto nun »verirrt«, gehört zweifellos wesenhaft mit zu dieser Szene.

In diesem Augenblick erscheint Homunculus, und es folgt die kleine ihm gehörige Szene, die wir aber erst später betrachten wollen, während der auch Mephisto, kaum daß sie ein paar Worte gewechselt haben — gemäß den in dieser Sphäre geltenden Gesetzen —, verschwunden ist. Er erscheint, immer noch umhersuchend, erst wieder, sobald Homunculus seinerseits verschwunden ist. Und nun zeigt sich: so wie Chiron, zu dem Faust gewiesen worden war, schließlich doch der Führer zu seinem so ersehnten Ziel geworden ist, haben auch die Lamien, zu denen Mephisto gewiesen worden war, diesen in die Nähe dessen geführt, was nun sein Ziel sein kann. Er entdeckt in einer Höhle die drei Phorkyaden.

Zum ersten Male in der ganzen Klassischen Walpurgisnacht trifft Mephisto auf etwas, dem er sich nicht fremd, dem er sich tief verwandt fühlt. »Des Chaos Töchter« sind sie, so wie er »des Chaos vielgeliebter Sohn«. Er entdeckt auch sogleich – und spricht das aus – die unmmittelbare wesenhafte Verwandtschaft. »Wird man die urverworfnen Sünden im mindesten noch häßlich finden, wenn man dies Dreigetüm erblickt?« Die tiefe Verwandtschaft des Bösen und des Häßlichen leuchtet hier auf. Daß das Böse verabscheut wird, weil es häßlich ist, kann unmittelbar empfunden werden. Daß in der früheren griechischen Welt das Häßliche an der Stelle steht und mit den gleichen Empfindungen erlebt wurde wie heute das Böse, kann jedem Kenner der griechischen Welt vertraut sein.

In einem Vortrag (vom 28. September 1918) hat Rudolf Steiner einleuchtend und bedeutsam auf dieses Geheimnis hingewiesen. Die »Häßlichkeit« der Phorkyaden ist ja ganz besonders damit verbunden, daß sie zu dritt nur ein Auge und nur einen Zahn besitzen. Rudolf Steiner erläutert, daß die zum Menschsein gehörende Zweiäugigkeit – ebenso wie die Zweihändigkeit – sowohl Ausdruck als auch physiologische Voraussetzung sind für das menschliche Ichbewußtsein, das unbewußt sich immerfort entzündet, wenn die beiden Seh-Achsen sich in einem Punkte treffen. Die Einäugigkeit der Phorkyaden weist also auf einen vor-individuellen Zustand hin. Das ist ihre Häßlichkeit. Wenn nun Mephisto, wie es ja am Ende dieser Szene geschieht, sich so mit ihnen verbindet, daß er in die Gestalt der einen hineinschlüpft, fortan nur einen Zahn und nur ein Auge zeigend, so wird damit darauf gedeutet, wie das von der Zukunft her die Menschheit bedrohende Böse in einer entsprechenden Weise zu charakterisieren ist. Kann man nicht wahrnehmen, wie von Jahr zu Jahr mehr sich der Menschheit infiltriert, daß sie unter dem wachsenden Einfluß der mannigfaltigen Massenmedien nicht mehr

individuell, sondern alles mit einem Auge und mit einem Zahn sieht und genießt, jeder immer das gleiche wie der andere?
Es geschieht also, daß Mephisto sich dieser Dreieinigkeit des Häßlichen naht, mit einem Hohn, der um so verruchter ist, als er ihr dabei schmeichelt. Er sagt, er habe Göttinnen gesehen, aber mit ihnen seien sie nicht zu vergleichen; er fragt, warum denn nie ein Dichter sie gepriesen, nie Bildhauer sie gestaltet hätten? Und mit diesen doppelsinnigen Sprüchen bringt er sie dazu, ihn ganz, für eine Weile, in sich aufzunehmen.
So entschwindet Mephisto aus dem Bereich der Walpurgisnacht. Er entschwindet in das Mysterium des Häßlich-Bösen.

*

Homunculus, dem nun der herrliche, einen grandiosen Höhepunkt darstellende Schlußsatz der Klassischen Walpurgisnacht gehört, war, wie wir gesehen haben, schon mitten in der vorangegangenen Mephisto-Szene aufgetaucht. Sein Erscheinen dort bringt ebenso wie Fausts kurzes Auftauchen in der ersten Mephisto-Szene die schicksalhafte Verwobenheit der drei zum Ausdruck. Und auch Homunculus, dieses »künstliche Gebild'«, wird in der griechischen Welt auf einen Weg gebracht, in einen Werde-Prozeß hineingestellt. Dabei ist wieder die inspirative Gestaltungskraft des Dichters zu bewundern, der Faust als Führer und Weggenossen den Halbgott, Mephisto die hohl-lüsternen Lamien-Gespenster, Homunculus, dem aus Menschengedanken entsprossenen Gebilde, zwei Philosophen zugesellt. Ebenso gehört dazu, daß er nicht wie Mephisto und Faust durch die Sphinx, die Vertreterin uralter, durch Jahrtausende gewachsener Weisheit, auf seine Führer gewiesen wird, sondern »das künstliche Gebild'« sie selbst wählt.
Er berichtet Mephisto in den wenigen Sätzen, die er mit ihm sprechen kann, daß er ihnen »auf der Spur« sei, denn von ihnen hoffe er Hilfe für das, was seine größte Sehnsucht ist: Er »möchte gern im besten Sinn entstehn«. Ein erstaunliches Wort, das die

ganze Problematik dieses Schlußteils der Klassischen Walpurgisnacht zu beantworten geeignet ist.
Ein kritisch eingestellter Leser hätte Goethe fragen können, ob hier nicht seine »Lust zu fabulieren« mit ihm durchgegangen sei. Wozu das alles? Faust ist doch auf seinen Weg zu Helena gebracht. Daß Mephisto durch all die Erfahrungen gehen muß, die ihn schließlich zur Verwandlung in eine Phorkyade führen, mag man vielleicht auch noch zugestehen, da er gerade in dieser Gestalt im Folgenden eine wichtige Rolle zu spielen bestimmt ist. Aber Homunculus, von dem doch gar nie mehr die Rede sein wird? Hätte Goethe nicht vielleicht im Interesse der Geschlossenheit des Ganzen besser daran getan, die fehlende Szene zu gestalten, wie Manto Faust hinunterführt zu Persephone, der Königin des Schattenreiches? Sowohl in einem Entwurf von 1826 als auch in einem Gespräch mit Eckermann (15. Januar 1827) spricht er schon von der Rede, die Proserpina zu Tränen rühren müßte, so daß sie bereit wäre, Helena herauszugeben. Das wird zusammen mit manchen anderen Einzelheiten, um die also doch sein Geist schon gekreist ist, erwähnt. Die jetzt vorliegende endgültige Fassung enthält aber nichts davon. Helena wird am Beginn des dritten Aktes einfach da sein, und es wird dem Zuschauer oder Leser überlassen, das Wieso sich auszudenken. Statt dessen diese Homunculus-Geschichten, die doch völlig überflüssig sind — oder vorsichtiger ausgedrückt: scheinen —, so schön sie auch sein mögen!
Es hat niemand Goethe danach gefragt, zumal ja auch zu seinen Lebzeiten kaum jemand außer Eckermann diese Szenen zu Gesicht bekommen hat. Und vielleicht hätte er auch gar nicht mehr geantwortet als den vorhin schon erwähnten Satz, den er C. Kraukling (am 1. September 1828) über die ganze Helena-Komposition sagte: »Endlich fiel mir's wie Schuppen von den Augen; ich wußte: nur so kann es sein und nicht anders!«
Die Frage aber bleibt bestehen. Wie ist es damit?
Uns scheint die Antwort in der Richtung zu liegen, die durch den eben zitierten Satz sich andeutet. Wenn dieses seltsame, aus

menschlichen Gedanken-Elementen gewordene — und also in einer Weise doch schon »entstandene«? — Wesen erst noch entstehen möchte, dann kann das doch nur heißen, daß aus dem Homunculus ein Homo, aus dem Menschlein ein Mensch werden möchte. Das ist ja eben das Grundproblem Fausts: Menschwerdung.

Daß es sich hier um dieses Problem, die Menschwerdung, handelt, bestätigt sich sogleich durch den unmittelbar folgenden Satz. Man erinnert sich: Homunculus kommt zu Mephisto gerade, nachdem dort das Erdbeben und die anderen gewalttätigen Geschehnisse sich abgespielt und sogar Mephisto verunsichert haben. Wenn nun Homunculus anschließt: »Allein, was ich bisher gesehn, hinein da möcht ich mich nicht wagen« — so erkennt vielleicht doch jeder Leser oder Hörer darin eine Stimmung wieder, die als eine ur-menschliche zu bezeichnen ist: daß einem immer wieder bange werden möchte vor dem Hineingehen in die Inkarnation, daß Menschwerdung immer wieder ein Wagnis ist.

Um das Problem der Menschwerdung geht es also bei Faust wie bei Homunculus, wenn auch auf verschiedenen Stufen, in verschiedenen Sphären: bei Faust im eigentlich Menschlichen selbst, bei Homunculus in einer manchem phantastisch erscheinenden Bildwelt. Auf die Frage also müssen wir am Ende des Homunculus-»Dramas« — wenn es erlaubt ist, diese kurzen Szenen ein Drama zu nennen — eine Antwort erwarten: Wie wird man Mensch? Und wo könnte Homunculus diesem Geheimnis näherkommen als im Kreis der Wesenheiten der Klassischen Walpurgisnacht, die eine Art Schwellengebiet ist, ein Grenzgebiet, wo das Geistige hinüberwechselt ins Physischwerden.

Zunächst also sucht und findet er Anschluß bei den beiden Philosophen, die nun erscheinen. In ihrem Gespräch geht es um die auch zu Goethes Zeiten noch aktuelle Streitfrage, deren Protagonisten eben diese beiden waren: ob die jetzige Welt durch das Feuer oder durch das Wasser geworden sei. Anaxagoras als Plutonist weist auf das eben entstandene Gebirge hin als einen

Beweis für seine Meinung, daß das plutonische Feuerelement die entscheidende Urkraft sei, während Thales, der Neptunist, das Wasser als die wichtigere, weil das Leben hervorlockende Kraft preist. Anaxagoras sieht offenbar auch die den durch vulkanische Kraft emporgehobenen Berg besiedelnden »Pygmäen, Imsen, Däumerlinge« als seinem Reich zugehörig an, und schon wird Homunculus in diesen Streit hineingezogen. Anaxagoras bietet ihm an, ihn dort als König krönen zu lassen. Er wäre dann, in dieser kleinen Welt, der Größte. Thales aber, von Homunculus um seine Meinung dazu befragt, »will's nicht raten. Mit Kleinen tut man kleine Taten, mit Großen wird der Kleine groß« — und schon erweist sich, wie verderblich das Königtum geworden wäre. Die vorhin unterbrochenen Vorgänge um diesen Berg gehen plötzlich weiter. Die Kraniche stürzen sich auf die Pygmäen, »Rachesegen« für den Mord an den Reihern schaffend, »schon wankt, es flieht, es stürzt das Heer« — nun will Anaxagoras »seinem Volke«, den also Verfolgten, zu Hilfe kommen. Er ruft in einer feierlichen Beschwörung die Macht der dreifältigen Monden-Göttin an. Da geschieht es: Zu seinem eigenen Erschrekken stürzt aus dem jäh riesenhaft näher gekommenen Monde ein ungeheurer Meteorstein auf jenen Berg und hat damit »so Freund als Feind gequetscht, erschlagen«. Das also wäre auch Homunculus' Schicksal geworden, falls er nicht schon von den Kranichen mit umgebracht worden wäre.

Soll das nun heißen, daß Homunculus in dieser ersten Belehrung auf das Wasser-Element als das allein ins Leben führende hingewiesen wird? Jedenfalls folgt er dem »zum heitern Meeresfeste« einladenden Thales, und von Anaxagoras ist weiterhin nicht mehr die Rede.

Während sie dorthin entschwinden, vollzieht sich die vorhin geschilderte Begegnung und Verbindung Mephistos mit den Phorkyaden — und dann tut sich die letzte, zauberhafteste Szene der ganzen Klassischen Walpurgisnacht auf an den »Felsbuchten des Ägäischen Meeres«, unter einem »im Zenit verharrenden« Mond.

*

Diese Szene, die jeden Regisseur, der die Klassische Walpurgisnacht auf die Bühne bringen möchte, in völlige Verzweiflung — oder auch, je nachdem!, in höchste Begeisterung — versetzen müßte, stellt in mehrfacher Beziehung einen überwältigenden Höhepunkt des Ganzen dar.

Da ist zunächst einmal die Fülle und Überfülle an ganz oder teilweise aus dem Menschlichen herausfallenden Gestalten. Da sind die schon aus den früheren Sätzen bekannten Sirenen, betörend schöne und vor allem betörend singende Mädchengestalten, die aber nach unten in Vogelleiber mit scharfkrallig reißenden Füßen übergehen. Da sind zusammen mit den schönen Nereiden, den See-Nymphen auftauchend Tritonen mit Fischschwänzen und Pferdehufen, auf Muscheltrompeten blasend. Da sind als die Reittiere der Telchinen, der sagenhaften Urkünstler, Hippokampen, das heißt Seepferde — also wohl nur ins Größere übersetzte Abbilder dessen, was wir als Seepferdchen kennen — und Meerdrachen. Da sind die als sagenhafte Schlangenbeschwörer, vielleicht auch schlangenverwandt zu denkenden Psyllen und Marsen auf »Meerstieren, Meerkälbern und -Widdern«. Ganz zu schweigen von dem vor den Augen des Zuschauers sich verwandelnd durch verschiedene Gestaltungen hindurchgehenden Proteus. Ihnen allen aber ist — im Gegensatz zu den mit Mephistopheles auftauchenden Gestalten — gemeinsam, daß sie — für diese Nacht sogar die Sirenen — menschenfreundlich sind.

Zu einem Höhepunkt gebracht ist auch ein Gestaltungsprinzip, das schon in den vorangehenden Szenen eine Rolle gespielt hat: daß Gestalten auftauchen und wieder verschwinden, um dann nach einer Weile wieder zu erscheinen, erneut zu entschwinden und doch wieder dazusein. Es ist, als werde so auch in ihnen das Wogen des Meeres vernehmlich gemacht. So ist auch — zunächst jedenfalls! — der innere Aufbau der Szene kaum zu durchschauen. Wie sollte auch Menschengedanken die innere Gesetzmäßigkeit und der Aufbau einer solchen an das Erdengestade brandenden Werdewelt der Götter verständlich sein!

Daß diese Szene in eine erhöhte Wirklichkeit hineinführen will, wird aber vollends vom ersten Augenblick an dadurch deutlich, daß sie nach der Regieanweisung ganz von Musik durchklungen, ja eigentlich wie eine Oper — nur in kurzen Abschnitten vom gesprochenen, nicht gesungenen Wort unterbrochen — vorzustellen ist, schließlich in ein gewaltig aufrauschendes Finale einmündend. Kein Zweifel, daß hier die von Goethe so oft empfundene orphische Schöpfermacht des Klanges einen ihrer größten Triumphe feiert.

In dieses musikalische Element wird der Zuschauer sogleich eingetaucht durch den weitgeschwungenen Wechselgesang der Sirenen mit den Nereiden und Tritonen. Zugleich aber wird darin für einen Augenblick wenigstens vernehmlich, daß unter der festlich-heiteren mondbeglänzten Meeresfläche tödliche Abgründe sich verbergen. Denn der Goldschmuck, mit dem die Nereiden den Glanz dieses Festes erhöhen, stammt von Gescheiterten, die von den Sirenen auf die Riffe gelockt waren. Die — natürlich — jeden Mitgefühls bare Heiterkeit, mit der die einen wie die anderen davon singen, läßt die im Grunde unheimliche Außermenschlichkeit dieser ganzen Welt aufklingen.

Die Nereiden und Tritonen aber sind auf dem Wege nach Samothrake, von dort die Kabiren zu holen.

Damit ist etwas ausgesprochen, was eine gleichsam unterirdische Verbindung zu der Faust-Szene in der Klassischen Walpurgisnacht herstellt. Denn wenn Faust sich auf den Weg zu Persephoneia begibt, so schimmert da im Hintergrunde Eleusis auf, dessen Mysterien eben in das Reich dieser Gottheit führen wollten, Samothrake aber war die Heimat des zweiten großen Mysterienortes der Antike. Davon wird noch zu sprechen sein. Welcher Art die Mysterien waren, die dort, mit den sehr geheimnisvollen Kabiren verbunden, zu Hause waren, in welchem Sinne jedenfalls Goethe sie hier ausspricht, wird von den Sirenen gesungen. Es sind die Mysterien des Werdens und Erzeugens, denen diese uralten Gottheiten so verwoben sind, daß sie nicht nur etwa die Welt erzeugen, selbst aber eben da sind, sondern »sich immerfort selbst erzeugen und niemals wissen, was sie sind«.

Mit keinem Wort wird darauf hingedeutet, daß sie in dieser Absicht geholt werden: Aber müssen das nicht die Götter sein, die wie kein anderer *dem* hilfreich zu werden berufen sind, der »gern im rechten Sinn entstehn« möchte? Soll hier etwas wie eine geheimnisvolle Fügung im Weltenhintergrunde sichtbar werden?
Jetzt wird, was so musikerfüllt zwischen den halb göttlichen, halb tierhaften Wesenheiten aufklingt, unterbrochen durch das Erscheinen des Thales, der Homunculus zu Nereus führen will in der Hoffnung, daß der ihm helfen werde. Nereus ist der uralte Meergreis, fast etwas wie ein zweiter, nur um ein geringes weniger göttlicher Poseidon, Vater der eben nach ihm benannten zauberhaften Meeresnymphen, der Nereiden ebenso wie der nach ihrer Mutter, der Nymphe Doris, benannten, ein wenig später erscheinenden Doriden. Dieser Uralte nun läßt sich zwar wider Erwarten heraufrufen, doch weigert er sich, den erbetenen Rat zu erteilen. Was er, diese griesgrämige Weigerung zu begründen, sagt, macht offenbar, wer er ist. Wie oft nicht, sagt er, hat er Rat erteilt. Paris und Odysseus, die er erwähnt, sind nur Beispiele für ungezählte andere. Wie hat er sie gewarnt! Da er doch wußte, wie das ausgehen würde, was sie unternahmen. Aber hat je einer auf ihn gehört? Sind sie nicht dennoch blindlings in ihr Verderben gerannt? Oh, er kennt die Menschen! Und wirklich spricht er in zwei Zeilen ihr tiefstes Wesen aus: »Gebilde, strebsam, Götter zu erreichen, und doch verdammt, sich immer selbst zu gleichen«. Kann man es viel besser sagen? — Nein; er weigert sich, noch einmal Rat zu geben. Zumal er eben ganz anderes erwartet: daß mit den anderen Doriden die Schönste und Geliebteste seiner Töchter herüberkomme, Galatee, die ihrerseits der Venus-Aphrodite gegenüber eine ähnliche Stellung einnimmt wie Nereus zu Poseidon. — Er weist sie weiter zu Proteus und entschwindet zum Meer hin, indes Thales, wiewohl er an diesen Hinweis keine großen Hoffnungen knüpft, mit Homunculus sich doch auf den Weg begibt. Der erste große Versuch für Homunculus, weiterzukommen, ist also mißglückt.
Wer ist nun Nereus? — Daß das Wasser- und insbesondere das

Meeres-Element wie ein Realsymbol der Welt schöpferischen Werdens empfunden werden kann, ist wohl unmittelbar einleuchtend. Nun ist aber darüber hinaus wahrzunehmen, daß diese Welt von einem weisheitsvollen Element durchwoben ist. So wie im menschlichen Bereich das Gedankenelement ätherischer Natur ist, so gibt es in dieser Sphäre etwas wie ein Weltgedanken-Element. Und das ist Nereus, es hat in ihm Gestalt gewonnen. Er weiß. Es ist auch von innerer Logik, daß Thales, der Philosoph, seinen Schützling zuerst in diese Sphäre bringt. Ebenso logisch aber ist es, daß dieser Versuch unfruchtbar bleiben muß, wie Nereus' Rat immer fruchtlos gewesen ist. Weltgedanken vermögen nicht unmittelbar im Menschen wirksam zu werden – wenn nicht anderes hinzukommt.

Ist denn aber wirklich, muß man dann fragen, der Besuch bei diesem Alten fruchtlos gewesen? Thales weiß es noch nicht, daß der Besuch bei Proteus ja doch entscheidend weiterführen wird. Und bei der schicksalhaften Bedeutung, die Galatee zum Schluß gewinnen wird, hat die Tatsache, daß sie in Nereus' Reden schon aufgetaucht ist, schließlich etwas wie eine ungewollt prophetische Bedeutung.

Kaum sind die Menschengestalten entschwunden, hebt sogleich wieder das Lied der Sirenen an, wieder im Wechselgesang mit den nun zurückkehrenden Nereiden und Tritonen. Auf einer riesigen Schildkrötenschale tragen sie die drei Kabiren, die Götter, die das Meeresfest anführen sollen. Noch einmal wird in den preisenden Wechselgesängen das Wesen dieser mächtigen Götter lebendig, die immer über sich selbst hinauszuwachsen sich sehnen, die Hunger nach dem Unerreichlichen leiden. Das mündet in einen »All-Gesang«, also in einen mächtigen Chor, in dem die gepriesen werden, denen es gelungen ist, die Kabiren zu holen, weit den Ruhm der Argonauten übertreffend, die einst das Goldene Vlies geholt haben. Damit ziehen sie vorüber, aber man muß sie auch unsichtbar fortan weiter im Mittelpunkt des ganzen Geschehens denken.

Plötzlich sind Thales und Homunculus wieder da – und schon

spricht Proteus neben ihnen, ohne daß sie ihn zu sehen vermöchten. Sie brauchen ihn nicht aufzusuchen, er sucht sie. In diesen Bezirken gelten andere Gesetze als im Irdischen. Und so beginnt die zweite der für Homunculus schicksalhaften Begegnungen. Er ist neben ihnen und doch fern; bald von hier, bald von da klingt die Stimme dieses in Augenblicken durch tausend Verwandlungen gehenden Gottes. Thales aber verlockt ihn dazu, sich doch in menschlicher Gestalt vor ihnen zu zeigen. Sein neugieriges Staunen: »Ein leuchtend Zwerglein! Niemals noch gesehn!«, läßt ihn bei ihnen verweilen, erlaubt Thales, ihm ihr Anliegen zu schildern. Das lockt ihn, und er weiß schon Rat. Er führt sie beide auf eine Landzunge hinaus, und sicher geht es mehr von ihm und seinem Wesen als von der Landschaft aus, daß Homunculus empfindet: »Es grunelt so, und mir behagt der Duft.« Damit tut Homunculus den ersten Schritt auf diese Welt des ewigen Werdens zu: »Im weiten Meere mußt du anbeginnen ...«

Weshalb, so muß man fragen, findet Homunculus hier bei Proteus, was er bei Nereus vergeblich gesucht hat? — Die Antwort kann nur lauten: weil Proteus selbst nicht so sehr im Gedanken- als vielmehr im Werde- und Willens-Element lebt.

Von nun an beginnt auch der Aufbau der Szene sich zu verwandeln. Immer mächtiger drängen die im Wogenden Lebenden heran, und entsprechend dem, wie es innerlich geschieht, werden Homunculus und sein betrachtender Begleiter Thales immer mehr in diesen übermächtigen Schwall hineingezogen, wobei sie nur noch in kurzen Repliken die Chöre der anderen nicht mehr unterbrechen, sondern begleiten oder fortführen.

Als Nächstes erklingt jedoch ein Motiv, das diesem Preisgesang auf das Werden einen ganz neuen Klang einfügt. Die ersten in den nun immer rascher einander folgenden Chören sind die Telchinen von Rhodos, in denen die Griechen die allerersten frühesten Künstler sahen, die ihre Insel mit herrlichen bronzenen Götterstatuen geschmückt hätten. Die preisen sie. Proteus aber warnt Homunculus vor ihnen: »Längst sind sie wieder eingeschmolzen.« »Dem Leben frommt die Welle besser ...« Was soll das aussagen? — Es kann doch wohl nichts anderes heißen, als daß hier eben ein Motiv aufklingt, von dem bislang nicht die Rede war: daß zum Werden — als seine andere Seite — das Vergehen dazugehört. Und das wird um so schmerzlicher, je fester etwas Form angenommen hat.

Schon vollzieht sich für den Werde-Sehnsüchtigen der nächste Schritt. Proteus verwandelt sich in einen Delphin: »Ich nehme dich auf meinen Rücken, vermähle dich dem Ozean.« Wenn danach Thales den Homunculus ermuntert, »von vorn die Schöpfung anzufangen ... durch tausend, abertausend Formen, und bis zum Menschen hast du Zeit«, so haben die Kommentatoren mit Recht gefragt: Hat Goethe hier die von Darwin ein Menschenalter später entwickelte Lehre von der Entstehung der Arten vorausgeahnt und vorweggenommen? Hat er hier, was er in der Metamorphose der Pflanzen und der Tiere noch als etwas in seinem jeweiligen Bezirk Beschlossenes dargestellt hat, weitergeführt, die Grenzen zwischen den Bereichen sprengend, und ist zum Prinzip des Werdens durch alle Reiche der Natur vorgestoßen? — Man kann kaum anders, als diese Frage bejahen, muß aber hinzufügen, daß Goethe es besser gewußt hat als Darwin und dessen Schüler, bei denen dieser grandiose Gedanke ganz ins Materialistische abgerutscht und falsch geworden ist. Denn wenn Proteus zu dem ihn nun besteigenden Homunculus gewandt die Ermunterung durch Thales fortsetzt: »Komm geistig mit in feuchte Weite ...«, so darf man eben das »geistig« nicht überhören. Nicht die physischen Formen entwickeln sich eine aus der anderen, das darin wirksame geistige, auf den Menschen hin gerichtete Werde-Prinzip ist das Gestaltend-Umgestaltende. Daß Goethe wirklich Ahnungen in dieser Richtung nicht fremd gewesen sind, bezeugt eine Äußerung zu Riemer (23. November 1806): »Die Natur, um zum Menschen zu gelangen, führt ein langes Präludium auf von Wesen und Gestalten, denen noch sehr viel zum Menschen fehlt. In jedem aber ist eine Tendenz zu einem andern, was über ihm ist, ersichtlich.«

Von jetzt an müssen wir also Homunculus, auf Proteus' Rücken von diesem »in feuchte Weite« entführt, mit all den anderen Meereswesen durch die Bucht kreisend denken. Wenn der Fortgang des Geschehens jetzt gewissermaßen durch einen nur im Aufblick nach oben wahrzunehmenden Vorgang eingeleitet wird, daß nämlich die den Mond plötzlich leise verhüllenden Wölkchen dem frommen Blick sich als Tauben offenbaren, die das Kommen der Galatee ankündigen, so könnte das in die gleiche Richtung weisen. Schon nahen jedoch aus den Weiten die seltsamen schlangenhaften Wesen der Psyllen und Marsen auf allerlei Meertieren, den Muschelwagen der Aphrodite durch die Wogen ziehend. In ihrem Gesang – die Urmotive versammeln sich jetzt zu ungeheurer Dichte – klingt triumphierend das Überzeitliche des ganzen Geschehens auf. Es kümmert sie nicht, heißt es, ob über den Wassern »Adler«, »geflügelte Leuen«, ob »Kreuz« oder »Mond« herrschen; so reißen plötzlich Jahrtausende auf mit der Nennung der Wappen von Rom und Venedig, der Kreuzfahrer und der Araber. Schon erblicken offenbar auch die heranschwimmenden Nereiden die Galatee, denn sie schildern sie schon: »Ernst, den Göttern gleich zu schauen, würdiger Unsterblichkeit, doch wie holde Menschenfrauen lockender Anmutigkeit« – also gleichsam »Anmut und Würde« vereinigend. Bevor sie nun wirklich erscheint, staut sich aber noch einmal das Geschehen durch die sie ebenfalls geleitenden anderen Nereus-Töchter, die Doriden. Sie bringen ihrem Vater eine Bitte vor, in der nochmals das beim Erscheinen der Telchinen aufklingende Motiv, jetzt aber um einen entscheidenden Grad ernster und ins Tragische sich wendend, erscheint. Sie haben bei Schiffbrüchen ertrunkene »Knaben«, eigentlich Jünglinge, wieder zum Leben erweckt und sich liebend mit ihnen verbunden. Nun bitten sie: »Laß uns fest, unsterblich halten sie an ewiger Jugendbrust!« – und sie müssen erfahren, daß auch ihre Liebe – man wird freilich hinzufügen: *diese* Liebe, aber immerhin doch Liebe – vergehen muß.

Und nun erscheint endlich, so lange schon erwartet, so innig doch herbeigesehnt, die Schönste-Allerschönste: Galatee. Freilich, wie geschieht es? — Nereus: »Du bist es, mein Liebchen!« — Galatee: »O Vater! das Glück! Delphine, verweilet! mich fesselt der Blick.« — Nereus: »Vorüber schon ...« »Doch«, heißt es wenig später, »ein einziger Blick ergötzt, daß er das ganze Jahr ersetzt.« Auch Galatee — und wie könnte es anders sein — ist ganz und gar hineingebunden in das Wesen fortwährender Bewegung. Preisgesänge von Thales, aufgenommen im Echo vom »Chorus der sämtlichen Kreise« folgen ihrem Kreisen, sie wird erneut, wenn auch entfernter, sichtbar — und plötzlich mischt sich erst des Homunculus, dann des Proteus Stimme darein, hingerissen von der Schönheit erglänzt erst voll des Homunculus »Leuchte mit herrlichem Getön«. Dann werden wir durch den Wechselgesang von Thales, Nereus und den Sirenen Zeugen des Geschehens. Es »flammt um die Muschel, um Galatees Füße. Bald lodert es mächtig, bald lieblich, bald süße, als wär es von Pulsen der Liebe gerührt« — und darauf vollzieht sich, was Thales erst bange fürchtet, dann wahrnehmen muß: Homunculus zerschellt an Galatees Muschel, sein feuriges Leuchtewesen ergießt sich in die Wogen. »Welch feuriges Wunder verklärt uns die Wellen ...?« preisen die Sirenen in ihrem mächtigen, am Ende von »All-Allen« aufgenommenen Schlußchor auf die Elemente, auf »Eros, der alles begonnen«.

Was ist geschehen? — Ist das die Katastrophe? — Oder ist es die Erfüllung? — Sieht so die Antwort aus auf die Frage: Wie wird man Mensch? — Es ist die Antwort!

Homunculus will Homo, das künstliche Menschlein will Mensch werden. Er wird zuerst zu Nereus geführt. Aber das reine Gedankenhafte kann nicht weiterhelfen. Das geschieht erst bei der zweiten Begegnung, der mit Proteus, dem willenshaften Werdewesen. Auf seinem Rücken in die »feuchte Weite« ziehend, bleibt er jedoch noch immer in seiner gläsernen Hülle eingeschlossen. Dann folgt die dritte Begegnung, nun mit Galatee. Wer ist sie denn? — Sie ist die Schönheit. Die aber ist ja doch »die Offenbarung geheimer Naturgesetze ...«, und das heißt nur in begrifflicher Form, was in bildhafter Form ausdrückt, daß sie die

Tochter ist des Nereus. In der aufflammenden Liebe zu der Schönheit, die zugleich Offenbarung von Weltenwahrheit ist, zerbricht die gläserne Wand, von der Homunculus umschlossen war. Was in der Szene mit den Telchinen und der anderen mit den Doriden angeklungen ist, wird nun erschütternde Wirklichkeit.

Es ist ja doch eigentlich nichts anderes als jenes:

»Und so lang du das nicht hast,
Dieses: Stirb und werde!
Bist du nur ein trüber Gast
Auf der dunklen Erde«,

in dessen erster Strophe es ja sogar heißt:

»Das Lebendge will ich preisen,
Das nach Flammentod sich sehnet.«

Man muß aber auch noch einmal sich erinnern, welche bedeutende Stellung die Erscheinung der Kabiren in dieser Szene einnahm, so daß man sie bei dem ganzen Vorgang gleichsam im Hintergrund webend und wirkend zu denken hat als die geheimen Führer des Festes. So hatten ja Nereiden und Tritonen, die sie brachten, gesungen; und wir hatten weiter oben schon darauf hingewiesen, daß hier die großen Mysterien von Samothrake, die Mysterien der Geburt, beschworen werden. Damit taucht aber etwas auf, was die innere Gestalt der ganzen Klassischen Walpurgisnacht aufleuchten läßt.

Wir hatten am Anfang dieses Kapitels davon gesprochen, was eigentlich der tiefen Verehrung und Liebe Goethes und seiner Zeitgenossen zu Griechenland zugrunde lag: das Bewußtsein, daß in dieser Welt das Irdische und das Geistige noch nicht durch eine tiefe Kluft getrennt waren und daß es zu einer wahren Menschlichkeit gehöre, dem wieder zuzustreben. Man könnte das auch so aussprechen: daß das Menschentum nur wahrhaft verwirklicht werden könne, wenn das Mysterienhafte wieder darein eingebaut werde. Denn die Mysterien waren eigentlich die Orte des großen Brückenschlags.

Und nun kann man sehen, daß diese Klassische Walpurgisnacht genau das vor uns hinstellt, daß sie Schritt um Schritt in die drei großen Mysterien des Menschseins mündet.
Faust entschwindet auf dem Wege zu Persephone in das Mysterium des Todes.
Mephisto entschwindet in das Mysterium des Bösen.
Homunculus entschwindet in das Mysterium der Geburt.
Das wird die Brücke zu der Vermählung Fausts mit Helena.

Helena

Der jetzige dritte Akt, gemeinhin als »Das Helena-Drama« bezeichnet, ist das einzige Stück aus dem Zweiten Teil des Faust, das Goethe zu seinen Lebzeiten erscheinen ließ. Eckermann berichtet unter dem 29. Januar 1827, wie da bei seinem Besuch ein versiegeltes Paket auf dem Tisch lag, »die ›Helena‹, die an Cotta zum Druck abgeht«. Sie erschien zu Ostern unter der Überschrift »Helena. Klassisch-romantische Phantasmagorie. Zwischenspiel zu Faust«.

Die Pläne dazu gehen weit zurück. Wir besitzen eine Niederschrift Goethes, wie sie 1797, als er die Arbeit am Faust wiederaufgenommen hat, ausgesehen haben — was aber mit Sicherheit auf noch ältere Pläne zurückgeht. Danach lagen damals schon die Grundmotive vor: daß Helena, wiedererschienen, mit Faust sich vermählen, von ihm einen Sohn empfangen und bei dessen frühem unglücklichen Tode ihm wieder entschwinden sollte. Freilich war es damals nicht Faust selbst, sondern Mephisto, der sie heraufholte. Der Schauplatz, wo sie dann zusammen leben sollten, war nicht Griechenland, sondern eine mittelalterliche Burg am Rhein. In einem Brief an Schiller vom 12. September 1800 spricht er vom Fortgang dieser Arbeit und berichtet: »... und meine Heldin ist wirklich aufgetreten«. Damals also sind die etwa 300 Eingangsverse entstanden, die in die endgültige Fassung unverändert aufgenommen wurden. Freilich schreibt er in demselben Brief von Plänen, daraus eine ganz selbständige Dichtung außerhalb des Faust werden zu lassen: »Die Heimkehr der Helena«. In der gleichen Zeit ist aber doch auch von »Helena im Mittelalter.

Satyrdrama. Episode zu Faust« die Rede. Dann blieb die Arbeit wieder liegen. Es brauchte volle 25 Jahre, bis er sie neu aufgriff und nun wirklich vollendete, wobei sie freilich eben eine andere Gestalt angenommen hat.

Aber auch sonst lagen in Zusammenhang mit Helena früher noch andere Pläne vor, als sie dann ausgeführt wurden. Helena tritt jetzt mit Beginn des Aktes einfach auf als von dem eroberten und zerstörten Troja kommend, heimkehrend in ihren alten Palast. Der Zuschauer oder Leser hat von ihr zuletzt gehört in der Szene, wo Faust sich plötzlich bei Manto am Eingang zur Unterwelt findet, entschlossen und von Manto darin bestärkt, hinabzusteigen und sie von Persephone frei zu bitten. Das ist alles. Auch in dem Helena-Drama selbst gibt es nicht einmal eine Andeutung darüber, wie das denn nun zugegangen, wie Helena aus dem Reich der Schatten heraufgekommen sei unter das Licht der Sonne.

Aus einem Gespräch mit Eckermann (vom 15. Januar 1827) und ausführlicher noch aus einem Entwurf von Mitte Dezember 1826, der entweder eine Ankündigung oder ein Begleittext für die unmittelbar vor der Veröffentlichung stehende »Helena« werden sollte, geht hervor, daß Goethe damals Pläne zu einer großartigen Szene hegte: wie Manto den Faust hinuntergeleitet, wobei schon ganz deutliche Vorstellungen über Erlebnisse auf diesem Wege auftauchen, wie sie dann dort unter den unzähligen Scharen der Verstorbenen den Weg zu der göttlichen Persephone finden, vor sie treten und diese – »was muß das nicht für eine Rede sein!«, heißt es da – durch Manto, ein anderes Mal heißt es durch Faust selbst, zu Tränen gerührt wird und sie die Rückkehr Helenas gestattet. Ihre Liebe zu gewinnen, das müsse freilich Faust allein überlassen werden.

Diese Szene hätte also entweder innerhalb der Klassischen Walpurgisnacht oder als ein Vorspiel zum dritten Akt stehen sollen. Goethe hat sie nie geschrieben.

So sieht sich also der Zuschauer ganz unvermittelt vor Helena gestellt und zugleich unmittelbar in ihre Welt versetzt. Denn nicht nur spricht sie in dem weit getragenen Versmaß der alten griechischen Tragödie, auch die ganze Gestaltung der Szene mit nur einem oder zwei eigentlichen Schauspielern und dazu einem Chor, ja sogar die szenische Gestaltung vor einer Palastwand stammen genau daher.

So unmittelbar dem Atem und dem Pulsschlag jener Zeit ausgesetzt, werden wir eingetaucht in das Geschehen, das von keiner antiken Dichtung oder Sage überliefert, frei vor Goethes Geist auftaucht. Helena kehrt heim. In langen Monologen, die von Zeit zu Zeit — auch dies nach Art der antiken Tragödie — von kurzen kommentierenden Chorstrophen unterbrochen werden, erinnert sie ihr ganzes rätselvolles Schicksal. Wieder und wieder taucht in ihr dunkles Bangen auf, indessen die im Chor sie begleitenden Troerinnen als Ausdruck des allzu natürlichen Glückverlangens aller Kreatur eben auch als Glück verheißend preisen möchten, daß und wie sie da sind.

Die Art wie Menelaos, der Gatte, auf der ganzen langen Rückfahrt kaum ein Wort an sie gerichtet, wie er dann bei der Landung sie geheißen hat, vorauszufahren zum Palast und alles vorzubereiten für ein Opfer, was geopfert werden solle, aber nicht bezeichnet wurde, weckt in ihr dunkle Ahnungen, die sie sich selbst nicht voll eingesteht, die sie beiseite schieben möchte, doch: »Die Füße tragen mich so mutig nicht empor die hohen Stufen, die ich kindisch übersprang.« Während der draußen zurückgebliebene Chor nur von Glück und Freude spricht, beginnt der Hineingegangenen schon das Bedrohliche furchtbar entgegenzuwachsen. Was die bewegt Zurückkehrende zu berichten hat, ist auch wahrlich zum Erschrecken. Denn statt der erwarteten Schar freudig erregt und tätig umhereilender Diener hat sie nichts als hallende Öde getroffen und endlich, am fast erloschenen Herd hingekauert, eine fürchterliche Gestalt, die sich drohend erhebt und schließlich sie »von Herd und Halle« wegweist: »Entsetzen, das, dem Schoß der alten Nacht von Urbeginn entsteigend ...« Dem Zuschauer, der schon bei ihrer Erzählung zu ahnen beginnt, wer sich dort eingeschlichen hat, bestätigt es sich sogleich, als noch in die Worte der Helena hinein dieses widerwärtige Wesen in die Tür tritt: Es ist der in die Phorkyas verwandelte Mephisto, der von dieser seiner Gestalt selbst gesagt hatte, daß sie geeignet sei, »im Höllenpfuhl die Teufel zu erschrecken«. Aber es bleibt nicht bei dem grausigen Anblick allein. Den entsetzt sie schildernden und schließlich verfluchenden Choretiden bleibt sie nicht stumm. Aus ihrem gräßlich sich öffnenden Mund kommen Beschimpfungen und Verwünschungen. Sie erfahren, was jeder erfährt, der die Häßlichkeit der Welt anklagt — sie werden selbst zu Angeklagten. Und das steigert sich — auch dies ein in der antiken Tragödie viel verwandtes Motiv — zu einem rasch wechselnden Hin und Her zwischen den einzelnen Choretiden und der Phorkyas, die grausigsten Bilder der alten Mythologie heraufbeschwörend. Das aber weckt in der endlich dazwischentretenden Helena eine Empfindung, die bald noch mächtiger werden soll. Sie fühlt sich selbst »zum Orkus« weggerissen. »Ist's wohl Gedächtnis? . . . War ich das alles? bin ich's? werd ich's künftig sein . . .?« Dieses Gefühl einer entschwindenden Wirklichkeit wird in dem folgenden Wechselgespräch zwischen Helena und der nun scheinbar freundlicher sich gebenden Phorkyas weiter gesteigert. Nach und nach alle von der griechischen Sage geschilderten Liebhaber der Helena ins Gedächtnis rufend, versäumt sie schließlich nicht, auch daran zu erinnern, daß der Sage nach die in Troja dem Paris Vermählte gleichzeitig in Ägypten gesehen worden sei. Daß sie schon jetzt verwirrt nicht weiß, »welche denn ich sei«, hält Phorkyas nicht ab, auch noch von Achill zu sprechen, von dem es hieß, daß er aus dem Schattenreich heraus sich mit Helena »inbrünstig« verbunden habe. Und Helena: »Ich als Idol ihm dem Idol verband ich mich . . . Ich schwinde hin und werde selbst mir ein Idol« — so sinkt sie, ihrer selbst nicht mehr mächtig, dem Chor in die Arme.

Was will diese ganze Szene mit der Verunsicherung der Helena bis zum Selbstverlust, in ihrer Grausamkeit wahrlich nur eines Mephisto würdig? Sie erhält ihre Bedeutung einmal als Vorbereitung für das Folgende, für die weiteren Absichten Mephistos.

Aber darüber hinaus geschieht noch etwas. Nicht nur Helena, auch der Zuschauer wird ja verunsichert. Und vielleicht ist das die Hauptabsicht dieser Szene. Daß er in die Erfahrung hineingestellt wird: hier bin ich in einer Sphäre, in der andere — nicht die mir in der Welt meines gewöhnlichen Bewußtseins vertrauten — Gesetze gelten, ähnlich wie schon in der Klassischen Walpurgisnacht.

Als Helena wieder zu sich gekommen ist, beginnt Phorkyas von neuem — in einem ganz anderen Ton, ganz anderem Versmaß. Schmeichelnd die Strahlenmacht der Schönheit preisend, scheinbar wohlmeinend, fragt sie Helena nach ihren Befehlen. In Wirklichkeit holt sie damit nur zum nächsten, furchtbareren Schlage aus. Denn Mephisto weiß natürlich schon, was Helena nun verkündet: ein Opfer vorzubereiten, habe der Herr befohlen. Worauf Phorkyas, nun ganz die treue alte Schaffnerin des Hauses vortäuschend, versichert, alles sei dazu bereit, nur — und jetzt kommt die scheinheilige Frage —: was habe der König als das zu Opfernde bezeichnet? Und was der Königin schon auf dem Wege als bange Ahnung und Befürchtung aufgestiegen war, was sie damals aber noch beiseite schieben konnte, jetzt, als es ihr brutal, nur schwach von geheucheltem Mitleid verbrämt, von außen entgegentönt: »Königin, du bist gemeint!« — jetzt bricht es als Bestätigung in ihre Seele ein. Ihren Begleiterinnen indes wird auf ihre erschreckte Frage, was mit ihnen werde, mit unverhohlenem Genuß die Antwort: die Königin wohl sterbe einen edlen Tod, sie aber würden »wie im Vogelfang die Drosseln« droben an dem Balken zappelnd hängen.

Doch Phorkyas begnügt sich nicht mit dem stummen Schrecken, den ihre Worte geweckt haben. Durch ein Händeklatschen ruft sie eine Schar vermummter Zwerggestalten, die auf ihre Anweisung sogleich alles Nötige herbeischaffen: Tragaltar und Beil, Wasserkrüge und einen köstlichen Teppich, wobei sie nicht mit Worten wie »schwarzen Blutes greuelvolle Besudelung« und ähnlichem spart. Kein Wunder, daß die Mädchen, im Angesicht schon des Zugerüsteten, nichts sind als bebender Schrecken, kopflose Angst und, nun sehr demütig und ehrfurchtsvoll geworden, die schreckliche Alte anflehen, ob sie nicht Rettung wisse. Die Dunkle, Häßliche läßt sich eine Weile bitten. Dann erfahren sie und Helena — und wir mit ihnen — seltsame Kunde, bei der dem Zuschauer freilich bald deutlich wird, wozu dies alles dient. Weit ausholend und nicht mit hämischer Kritik sparend — wie könnte Mephisto anders sprechen —, berichtet sie, wie Menelaos auf Raubzügen, sodann in dem zehnjährigen Kampf um Troja und einer Rückfahrt von ungewisser Dauer wohl zwanzig Jahre von der Heimat fern gewesen sei. Diese Zeit aber habe »ein kühn Geschlecht« von Fremden benutzt, die Bergzüge nördlich von Sparta zu besetzen, habe eine »unersteiglich-feste Burg sich aufgetürmt«. In ihrer Schilderung auf weitere Fragen ersteht das Bild von freundlich-rechtlichen Bewohnern unter einem Herrn, der als »ein munterer, kecker, wohlgebildeter ... ein verständ'ger Mann« gezeichnet wird, dessen »Großheit« sie sich anvertrauen dürfe, ersteht schließlich das Bild einer mittelalterlichen Burg, wie sie Goethe etwa in der Wartburg oberhalb Eisenachs entgegengetreten war. Noch zögert Helena, da gibt ein plötzlich aus der Ferne ertönender Trompetenstoß — verkündet er wirklich das Nahen des Menelaos, oder ist er ein Täuschungsmittel Mephistos? — dem Drängen der Mädchen und den Lockungen der Phorkyas den entscheidenden Nachdruck: Obwohl sie deutlich genug die Häßliche als »Widerdämon« empfindet, willigt Helena ein, sich dort hinführen zu lassen. Mit einmal verbreiten sich Nebel, der Zuschauer sieht nichts mehr, vernimmt nur das ängstliche Klagen des Chores — der, immer mehr in Ungewißheit verfallend, nicht mehr weiß, gehen oder schweben sie? — Plötzlich taucht gar der Gedanke auf: Geht nicht vielleicht Hermes voran? Führt er sie »zu dem unerfreulichen, grautagenden, ungreifbarer Gebilde vollen, überfüllten, ewig leeren Hades?«, wobei — das einzige Mal, wo so etwas wie eine Erinnerung, woher sie eigentlich kommen, auftaucht — die Worte vorangehen: »wieder zurück«? Plötzlich sind sie — und wir mit ihnen und nicht weniger staunend — im Hof der Burg, und damit im Mittelalter, zweitausend Jahre später. Um 1200 — das ist der historische Hintergrund, der leise aufschimmert — hat wirklich ein fränkisches Kreuzfahrer-Heer den Peloponnes für fast 250 Jahre erobert, und nördlich von Sparta stehen noch heute die Ruinen ihrer uneinnehmbaren Burg Mistra.

So endet die erste Szene dieses seltsamen Dramas, unmittelbar in die zweite hinüberführend. Phorkyas-Mephisto hat es erreicht, hat Helena Faust zugeführt. Denn daß der Herr dieser Burg kein anderer ist, hat der Zuschauer ja längst erraten.

Was schon bei der Begegnung von Helena mit der Phorkyas angeklungen ist, daß wir in diesem Drama in einen Bereich geführt werden, wo »andere« Gesetze gelten, wird nun volle offenbare Wirklichkeit: Es ist ein Reich, in dem die Grenzen von Raum und Zeit keine Rolle spielen. Auch Faust selbst, der uns alsbald entgegentreten wird, ist ja ursprünglich nicht im Mittelalter, sondern im Beginn der Neuzeit angesiedelt.

Vollends wird aber die Mysterien-Luft, die dieses Drama atmet, spürbar, wenn man bedenkt, daß das rätselvolle Doppelwesen Phorkyas-Mephisto es ist, das Faust die Helena zuführt, womit der älteste Plan Goethes aufgegriffen und verwirklicht wird, ungeachtet der Tatsache, daß Faust selbst sie in der Totenwelt freibitten muß: Aus dem Ur-Häßlichen muß die Schönheit gewonnen werden wie aus dem Tod das Leben. Es kann kein Zweifel bestehen, daß solche Gedanken und Empfindungen in Goethes großer Seele zu Hause waren und in diesen Szenen Gestalt gewonnen haben.

*

»Innerer Burghof, umgeben von reichen, phantastischen Gebäuden des Mittelalters«. Das ist der Schauplatz der zweiten Szene, in der wir uns wiederfinden. — Wie könnte es anders sein: Ratlos stehen sie alle, Helena, Chor und Chorführerin in dieser Welt — rings umgeben von hohen, schweigenden Mauern. »Schauerlich«, »düster« — zweimal klingt das Wort auf. Sind sie Gefangene? Wie ein tiefes Rätsel schaut sie dieses seltsame Gebilde an, die »wundersam aus vielen einsgewordne Burg«. Eben standen sie doch noch, bevor sie durch den seltsamen Nebel »sonder Schritt« hindurch plötzlich hier auftauchten, unter Phoebus', des Sonnengottes, lichten Strahlen, die Weite atmend der lebensvollen Erde, des bewegten Ozeans.

Was nun geschieht, muß man sehen, wie es Panthalis, die Chorführerin, schildert. Was eben nur »dunkelgräulich« starrende Mauer schien, beginnt sich von innen her zu beleben. »In Galerien, am Fenster, in Portalen« — als begännen sie sich zu erhellen — erscheint »rasch sich hin und her bewegend viele Dienerschaft«, und schon treten sie heraus und schreiten herunter »von Jünglingsknaben das herrliche Volk«. »Aufgeht mir das Herz!« seufzt der Chor.

Dieses ist eine von den vielen kleinen Szenen, an deren Schönheit wir uns freuen, deren Bedeutsamkeit wir aber zu übersehen in Gefahr sind. Deshalb mag man sich hier vielleicht einmal an eine Äußerung Goethes erinnern, die er gegen Eckermann tat, als dieser befürchtete, die »Helena« sei doch nicht leicht zu verstehen. »Aber doch, sagte Goethe, ist alles sinnlich und wird, auf dem Theater gedacht, jedem gut in die Augen fallen . . ., daß die Menge der Zuschauer Freude an der *Erscheinung* hat; dem Eingeweihten wird zugleich der höhere Sinn nicht entgehen, wie es ja auch bei der ›Zauberflöte‹ und andern Dingen der Fall ist« (25. Januar 1827).

Was in dieser ganzen zweiten Szene der »Helena« sich vollzieht, ist ja die rätselvolle Begegnung zweier Welten. Eben dieses Motiv klingt hier in diesem ersten Bild gleich zauberhaft auf. So wie die einen von außen, die anderen von innen kommen, so sind diese beiden Welten. Die eine lebt ganz von außen, erfährt da draußen ihre Götter — die andere belebt sich und lebt von innen, wie sie auch ihren Gott im Inneren findet. Und sie begegnen sich.

Goethe gebraucht nun einen Kunstgriff, den er ausführlicher am Beginn des großen »Mummenschanzes« angewendet hatte: Er läßt uns miterleben, wie der anfangs leere Bühnenraum sich aufbaut. Die von den Mädchen des Chores schon mit Verliebtheit bewunderte Schar der Pagen trägt Stufen und Thronsitz, Teppich und »überüberwallenden« zeltartigen »Umhang« herunter. Der eben noch düster gähnende Burghof wird zum prächtigen Thronsaal. Schon hat Helena, »eingeladen«, den erhöhten Sitz bestiegen, haben ihre Begleiterinnen sich »Stufe für Stufe« um sie gereiht — welch ein Bild! —, da erscheint droben, durch einen langen Zug von Knaben und Knappen hereingeleitet und herunterschreitend, Faust — auf den der Zuschauer nur mit größter Verwunderung blicken kann. Denn das ist ein ganz neuer Faust.

»Langsam würdig«, heißt es, schreitet er herunter. Von »wundernswürdiger Gestalt, erhab'nem Anstand, liebenswerter Gegenwart«, die ihm die Götter verliehen, spricht die ihn aufmerksam anschauende Panthalis und beschreibt ihn weiter so, wie sie ihn schließlich nennt: »der Fürst«. Was hat ihm diese, in der Folge erst mit ihrer ganzen Kraft sich offenbarende, wahrhaft königliche Würde verliehen? Was hat ihn so verwandelt?

Vergebens wird man in dem gesamten Text nach einem Wort Ausschau halten, das irgendeine Antwort brächte. Man kann also nur im Geschehen danach suchen. Und geschehen ist: daß Helena in sein Haus getreten ist, die Göttlich-Königliche, der sein ganzes Wesen in einem Ausmaß hingegeben ist, für das es kaum Beispiele gibt. Helena aber ist ja nicht nur irgendeine schöne Frau. Sie ist Inbegriff der Schönheit, und Schönheit ist Offenbarung einer höheren Welt. Bei der Beschwörung am Kaiserhof zum ersten Male sie erblickend, hatte er es ja schon erfahren, war es in ihn eingebrochen, daß er ihr »Neigung, Lieb, Anbetung, Wahnsinn zolle«, wo jedes dieser Worte eine immer tiefere Schicht des Daseins aufriß. Hier leuchtet nur im Bilde auf, was in Wahrheit in jeder großen Liebe geschieht, daß das geliebte Wesen Offenbarung einer höheren Welt wird. Und was in jeder Liebe Erfahrung wird, daß die Hingabe an das geliebte Wesen zugleich die Tore aufreißt zu dem eigenen höheren Wesen, das uns überschwebt — wie sollte das nicht in erhöhtem Maße in dieser Liebe der Fall sein!

So also tritt nun ein königlicher Faust der Helena entgegen, einen

Gefesselten zur Seite. Es ist Lynkeus, der Wächter, der durch versäumte Meldung ihres Nahens den schuldigen Empfang unmöglich gemacht hat und — als erstes Zeichen, daß sie fortan die Herrin ist — ihr zum Richterspruch übergeben wird. Während nun Faust in seiner Sprechweise sich so weit den Besuchern angeglichen hat, daß man kaum den leisen Unterschied zwischen seinen und ihren ruhig dahinströmenden Rhythmen wahrnimmt, bricht aus dem zum Reden aufgeforderten Lynkeus das Ergriffensein von Helenas Anblick in einer leidenschaftlich dahinstürmenden Lyrik heraus. Das wird nun offenbar: Der übermächtige, alles überwältigende Schönheitsglanz um Helena ist nicht nur ein subjektives Erlebnis Fausts, er ist eine objektive Welttatsache. Von ihrem Anblick geblendet, hat Lynkeus seine Pflichten, hat er sich selbst vergessen.

In die Antwortrede Helenas — wie könnte sie ein Übel bestrafen, das sie selbst verursacht hat? — ist dann ein Motiv einverwoben, das der Zuschauer nicht überhören sollte. Tief betroffen von ihrem rätselhaften Geschick, daß sie immer und überall Verwirrung bewirkt, erwacht sie plötzlich zu einem ungeheuren Bewußtsein. Denn die Verse »Einfach die Welt verwirrt' ich, doppelt mehr; nun dreifach, vierfach bring ich Not auf Not« erinnern doch zunächst daran, wie in der vorangegangenen Szene Phorkyas von ihrer »doppelten« Erscheinung in Troja und Ägypten sprach, führen dann aber mit dem »dreifach, vierfach« weiter in andere Räume, andere Zeiten. Sie erlebt sich selbst als ein durch viele Zeiten und Räume reichendes Wesen. Der Zuschauer sollte vielleicht leise erschauernd bei ihren Worten die Fragwürdigkeit nicht nur dieses Raumes, sondern aller Räume und Zeiten empfinden.

Faust aber sieht nur bestätigt, daß sie durch ihr Erscheinen Herrin über alle und alles geworden, der auch er selbst und alles Seine anheimgegeben sei. Als der freigesprochene Lynkeus mit einer Überfülle von Schätzen erscheint, die er ihr mit einer erneuten ebenso großen Überfülle leidenschaftlicher Verse zu Füßen legt, kann Faust ihn zurückschicken, ihr gehöre ohnehin schon alles.

Die ganze Zeit über hat Faust unten vor den Stufen des Thrones gestanden. Jetzt ruft sie ihn herauf, neben ihr Platz zu nehmen. Sie will mit ihm sprechen. So beginnt das wundersame Gespräch zwischen den beiden. Auch Helena ist eine Staunende. »Vielfache Wunder seh' ich, hör' ich an.« Faust soll sie unterweisen. In Lynkeus' Rede hat sie etwas ihr ganz Neues vernommen. »So sage denn: wie sprech ich auch so schön!« Sie will die Sprache dieser Fremdlinge lernen, aber das heißt ja: auch sie will über sich hinauswachsen, eine andere werden. Dabei klingt das Motiv wieder auf, das uns am Anfang dieser Szene in so eindrucksvoller Bildhaftigkeit entgegengetreten war. Lynkeus hat in seinen hingerissenen Versen den Reim gebraucht. Der ist ihr fremd.

Es ist wohl einzigartig, in welcher Weise hier ein sprachgeschichtliches Problem — »eine halbe Weltgeschichte«, hatte Eckermann in dem vorhin zitierten Gespräch gesagt, »stecke in dieser Dichtung« — angefaßt und gelöst wird. Tatsächlich kennt ja die ganze antike Dichtung nur den Rhythmus, aber nicht den Reim. Der tritt erst im frühen Mittelalter, also in christlicher Zeit auf. Was bedeutet das? — Helena spricht eigentlich selbst schon das ganze Geheimnis aus, als sie, da ihr ja der Begriff fehlt, einfach ein die Wahrnehmung beschreibendes Wort wählt: Es kommt ein Wort, »dem ersten liebzukosen«. Sie erlebt es als ein Liebesgeheimnis. Und das ist es. Denn Reim heißt ja nicht, daß das zweite Wort das gleiche sei wie das erste. Es muß ein ganz anderes, eigenes Wort sein, das nur in einem Dritten, Höheren, im »Einklang« sich dem ersten vermählt. So wie bei Liebenden auch nicht der eine sich ganz aufgeben und der andere zu werden versuchen darf. Er muß ein Eigener sein, aber — »einklingend« — der Reim auf den anderen. Dann wird einer des anderen höhere Bestätigung. Es ist eigentlich das Wunder des Einklangs der Individualitäten in einer Liebe, in der sie sich nicht auflösen, sondern erst recht in einem höheren Sinne aufleuchten. Das aber ist etwas, was ja erst mit dem Hereinkommen des Christus-Impulses in die Menschheit sich einzuleben beginnt. Deshalb also erscheint der Reim in christlicher Zeit.

Es ist also wieder das Geheimnis des »von innen« – »es muß von Herzen gehn«, sagt Faust – und »von außen«, das hier als das Geheimnis der einander begegnenden beiden Welten – nur vielleicht eine Schicht tiefer – angerührt wird. Nun beginnt diese Begegnung eine Vermählung zu werden. Denn Faust belehrt Helena ja nicht theoretisch, sondern indem er sie in diesem Gespräch es üben läßt. Wenn das zum Liebesgespräch wird, so ist das kein Mißbrauch, sondern eben entsprechend; und wenn es spielerisch erscheint, so ist das keine Herabwertung, sondern eher eine Erhöhung.
Das sich vermählende Ineinanderspielen der beiden Welten kommt gleich danach noch einmal zum Ausdruck. Indem Helena, jeweils das Reimwort findend, damit gleichsam in Fausts Welt hineinzuwachsen beginnt, klingt mit dem nun eingefügten Chor, der im Versmaß, im Aufbau der Strophen und in der ganzen inneren Haltung wieder durchaus antik ist – er begleitet und beschreibt das Geschehen, wie Faust und Helena immer vertrauter werden –, rein die andere Welt in ihrem Wesen auf, gewissermaßen das Gleichgewicht wiederherstellend. Zugleich aber kann der Chor als eine Art Untergrundmelodie empfunden werden zu dem gleichzeitig ohne Worte weitergehenden und gleich danach auch wieder vernehmbar werdenden Gespräch.
Was für ein Gespräch! – Es ist durchatmet von jener nur in seltenen Augenblicken dem Menschen gegönnten Stimmung eines erhöhten Daseins. Ferne und Nähe, Vergangenheit und Gegenwart, Traum und Wirklichkeit sind in einem Überhöhenden verwoben, in dem auch das Menschen-Ich sich selbst geistig wirklicher erlebt als sonst je. Alles, was sie da alternierend aussprechen, ist durchklungen von etwas, wofür man nur ein Wort finden kann: Verklärung. Verklärung als Ausdruck der Vermählung, des völligen Durchdrungenseins von physischer und geistiger Welt.
Dieses Gespräch gipfelt in Fausts Ausruf: »Dasein ist Pflicht, und wär's ein Augenblick!« Dieses *Augenblick* muß man mit dem Schicksalsklang beladen hören, den er ihm einst in der Wette

mit Mephisto gegeben hat. Faust steht hier auf einem Gipfelpunkt seines Daseins. Denn jenes Wort im Studierzimmer vom »Verweilen« des Augenblicks sprach doch von einer sozusagen materiellen Ausdehnung der Zeit, Ausdehnung des Genießens in dieser Zeit. Wie abgrundtief liegt das hier unter ihm! Denn dieses »Dasein ist Pflicht!« spricht ja nicht von Genuß. Sich hineingeben in das ganz und gar Da-Sein meint eher ein Opfer. Und das Wort vom »Augenblick« bedeutet hier gerade nicht Ausdehnung, sondern Zusammenziehung auf ein Fast-Nichts. — Es ist die vollkommene Überwindung jenes Wortes.

Deshalb bricht in eben diesem Moment Phorkyas-Mephisto herein. Wie könnte er das ertragen! Es ist jetzt gleichgültig, ob das, was er heftig verkündet, nämlich die Nachricht vom drohenden Herannahen des Menelaos und seines Heeres, wirklich Botschaft oder von ihm inszenierte Täuschung ist. Es bewirkt nichts anderes, als daß Faust nun erst wahrhaft in seiner königlichen Würde sich kraftvoll bestätigt.

Indessen von überall her Signale, von den Türmen — erneuter Ausdruck des durch alle Zeiten reichenden Geschehens — Explosionen zu hören sind, erfolgt unter kriegerischer Musik »Durchmarsch großer Heeresmacht«. Mit überlegener Sicherheit gibt Faust den herantretenden Anführern seine Befehle, die Imagination weckend, daß alle deutschen Stämme hier versammelt sind. Nun soll nicht nur Menelaos abgewehrt, ganz Griechenland soll erobert und derjenigen, die bislang ja nur Spartas Königin gewesen ist, zu Füßen gelegt werden, fortan die Königin ganz Griechenlands.

Nach ihrem Abzug und einem Preisgesang des Chores auf den höher als andere zu schätzenden Fürsten wendet sich Faust wieder Helena zu. Er spricht nun von der »Mitte«, in der sie »standhalten« wollen, und es ist klar, daß es sich dabei um mehr als eine räumlich-geographische Mitte handelt. Seine begeistert dahinströmenden Strophen münden in einen Preisgesang auf dieses Arkadien, in das sie nun ganz eingehen wollen. Als was aber wird es geschildert? — Aus seinen Worten ersteht ein Land, von dessen Bewohnern man nicht sagen kann, »ob's Götter, ob es Menschen sind«, denn dort »ergreifen alle Welten sich«. Ja, er spricht es noch deutlicher aus, als er Helena anredet: »O fühle dich vom höchsten Gott entsprungen«, und weiter: »Der ersten Welt gehörst du einzig an.« Es ist das himmlisch-irdische Ursprungsland — das ist die Mitte alles Seins, die ihm in Helena nun aufgebrochen ist. Das ist Arkadien.

Und schon heißt es: »Der Schauplatz verwandelt sich durchaus.«

*

Die dritte und letzte Szene des Helena-Dramas trägt gemeinhin die Bezeichnung »Schattiger Hain«. Aber diese Überschrift täuscht, wenn man sie wörtlich nimmt. Der Schauplatz dieser Szene, der sich nach Goethes eigentlichen Intentionen ebenso unmittelbar — also ohne Vorhang — aus dem vorangehenden heraus verwandeln sollte wie dieser — der innere Burghof — aus dem ersten vor dem Palast, ist viel reicher. Der schattige Hain bildet nur gewissermaßen den freilich sich weit hineinziehenden Vordergrund, ringsum steile Felswände, in denen Höhlen sichtbar werden, die, wie uns dann berichtet wird, das Vorspiel zu weiten, tief im Inneren sich auftuenden Räumen sind. Die Felswände wiederum müssen wir nach dem, was dann gegen Ende der Szene geschildert wird, in sich sehr hoch emporreckende Felsenklippen übergehend denken, hinter denen schließlich sogar das Meer zu ahnen sein müßte. — Was also ist dieser Schauplatz? Die ganze Erde in all ihren Spannungen — ihren Tiefen und ihren Höhen, ihrer Nähe und ihrer Weite, ihrem Innen und Außen.

Sobald dieser Schauplatz sich eröffnet, sieht man Phorkyas vor den schlafenden Mädchen des Chores: »Wie lange Zeit die Mädchen schlafen, weiß ich nicht . . .« Mit diesen Worten rückt wiederum das Zeitelement in die Sphäre des Unbestimmten, Unbestimmbaren. Denn wenn man bedenkt, was Phorkyas den durch sie Geweckten nun berichtet, so fragt sich der Zuhörer: Sind es

Stunden? Tage? Wochen? oder gar Monde? – Von Helena und Faust erzählt sie den Staunenden wahrhaft märchenhafte Dinge. Eben in jene Grotten und Höhlen hat sie sie hineingeführt. Dort drinnen aber, in den »unerforschten Tiefen«, haben sich »Saal an Sälen, Hof an Höfen«, haben »ganze Weltenräume«, »Wald und Wiese, Bäche, Seen« sich aufgetan. Diese märchenhafte Innenwelt also gehörte ihnen »wie idyllischem Liebespaare«.
Bei dieser Schilderung kann man eigentlich nicht umhin, sich an eine andere Dichtung Goethes zu erinnern, sein Knabenmärchen »Der neue Paris« in »Dichtung und Wahrheit«. Dort erzählt er, wie er eines Tages hinter einer vordem und auch wieder nachdem fugenlos geschlossenen Mauer in einen wunderbaren Garten getreten sei und dort die seltsamsten Erlebnisse erfahren habe, wie ja ähnliches in vielen anderen Märchen geschildert wird. Müssen wir vielleicht diese Räume jetzt in einem ähnlichen Sinn verstehen, tritt hier für den Raum das gleiche ein, was vordem schon für die Zeit geschehen ist: daß wir in einen Raum eindringen, der durch alle Räume geht? Wie Rilke einmal sagte: »Durch alle Räume geht der eine Raum, Weltinnenraum.« In Wahrheit ein Raum jenseits des Raumes. – Eine solche Vorstellung würde dem entsprechen, was in Fausts Schilderung von Arkadien aufgeklungen ist.
In dieser märchenhaften Welt also lebten Faust und Helena wie ein »idyllisches Liebespaar«. Und märchenhaft geht es weiter. Plötzlich füllte Gelächter eines Kindes die Räume, »nackt, ein Genius ohne Flügel« sitzt das Kind auf Helenas Schoß. Schon springt das Neugeborene hin zum Vater, wieder »von dem Vater zu der Mutter«, hin und her – *Euphorion*. Unendliches Glück der Eltern wie des Kindes füllt den Raum. Wie er dann zu Boden springt, schnellt ihn der »zu der luft'gen Höhe«, immer wieder, immer höher – während die Eltern ihn ängstlich mahnen, nicht den Boden zu vergessen, der allein ihm Schnellkraft verleihe; freier Flug sei ihm versagt.
Wer ist dieses zauberhafte Wesen in einer Welt zwischen den Welten? Tief beglückend und zugleich so sehr gefährdet? Was

Faust und Helena durch Euphorion erleben, erlebt der Mensch, wenn er sich seines Ichwesens bewußt wird, das aus der liebenden Hingabe des Menschen an die im Schönheitsglanz sich offenbarende Geistwelt geboren wird. Beseligend das Hin und Her zwischen beiden Welten, in dem es lebt. Beseligend das Erlebnis der Freiheit, das es schenkt, mit dem Vermögen, sich über die Erde zu erheben; zugleich aber das Bewußtsein der tödlichen Gefahr, wenn es die unter ihm liegende vergessen wollte. »Bleibt mir der Erde treu!« — das brauchte nicht erst Nietzsche der Menschheit zuzurufen. Und wenn man es als rätselhaft empfinden mag, daß dieses Vermögen, sich über die Erde zu erheben, gerade im Innenraum der Erde geboren wird, so ist das eine der scheinbaren Paradoxien, die immer auftreten, sobald wir uns Mysterien nahen. Denn Ichgeburt ist *das* Mysterium der Erde.

Doch nicht genug des Wunderbaren. Phorkyas berichtet weiter: Plötzlich ist dieses Geniushafte in einer Felsenspalte, in einer Schlucht verschwunden, noch tiefer in die Tiefen der Erde hinein, in das Dunkle, Abgründige. Fast scheint er schon verloren — da erscheint er wieder: wie verwandelt! In der Gewandung Apolls, eine Leier im Arm haltend, taucht Euphorion auf, und um sein Haupt leuchtet es: »Ist es Goldschmuck? ist es Flamme übermächtiger Geisteskraft?« »Heilige Poesie« — wie er später apostrophiert werden wird —, aber nur in dem Sinne, daß Poesie der Inbegriff aller künstlerischen Schöpferkraft ist. »Meister alles Schönen«. In allen Gliedern, in seinem ganzen Wesen durchwoben von den »ewigen Melodien«. Klingt hier im Hintergrund wieder auf das »Die Sonne tönt . . .«? Oder etwas noch Tieferes? — Jetzt erst ist er ganz da, ist er ganz Euphorion.

Das heißt aber nichts Geringeres als dies: Die menschliche Ichkraft erfüllt sich erst, indem sie über sich hinauswachsend in der Schöpferkraft dem Göttlichen verwandt wird. Schöpferkraft ist nicht etwas nur einzelnen Menschen Zugedachtes. Sie ist das Urmenschlichste. »Gott schuf den Menschen IHM zum Bilde, zum Bilde Gottes schuf er ihn.«

Das Bedeutsamste und Geheimnisvollste ist aber vielleicht doch das Motiv, daß Euphorion diese höheren Kräfte findet und ihrer mächtig wird, als er in die Tiefen der Erde, in ihre Abgründe, tiefer hinabtaucht, und daß, was jetzt als wundersamer Goldglanz über ihm schimmert, die Antwort ist auf eben dieses Hinabsteigen. Das heißt zunächst einmal, daß der wahrhaft schöpferische Mensch der ist, der tiefer in das Erdensein hinabsteigt. Darüber hinaus aber muß man fragen: Taucht hier — wenigstens im Hintergrund — etwas auf wie eine Ahnung des Christus-Mysteriums? Daß der Schöpfungsglanz der Gottes-Ebenbildlichkeit eigentlich der Goldglanz der Auferstehung ist? Wobei es gar nicht darauf ankommt, ob und wieweit das im Bewußtsein Goethes gelebt hat. Wir werden darauf zurückkommen.

Daß Goethe sich bewußt war, mit den Euphorion-Szenen in eine höhere Sphäre einzutauchen, wird jedenfalls dadurch eindeutig zum Ausdruck gebracht, wie es nun weitergeht. In fünf großen Erwiderungsstrophen des Chores wird zunächst deutlich, daß dieser — jedenfalls vorerst — gar nicht die Möglichkeit hat, das Neue und Besondere des Wunderbaren, wovon Phorkyas berichtet, aufzunehmen. Die Choristen vernehmen nur — aber so ist es ja oft unter Menschen — das ihnen längst Vertraute, vertraut aus der Sage von der Geburt des Hermes, der auch, kaum geboren, auf seine Füße gesprungen war — wie sollte das bei einem Geistgeborenen anders sein! — Sie haben aber nicht begriffen, daß, was jener tat, Ausdruck und Vorspiel war für das Auftreten des Gottes der Diebe und Kaufleute — hier jedoch ein höherer Gott sich zu offenbaren begann, der nicht zu nehmen, sondern einzig schöpferisch zu schenken im Sinne hat. Gleichsam als Antwort darauf erklingt aus der Höhle »ein reizendes, reinmelodisches Saitenspiel«, und mit ihm geht nach der Regieanweisung das Ganze in ein musikalisches, in ein Opernelement über. Wie wichtig das Goethe war, bezeugt das Gespräch mit Eckermann vom 25. Januar 1827, in dem er fordert, die Rolle der Helena müsse nicht von einer, sondern von zwei großen Künstlerinnen gespielt werden: zu Anfang von einer Schauspielerin, dann aber von einer Sängerin.

Die alles verwandelnde Macht dieser von Euphorion ausgehenden Musik erweist sich sogleich, noch ehe Euphorion selbst erscheint, an der Phorkyas ebenso wie am Chor. Denn sowohl was sie äußern, als auch wie sie es tun, muß aufs tiefste überraschen. Phorkyas wie auch der bislang doch aufs strengste in die klassischen Formen der Dichtung gebundene Chor sind plötzlich in die ganz andere Musik der Sprache in kurzen, auf den Reim gebauten Strophen hinüberverwandelt. Phorkyas spricht es dabei nicht nur unumwunden aus, daß die Zeit der alten Götter — »eurer Götter alt Gemenge« — endgültig vorbei sei. Sie spricht auch — und was bedeutet das nicht für Phorkyas-Mephisto, da es ganz sicher nicht als Spott gemeint ist! — vom Herzen als dem Ausgangspunkt und Ziel der neuen Klänge. Dem Chor aber, der im tiefsten, bis zu Tränen bewegt ist, bricht ein neuer Weltenmorgen an. Man muß sich daran erinnern, wie diese Mädchen in der Welt da draußen gelebt haben. Jetzt klingt in ihrem Liede auf, daß ruhig die Sonne hinschwinden könne, wenn doch im Inneren eine andere Sonne aufgehe über einer Welt, die beglückender sei als die alte. Welch ein Umschwung!

Dann erscheint Euphorion mit Faust und Helena. Und was sie einer nach dem anderen einander zusingen — denn eben gesungen und von »vollstimmiger Musik« getragen muß man sich nach der Regie-Anweisung dies und alles Folgende vorstellen —, läßt nun all das voll aufklingen, was in dem Bericht der Phorkyas schon zu erahnen war: das tiefste menschliche, ja alles Menschliche übersteigende und bis in die Höhe des Göttlichen emportragende Glück. — Sogleich beginnt aber auch das Geschehen, das in einen Höhepunkt münden wird, von dem man nicht sagen kann, ob er mehr Tragik oder mehr Glorie in sich birgt.

Die ihm eigene Kraft, die Schwere zu überwinden, weckt in Euphorion die »Begierde« — und man darf wohl dies Wort nicht überhören —, »zu allen Lüften hinaufzudringen«. Noch vermögen die Eltern ihn zurückzuhalten; er wendet sich dem Chor zu, und mit ihm »tanzend und singend« vermag er eine Weile zu befriedigen, was in ihm lebt als immer unbändiger werdendes

Verlangen. Es wird zum Liebesverlangen, und er jagt nach der Wildesten, die er schließlich herbeischleppt. Die aber — plötzlich wird deutlich, daß es ja nicht eigentlich irdische Wesen sind — flammt in seinen Armen auf »und lodert in die Höhe«, ihn nach sich lockend. Und schon, wenngleich gar nicht mehr die Entschwundene suchend, folgt er ihr, immer höher felsauf springend, bis er endlich droben stehend auf dem Gipfel — ist es der Gipfel der Erde überhaupt? — Land wie See überschauen kann. Man kann sehen, wie alles das nur Entfaltungen und Steigerungen dessen sind, was eben als Ichkraft in ihm lebt. Schon aber leuchten noch ganz andere Gipfel auf. »Krieg ist das Losungswort«, »aus Gefahr in Gefahr, frei, unbegrenzten Muts . . .« Bereitschaft, das eigene Blut zu »verschwenden«. Jetzt beginnt hereinzuspielen, was Goethe in seiner eigenen Zeit miterlebte — wodurch der Zeit-Raum des Geschehens sich noch einmal um Jahrhunderte erweitert — als den griechischen Freiheitskampf und den Tod des von ihm außerordentlich hochgeschätzten englischen Dichters Lord Byron, der sich als Freiwilliger den griechischen Aufständischen angeschlossen hatte und dort in den Kämpfen gegen die Türken starb. Ihm setzte er in der Euphorion-Gestalt ein Denkmal. »Und hört ihr donnern auf dem Meere? Dort widerdonnern Tal um Tal . . .« »Und der Tod ist Gebot . . .« Den verzweifelt von unten ihn Rufenden zum Trotz geht es weiter: Kann er denn nur aus der Ferne zuschauen? »Nein! ich teile Sorg' und Not!« Er meint, ein Flügelpaar entfalte sich an ihm. »Er wirft sich in die Lüfte . . .« »Ikarus! Ikarus!« schreit der Chor entsetzt auf, und »ein schöner Jüngling stürzt zu der Eltern Füßen . . .«

Man ist leicht geneigt, dieses Ende als die tragische Folge eines frevelhaften Beginnens anzusehen. Aber ist es nur das? Man muß doch sehen, wie durch das ganze Geschehen dieser Szene in einem atemberaubenden Wachstum die Ichkraft sich entfaltet und steigert. Und ist nicht, gefährlich zu leben — »aus Gefahr in Gefahr« — ja, schließlich den Tod selbst zu wagen, auch nur eine letzte höchste Steigerung dieser Ichkraft, die in dem Willen,

»Sorg' und Not« zu teilen, über das Eigensein hinauswächst in einen heiligen Opferwillen? Ist das Ganze also nicht schließlich doch mehr Glorie als Tragik? Goethe deutet zweifellos in diese Richtung. Denn die Regiebemerkung »Er wirft sich in die Lüfte . . .« geht weiter: »Sein Haupt strahlt, ein Lichtschweif zieht nach.« Auch stehen in dem großen Schlußgesang des Chores die Zeilen: »Neidend singen wir dein Los: dir in klar' und trüben Tagen Lied und Mut war schön und groß.« — Und doch dieses tragische Ende?

In der Klassischen Walpurgisnacht — wir erinnern uns — kommen einmal die Doriden zu Nereus mit der Bitte, den Schifferknaben, die sie für sich aus dem Ertrinkenstode als Liebesgefährten wiederbelebt haben, ewiges Leben zu schenken und damit auch ihr Glück ewig bestehen zu lassen. Doch Nereus kann das nicht. So klingt der Chor der Doriden aus: »Die Götter wollen's nicht leiden.« Warum? — Es ist das gleiche Weltgesetz, das auch im Schluß des großen Maskenzuges am Kaiserhof aufleuchtete: daß die Vermählung des Irdischen und des Geistigen, das Leben des Göttlich-Geistigen im Irdischen immer nur für eine Weile möglich ist.

Dieses »Die Götter wollen's nicht leiden« klingt auch in die Verbindung von Faust und Helena hinein. Das letzte, was man von Euphorion wahrnimmt, ist seine Stimme (»aus der Tiefe«): »Laß mich im düstern Reich, Mutter, mich nicht allein!«

Auf diesen Ruf folgt zunächst der große Trauergesang des Chores, der dabei allerdings wie Goethe selbst einmal sagte, »aus der Rolle fällt«, weil er mehr ein Hymnus auf Byron ist, dessen Wesen und Schicksal freilich Goethe bei der Gestaltung der Euphorion-Szenen entscheidend inspiriert hatte. Aber das ist zugleich der große Schlußchor, mit dem der opernartige Teil des Dramas schließt. Es heißt: »Völlige Pause. Die Musik hört auf.« Und wie Helena nach dieser Pause anhebt, nun eben wieder zu sprechen, da tut sie es in der nur von weitatmenden Rhythmen getragenen Sprache, in der sie uns zuerst begegnet ist. Abschied nehmend wirft sie sich Faust noch einmal in die Arme — und ist entschwunden, in Fausts Armen nur Kleid und Schleier zurücklassend. Die werden zu Wolken, die Faust in die Höhe heben und forttragen. Zurückbleiben der Chor und Phorkyas, die aber nun ihrerseits Kleid, Mantel und Lyra Euphorions ergreift und, mit ihnen an einer Säule des Proszeniums sich niedersetzend, zwar dem Zuschauer noch sichtbar bleibt, den Bühnenschauplatz aber damit verlassen hat.

Es kommt zum Schluß des ganzen Helena-Dramas, von dem Goethe sagte, daß er sich darauf »etwas zugute halte« — mit vollem Recht.

Panthalis fordert den Chor auf, nun ebenfalls der Königin zu folgen. Die Mädchen aber fürchten das Schicksal, nicht wie Königinnen nahe der Gottheit, sondern weit, weit im Hintergrund zu wohnen, gespenstig, als nicht einmal mehr recht der Sprache mächtige, schemenhafte Wesen. Panthalis jedoch bleibt bei ihrem Entschluß, und sie spricht aus: »Nicht nur Verdienst, auch Treue wahrt uns die Person.« Sie weiß: Was wir der Welt geleistet, entscheidet darüber, was wir »drüben« sein werden, ob wir »drüben« sein werden. Und auch Treue ist Leistung. So entschwindet sie. Die Mädchen des Chores aber wissen: Personen sind sie nun nicht mehr. Die »ewig lebendige Natur« macht nun auf sie Anspruch. Sie gehen ein in ihre Reiche, in die Elemente — Namenlose, Unpersonen, aber atmend in den Lebenskräften. Jedoch ist das wirklich mehr?

Das ganze Helena-Drama endet, indem Phorkyas, nachdem der Vorhang sich geschlossen hat, von den Kothurnen heruntertritt, Maske und Schleier ablegt und wieder Mephisto ist.

*

Was aber ist aus Faust geworden? War das alles? — muß man doch noch einmal fragen. War es ein herrlicher Traum, aber nicht mehr? War es nur ein »Zwischenspiel«?

Und was wird aus Euphorion?

Der große Entschluß

Der vierte Akt ist der Teil der Faust-Dichtung, der am stärksten den Eindruck des Nicht-ganz-Vollendeten macht. Das hat einen doppelten Grund. Einmal ist er das letzte, was Goethe vom »Faust« geschrieben hat. Er entstand in der ersten Hälfte des Jahres 1831 – also im letzten Jahr seines Lebens – zusammen mit den Eingangsszenen zum fünften Akt, die ja aber auch innerlich ganz dazugehören. Man kann sich des Eindrucks nicht erwehren, daß dieser Akt unter dem Verlangen, die letzte Lücke auszufüllen und damit endlich »das Hauptgeschäft« abzuschließen, das er durch mehr als sechzig Jahre mit sich getragen, nicht in der gleichen Weise ausgereift ist wie alles Übrige und daß manches darin mehr er-funden als ge-funden ist. Manches bleibt in Andeutungen, anderes wird als noch Auszuführendes eingesetzt, einiges, was im Entwurf schon teilweise ausgeführt vorlag, ist schließlich ganz weggeblieben.

Der andere Grund ist der: Was Goethe in diesem Akt darstellen wollte, hängt – das wird erst am Schluß dieses Kapitels ganz deutlich werden – mit den allerletzten und höchsten Geheimnissen des Christus-Wesens zusammen, an die er sich, das Bewußtsein seiner Zeit weit hinter sich lassend, nur eben hintasten konnte. Nirgends wird so deutlich wie hier, daß es berechtigt ist, den »Faust« ein »christliches Mysterium« zu nennen.

*

Es ist ein seltsames Bild, mit dem der vierte Akt beginnt. Starre, zackige Felsengipfel in der Einsamkeit des Hochgebirges, eine

Wolke schwebt heran, sinkt nieder, teilt sich — und Faust schreitet aus ihr hervor. Aus all dem, was Helena umhüllt hatte, wiederkehrend, betritt er erneut die Erde — »von oben« kommend. Die weitschwingenden Rhythmen, in denen er schildert, was ihm geschieht, wehen noch von dort herüber. Dennoch ist es etwas wie ein neuer Lebensmorgen, zu dem er erwacht. Indessen entschwebt die Wolke, die ihn hergetragen hat, nach Osten, sich zunächst zum Bild der göttergleichen Helena formend, dann nur noch »fernen Eisgebirgen gleich«, »aufgetürmt« am Horizont sich lagernd. Große Erinnerung. Doch nun geschieht etwas Überraschendes.

Er erlebt eine zweite, lichtere Wolke; ein »zarter, lichter Nebelstreif« umschwebt ihm zärtlich »Brust und Stirn«, löst sich dann, steigt »zaudernd« auf und fügt sich, nun ihm sichtbar werdend, ihn selbst überraschend und tief sein Herz berührend, zum Bilde Gretchens, deren Namen er aber nicht ausspricht; vielleicht nicht auszusprechen wagt? Und während jenes Bild so rasch verging — dieses vergeht nicht. Es »steigert sich die holde Form«, und dabei fällt das Wort, das dieses Geheimnis wohl erklären mag: »wie Seelenschönheit«. — Was erfährt Faust?

Heißt es, daß ihm hier eine Ahnung zukommt, wie dieses Wesen, dessen letzter Ruf aus dem Kerker sein Name gewesen war, unlöslich ihm verbunden bleibt? — Heißt es, daß er in der Liebe zu Helena sich selbst nicht verloren hat, sich selbst treu geblieben ist? — Heißt es, daß er in der Liebe zu Helena nicht nur Gretchen nicht, wie man wohl denken könnte, untreu geworden ist, sondern sie eigentlich wiedergewonnen hat? Ihr nähergekommen ist? Heißt es noch mehr?

Die Begegnung mit Helena — das versuchten wir zu zeigen — war ja nicht die Begegnung mit irgendeiner Frau. Es war die Erfahrung der Schönheit, beziehungsweise der Welt, die sich in ihr offenbart. Die Schönheit Helenas aber und ihrer Welt, die Geistessphäre, von der sie durchschienen und deren Abglanz sie ist, ist eine »unpersönliche«. Deshalb kennt Helena auch noch keine Treue. Sie kommt aus der Vergangenheit, aus der Welt der

Götter, welche die Welt erschaffen haben. Faust jedoch beginnt nun jene andere Schönheit zu begreifen, die von innen aufgeht und die bleibend, die zukünftig, ja eigentlich aus der Zukunft herscheinend ist. Die Worte, die er hier ausspricht, insbesondere das von der »Seelenschönheit«, hat er vordem nie gebraucht. Und wiewohl sich auch dieses Bild »in den Äther« erhebt, so doch, ohne sich aufzulösen. Wenn es dann heißt: »Und zieht das Beste meines Innern mit sich fort«, so wird ausgesprochen, wie tief das mit seinem eigenen Wesen und seiner Verwandlung, mit seinem Werden zusammenhängt.

Dann erscheint auch Mephisto – er freilich nicht wie Faust schwerelos von einer Wolke getragen, sondern, seinem Wesen entsprechend, die Hilfe von Siebenmeilenstiefeln in Anspruch nehmend. In seinem Sprechen lebt auch nichts von dem Pulsschlag und dem Atem, webt nicht der Rhythmus jener Welt weiter wie bei Faust. Verständlicherweise. Er spricht sogleich wieder in dem altgewohnten Versmaß, und fortan tut das auch wieder Faust. In ihrem Gespräch aber klingt nun das Bedeutungsvolle, entsprechend der ganzen Situation, unverhüllter als sonst auf.

Es beginnt damit, daß Mephisto in den schroffen Zacken und Spitzen der Felsen, in deren Mitte sie stehen, wiedererkennt, was einmal »Grund der Hölle« war, tief im Inneren der Erde, von Feuerflammen durchglüht – bis dann die dort hineingebannten Teufel, in ungeheuren Eruptionen das Unterste zuoberst kehrend, in die freie Luft entrannen. Hinter den diese Schilderung abschließenden Versen: »Ein offenbar Geheimnis, wohl verwahrt, und wird nur spät den Völkern offenbart«, steht in Klammern: Ephes. 6, 12. Also jene Stelle, an der es heißt: »Denn wir haben nicht mit Fleisch und Blut zu kämpfen, sondern mit Fürsten und Gewaltigen, nämlich mit den Herren der Welt, die in der Finsternis dieser Welt herrschen, mit den bösen Geistern unter dem Himmel.« Damit wird doch unumwunden ausgesprochen, daß der Mensch in allem Irdischen sich zugleich mit überirdischen Mächten auseinanderzusetzen hat, auch wenn er das nicht weiß.

Das Zweite ist nicht weniger bedeutsam. Da wird — wieder von Mephisto und wieder unter Verweis auf die entsprechende Evangelien-Stelle — das, was Faust eben jetzt erfährt, wie er »von oben her« die Erde neu betritt, als Versuchung angesprochen; als spiegele sich darin jenes Ereignis, wie der himmlische Genius der Menschheit, der Christus, die Erde betretend als erstes »die Reiche der Welt und ihre Herrlichkeiten« von dem Versucher gewiesen bekommt. So auch hier Faust wortwörtlich. Ist das nicht vermessen? Mephisto spart nicht mit verlockenden Schilderungen. Faust erfährt Versuchung — aber weder Macht noch Reichtum noch Sinnengenuß können ihn verführen. Was in ihm erwacht, wie er die Erde überschaut und neu betritt, ist etwas ganz anderes: »Ich fühle Kraft zu kühnem Fleiß.«

Dieser Faust, wie er uns jetzt im Hochgebirge begegnet, ist durch seine Verwandlungen zu einer ganz neuen Stufe vorgedrungen. Bisher haben wir ihn kennengelernt als den Erkenntnis Suchenden, als den die Geistwelt Suchenden und Liebenden. Jetzt zum ersten Male begegnen wir dem, der tätig sein, der etwas schaffen will mit »kühnem Fleiß«.

Ein Rätselwort. Es ist eine dieser Wortprägungen, wie sie immer wieder von Goethe geliebt werden, geheimnisvolle Verschlüsselungen, kostbare Stücke aus dem »offenbaren Geheimnis«, die man allzuleicht überhört. Denn »Kühnheit« und »Fleiß« gehören doch zunächst sehr verschiedenen, ja gegensätzlichen Welten an. Kühnheit faßt große Ziele ins Auge und ist, wenn sie zur Tollkühnheit wird, in Gefahr, die Erdenwirklichkeit zu übersehen. Fleiß ist ganz auf diese gerichtet und ist in Gefahr, ihr allzusehr zu verfallen, die hohen Ziele zu verlieren. Wenn Faust nun von »kühnem Fleiß« spricht, so bindet er beides in einer inneren Spannung zusammen. Welche Kraft aber vermag diese Bindung zu schaffen? — In beiden ist ein Drittes verborgen, ohne das sie gar nicht sein könnten: Hingabekraft. »Kühner Fleiß« — das ist eine Hingabekraft, die mit den allerhöchsten, ungewöhnlichen Zielen im Auge sich selbst ganz der Erde vermählt im Tun. — Was schimmert da — tief verborgen — auf?

Am Schluß des vorigen Kapitels fragten wir: Ist denn, was Faust mit Helena erlebt hat, versunken, als sei es nie gewesen? Kein Wort erinnert mehr an die Geschehnisse, die doch sein Wesen bis in den tiefsten Grund erschüttert hatten. Und was ist aus Euphorion geworden?
Was Faust mit Helena, mit der in der Schönheit sich offenbarenden Geistwelt und in der Vermählung mit ihr erfahren hat, kommt dem zumindest sehr nahe, was man als die »chymische«, die »mystische Hochzeit« bezeichnet. Das Kind, das dieser Vermählung im wahrsten Sinne des Wortes entsprungen ist, Euphorion, war ihm ganz gewiß ebenso geboren wie ihr. Was in ihm lebt, haben wir dargestellt: die höhere Ichkraft, deren Bild schon in der Gestalt des »Knaben Wagenlenker« aufgeleuchtet war. (Daß die beiden die gleichen sind, hat Goethe selbst in dem Gespräch mit Eckermann vom 20. Dezember 1829 gesagt.) — In dieser »Kraft zu kühnem Fleiß« — muß man es noch besonders sagen? — lebt Euphorion in ihm weiter. Aber mehr noch.
Beide Gestalten sind deutlich — auch darauf haben wir schon hingewiesen — von einem Höheren durchschimmert. Es ist nicht voll in ihnen verkörpert. Sie »sind« das nicht. Allzuviel anderes ist ihnen, vor allem Euphorion, beigemischt. Aber im Hintergrund schimmert eben doch DER auf, über dem in wirklicher, göttlicher Vollmacht die Worte erklangen: »Du bist mein geliebter Sohn . . .«, und der, in die Tiefen der Erde hinabsteigend, diesen den Glanz der Auferstehung entwand. Das heißt also, daß in dieser Hingabekraft letztlich DER verborgen ist, der mit den allerhöchsten Zielen im Auge sich selbst ganz der Erde vermählte in seiner Tat. Kann man das annehmen, dann ist auch die ausdrückliche Bezugnahme auf Evangelien-Stellen nicht äußerlich frevelhafte Spielerei, sondern innerlich berechtigt*. Davon wird am Schluß dieses Kapitels weiter zu sprechen sein. —
Was ist es nun, worauf sich Fausts »kühner Fleiß« richtet? Von

* Diese Verweisungen sind von Riemers Hand dem Manuskript eingefügt. Er hätte das aber nicht gewagt, wenn nicht irgendwelche entsprechenden Äußerungen Goethes vorgelegen hätten.

seiner Wolke aus, die ihn »sanft an klaren Tagen über Land und Meer geführt«, hat er wahrgenommen, wie da, wo die beiden am Strand einander begegnen, in den immer heranrollenden und wieder zurückweichenden Wogen ungeheure Kräfte sich unfruchtbar vertun. Diesem Sinnlosen ein sinnvolles Handeln entgegenzusetzen, dem unfruchtbaren Meer fruchtbaren Boden zu entreißen, danach sehnt er sich. Das ist der große Entschluß. Und Mephisto weiß Rat. Der Weg dazu, dieses Verlangen zu verwirklichen, tut sich sogleich auf.

Der Kaiser, dessen Bild so großartig die Eingangsszenen des Zweiten Teils beherrschte, hat die Möglichkeiten, die ihm durch die Erfindung des Papiergeldes in die Hand gegeben waren, nicht zum Besten des Reiches zu nutzen verstanden. Er nutzte sie, um zu genießen. Darüber ist das Reich zerbrochen. Ein Gegenkaiser wurde aufgestellt, der Kaiser selbst hat sich mit den ihm treu Gebliebenen in eben das Gebirgstal zurückgezogen, auf dessen Höhen sich Faust mit Mephisto aufhält, hier die Entscheidungsschlacht zu erwarten. Wenn Faust dem Kaiser durch Mephistos Künste zum Sieg verhilft, kann er erwarten, zum Lohn dafür mit dem Strandgebiet belehnt zu werden. Dies alles erfährt er von Mephisto. Schon erscheinen auch, ohne daß sie erst gerufen werden müßten — von Mephisto »gleich voraus formiert aus Urgebirgs Urmenschenkraft« —, die »drei Gewaltigen«. Sie erscheinen mit einem nochmaligen Hinweis auf die Bibel, diesmal auf das Alte Testament (2. Sam. 23,8; ihre Namen aber erscheinen bei Jesajas 8,1). Es sind fürchterliche Gestalten, deren Wesen sich in dem erschöpft, was ihre Namen aussagen: »Raufebold«, »Habebald« und »Haltefest«, und zu denen später noch eine weibliche tritt, »Eilebeute«.

Mit ihrem Erscheinen schließt diese Szene auf dem »Hochgebirg«, die so lichtvoll begonnen hat. Auch in das Großartigste, was in Menschengedanken aufleuchtet — und kann man Großartigeres denken, als Faust es dort in sich trug? — mischen sich die Dunkelgewalten. Tragisches Urgesetz des Menschenschicksals. Das entfalten die folgenden Szenen bis zum Schluß dieses Aktes.

Die nächste Szene führt uns von dem »Hochgebirg«, gleichsam eine Stufe herunter, auf das »Vorgebirg«. Dort ertönt, während des Kaisers Zelt aufgeschlagen wird, »kriegerische Musik von unten«, indessen der Obergeneral dem Kaiser die Schlachtordnung des Heeres erklärt. Zurückkehrende Kundschafter bestätigen, daß auf weitere Hilfe aus dem Reich nicht zu rechnen und daß — der Kaiser erfährt es erst jetzt — »ein neuer Kaiser« aufgetreten sei. Nun zeigt sich, daß der echte Kaiser in der Stunde der Gefahr innerlich wächst. Das Edle und Hohe, das als Keim in ihm verborgen war, bricht auf, und in seiner Erinnerung wird die Stunde am Schluß des großen Maskenfestes lebendig, in der er sich »im Feuerreich bespiegelt«. Er fertigt Boten ab, die den Gegenkaiser zum Zweikampf herausfordern sollen.
In diesem Augenblick erscheint Faust, gefolgt von den Drei Gewaltigen, auch er nun geharnischt und mit halb geschlossenem Helm, so daß ihn der Kaiser nicht wiedererkennt. Auch an seinem Reden ist er nicht zu erkennen. In einer ihm sonst ganz fremden, feierlich-geheimnisvoll tuenden Sprache stellt er sich vor als aus dem Reich der Berggeister kommend, vielleicht — das bleibt unklar — gar selbst einer von ihnen, abgesandt von dem Nekromanten von Norcia. Den habe der Kaiser auf seinem Krönungszug — das Ganze ist eine frei von Goethe erfundene Fabel — in Rom von dem schon aufgeschichteten Scheiterhaufen, zu dem er von den Pfaffen als teuflischer Zauberer verdammt worden war, begnadigend herunterholen lassen. Seitdem verfolge er aus der Ferne die Wege des Kaisers und suche ihm zu helfen, ihm nun in der Stunde der Not seinen Dank abzustatten. — Da kehren schon die Herolde zurück, die ausgesandt waren, den Gegenkaiser herauszufordern. Sie haben nichts als Hohn und Spott erfahren. So wird es also zur Schlacht kommen. Der Kaiser übergibt die Befehlsgewalt dem Obergeneral, und die Drei Gewaltigen werden, jeder dem in seinem Namen sich offenbarenden Wesen gemäß, zugeordnet: der erste der angreifenden rechten Flanke, der zweite der langsamer folgenden Mitte, der dritte der auf der Höhe nur hinhaltend kämpfenden linken Flanke. Jetzt

ist plötzlich auch, ohne irgendwie eingeführt zu werden, Mephisto da. Er hatte inzwischen alle alten Rüstkammern rings umher geleert, und in den alten Harnischen hat sich ein Gespensterheer »blechklappernd« oben im Hintergrund gesammelt »und mischte gern sich auch zum neuen Streit«.
In dem nun beginnenden, durch einen »furchtbaren Posaunenschall von oben« eingeleiteten Kampf zeigt sich alsbald mancherlei Unheimliches. Der unsicher werdende Kaiser wird von dem immer weiter in jener eigenartigen Weise sprechenden Faust – man wird dabei an die Sprache des Astrologen vor dem Erscheinen der Helena im ersten Akt erinnert – unter Hinweisen auf seltsame Naturphänomene beruhigt. Als dann jedoch allem zum Trotz das Heer des Kaisers auf der rechten Flanke und in der Mitte zwar vorwärtsdringt, auf der linken Flanke aber der Feind den Paß zu ersteigen droht, erscheint plötzlich der Obergeneral wieder und legt unter heftigen Vorwürfen, daß der Kaiser sich mit diesen beiden unheimlichen Gesellen verbunden habe, den Oberbefehl nieder. Mögen die zusehen, wie sie zu einem glücklichen Ende kommen. Der Kaiser zieht sich mit ihm in sein Zelt zurück. Nun hat Mephisto vollends freie Hand. Er ruft Elementarwesen aus allen Bereichen zu Hilfe, und, von zahllosen gespenstischen Sinnestäuschungen erschreckt, wendet sich das gegnerische Heer zu kopfloser Flucht.
Die dritte – letzte – Szene des vierten Akts spielt im Zelt des Gegenkaisers. Zuerst erscheint – offenbar doch nur im unmittelbaren Verfolg des vorher Geschilderten zu denken – einer der Drei Gewaltigen zusammen mit der Marketenderin »Eilebeute«, um von den dort liegenden Schätzen so viel wie möglich zu rauben. Sie werden von »Trabanten« des echten Kaisers gestört und vertrieben, die ihnen aber nichts zu tun wagen: »Sie waren so gespensterhaft.« Und gespensterhaft, unheimlich war schon alles in dieser Schlacht gewesen.
Sie verlassen das Zelt, als gleich darauf der Kaiser mit vier Fürsten erscheint. Mit seinen ersten Worten: »Es sei nun wie ihm sei!«, zieht er einen lapidaren Schlußstrich unter das Geschehene.

Aus der Art, wie er es darauf zurückblickend schildert, wird nicht recht klar: sieht er es allzu leichtfertig? Oder ist es nur neu in ihm erwachter, nüchterner Tatsachensinn, der ihn so darüber sprechen läßt? Er wendet sich, ernster und bewußter als je zuvor, der Aufgabe zu, das Reich neu zu ordnen. So ernennt er nun die vier mitgekommenen Fürsten zu vier weltlichen Erzfürsten und den gleich danach eintretenden Erzbischof als fünften, geistlichen. Goethe folgte hier den Ordnungen der von Karl IV. geschaffenen Goldenen Bulle, die er sehr hoch schätzte. Die vier weltlichen Fürsten werden verabschiedet. Der zurückbleibende Erzbischof – »pathetisch«: »Der Kanzler ging hinweg, der Bischof ist geblieben« – nutzt nun die offenbare Tatsache »Dein hochgeheiligt Haupt mit Satanas im Bunde«, von ihm eine große Stiftung zu erpressen, die der Kaiser nicht zu verweigern wagt. Schließlich kommt er noch einmal zurück: »Es ward dem sehr verrufenen Mann des Reiches Strand verliehen« – und fordert von dem Land, das noch gar nicht da ist, das erst durch Fausts Tat erstehen soll, »den Zehnten, Zins und Gaben und Gefälle«. Das ist das einzige, woraus hervorgeht, daß Faust erreicht hat, was er ersehnte. Eine in den Entwürfen zum Teil schon in Verse gebrachte Szene, in der die Belehnung Fausts geschildert werden sollte, hat Goethe schließlich wieder fallenlassen.

*

Man blickt von diesem Akt auf mit der Frage: was soll das alles? Was wollte Goethe? Wollte er darstellen, daß in kriegerisch-politischen Geschehnissen – und er hat ja vieles davon erlebt – eigentlich Menschliches wenig Platz habe? Daß Gespenster der Vergangenheit, undurchschaubare elementare Mächte und unmenschliche Instinkte die eigentlichen Akteure in diesen Ereignissen sind? Und daß selbst dann, wenn endlich der durch die Feuertaufe gegangene Kaiser ordnend wieder eingreift, er nicht frei ist, sich fremden Machtimpulsen fügen muß, auch wenn er deren Verlogenheit durchschaut? – Oder gilt das alles nur für diese Schlacht, Ausdruck der Verflochtenheit von Fausts großem Zukunftswillen mit Mephistos dunkler Zaubermacht? — Wir müssen die Frage offenlassen. Aber — es ist geschehen! Zwar als etwas, was nur wie nebenbei sich aus dem wirren Geschehen ergeben hat.

Aber — es ist geschehen. Faust ist der Herr des Strandgebiets, wenn auch damit neu dem Bösen verschuldet.

*

In den Eingangsszenen des fünften Aktes nehmen wir nun an der Verwirklichung dessen teil, was in Faust als großer Entschluß erwacht war — wir müssen aber denken, daß seitdem Jahre vergangen sind —, und werden zugleich der Tragik gewahr, daß durch sein Verbundensein mit Mephisto erneut auch in diese große schöpferische und zukunftträchtige Tat sich Keime des Verderbens aussäen. Zunächst freilich erscheint eine zauberhafte Idylle. Ein Wanderer kommt, die beiden Alten aufzusuchen und ihnen erneut seinen Dank zu bringen, die vor Jahren, alt schon damals, ihn und seine Schätze aus einem Schiffbruch gerettet: Philemon und Baucis. Goethe wählte diese Namen, wie Eckermann unter dem 6. Juni 1831 mitteilt, nur, um eine bestimmte Stimmung von vornherein zu wecken, die in der antiken Sage um diese Gestalten webt: schlichte Frömmigkeit, lebenslang sorgende Liebe, menschenfreundliche Gastlichkeit. Damals, als das Feuer, das sie entzündet, der Klang der Glocke, die sie geläutet, dem Schiffbrüchigen die Richtung gewiesen, ihre tätige Hilfe ihn und seinen Schatz in Sicherheit gebracht hatte, damals hatte ihre Hütte und die Kapelle auf einer Düne dicht am Strand gestanden. Jetzt sieht er dort, wo einst wild schäumende Wogen sein Leben bedrohten, vor Erstaunen verstummend, »ein paradiesisch Bild«, sieht »grünend Wies an Wiese, Anger, Garten, Dorf und Wald«, schaut »rechts und links, in aller Breite, dichtgedrängt bewohnten Raum«. Ein wenig geschwätzig berichten die beiden Alten, wie alles zugegangen ist, wobei Baucis das Unheimliche empfindet, indes Philemon nicht glauben kann, daß etwas, was im Namen des Kaisers geschieht, mit Versündigung zu tun haben könnte. Er wäre offenbar auch bereit, das Angebot des neuen Herrn und Schöpfers dieses Landes anzunehmen, in ein schönes Gut dort drüben einzuziehen, wenn sie ihm ihre Hütte und den Lindenhain überlassen. Baucis aber mißtraut dem »Wasserboden« und beharrt auf ihrem Eingewohnten. Die Szene schließt damit, daß sie sich anschicken, zu der Kapelle zu gehen, und im Anblick der untergehenden Sonne »laßt uns läuten, knien, beten und dem alten Gott vertrau'n«!

Philemon und Baucis – sie sind ein Inbegriff dessen, was man »die gute alte Zeit nennt«. Sie sind es in dem besten Sinne, den man damit verbinden kann, der tiefen, reinen Treue zu der Welt, aus der wir kommen – Abendwelt im Aufblick zu dem alten Gott –, aber auch in dem Sinne des Mißtrauens gegen alles Neue, dem eigensinnigen Festhalten an dem, wie es immer gewesen ist.

Das Läuten, zu dem Philemon eingeladen hat, hören wir dann in der nächsten Szene, aber nicht mehr dort, sondern beim Palast, in dessen weitem Ziergarten Faust nachdenkend umherwandelt. Er ist »im höchsten Alter«. Hundert Jahre alt, hat Goethe einmal gesagt, müsse man sich Faust in diesen letzten Szenen denken. Man hört die Stimme des Türmers gesangartig verkünden, was er sieht. Da läutet das Glöckchen. Was jenen dort oben Inbegriff der Innigkeit, des Friedens, der Ergebenheit ist, hier unten in Faust weckt es Ingrimm und Zorn – und wird Anlaß zu verderblichstem Tun. Denn dieses Glöckchen verkündet ihm, daß da ein Platz ist mitten in seinem Reich, der ihm nicht gehört und nach dem er sich sehnt, weil er einzig von dort aus überschauen könnte was er geleistet und geschaffen hat – und der ihm verwehrt wird durch eine Haltung, die er nur als Eigensinn verstehen kann. Daß in dem gleichen Augenblick Mephisto und »die Drei gewaltigen Gesellen« – jene unheimlichen Gestalten, die schon im Kampf gegen die Feinde des Kaisers eine Rolle gespielt haben – mit reichem Gewinn auf ihrem Schiff zurückkommen, lenkt ihn nicht ab, sondern steigert nur seinen Grimm. So ist er einverstanden, daß die beiden Alten, wenn sie nicht freiwillig gehen, mit Gewalt in ihr neues Besitztum getragen werden. In der Nacht geschieht es dann: Es geht nicht gütlich ab. Von den beiden Alten heißt es: »Vor Schrecken fielen sie entseelt.« Der Wanderer, der die Waffe gezogen hat, wird getötet, während des kurzen Kampfes hat Feuer vom Herd die Hütte ergriffen, sie geht in Flammen auf, von denen auch die Linden erfaßt werden.

Auf die Zurückkehrenden, die berichten, wirft Faust seinen Fluch. Solchen Ausgang hat er nicht gewollt. Und doch ist er in diese Untat verflochten, muß er noch einmal sich schuldig geworden fühlen, ist Schuld damit auch in das mit eingewoben, was seine schöpferische Tat ist.

Ein Bild von mythischer Größe!

Er mußte doch wissen, wer die waren, die er dort hinaufgehen ließ: die Kreaturen Mephistos, diesen aufs schrecklichste ergänzend. Seelenlose Gewalt, von nichts als Habgier getrieben, mit stumpfsinniger Brutalität ihr Ziel verfolgend, wahrhaft würdige Genossen dessen, der den kalten, eisigen Intellekt in gleicher Fühllosigkeit verkörpert. Tauchen sie nicht immer wieder in seinem Gefolge auf? Wo sie wirksam werden, da muß die aus uralten Quellen gespeiste Menschlichkeit untergehen.

Sah Goethe, als er — wohl Anfang 1831 — diese Szenen niederschrieb, das schon heraufziehen in dem eben seine ersten Triumphe feiernden »Maschinenwesen« und vielem Verwandten?

Schuld, tragische Schuld des Menschen. Großartiges wird geschaffen — aber das Fromm-Menschliche wird erschlagen, und sein Haus sinkt in Schutt und Asche. In welch überwältigendem Ausmaß seit Goethe die in Mephisto und den Drei Gewalten lebenden Mächte die Welt ergriffen haben, ist nur allzu deutlich. Ist also, was in Philemon und Baucis leuchtete, ist jede wahre Menschlichkeit unwiderruflich zum Untergang verurteilt? Riesenhaft, drohend steht hier diese Frage auf. Die Antwort gehört zu dem Überraschendsten in dieser an Großartigem und Überraschendem wahrlich nicht eben armen Dichtung.

Zunächst erscheinen, in Rauch und Dunst des zusammensinkenden Feuers, erinnyenhaft, vier »graue Weiber«: die Sorge, der Mangel, die Schuld und die Not. Nur eine von ihnen, die Sorge, kann sich Einlaß verschaffen, und unter ihrem Anhauch erblindet Faust. Die äußere Blindheit aber läßt ihn zugleich innerlich hellsichtig werden. Während er sich nun am Geklirr der Spaten »ergetzt« — er weiß aber nicht, daß sie keineswegs, wie er meint, einen Graben, sondern sein Grab schaufeln —, leuchtet plötzlich — also wörtlich am Rande des Grabes, an der Schwelle nach drüben — überwältigend vor ihm auf, was es mit diesem neuen, von ihm geschaffenen Land, dieser »Neuen Erde«, eigentlich auf sich hat. Daß Goethe mit der »Neuen Erde« mehr meinte als nur ein Stück Land, das zu bebauen, von dem äußere Nahrung und vielleicht Reichtum zu ernten ist. Neue, durch den Menschen aufgehende Erde. Man muß doch wohl daran denken, was zwar dem modernen Leser des Faust nicht, wohl aber seinem Schöpfer, der sein Leben lang immer wieder und wieder die Bibel gelesen hat, selbstverständlicher Besitz war; daß nämlich in dem letzten der großen Offenbarungsbücher als das Weltenziel aufleuchtet: »Und ich sah einen neuen Himmel und eine neue Erde.« Was der Apokalyptiker mit diesen Worten meint, reicht noch in eine andere Sphäre. Doch was zu schaffen Faust sich sehnte, dem seine ganze Hingabe galt, ist jener Neuen Erde verwandter, als man zunächst vielleicht denkt. Denn der Apokalyptiker will aussagen, daß aus dem mehr oder minder sinnlos auf und ab Wogenden, hin und her Flutenden des naturhaften Lebens ein Sinnvolles, Beständiges und Zukunftsträchtiges sich erheben soll in Weisheit und Liebe durch die hingebenden Taten des Menschen, aus seinem Inneren.

Dreißig Jahre früher hatte Goethe einmal etwas notiert, was in die gleiche Richtung weist. Er entwarf damals — in einer beinahe runenhaft anmutenden Kürze — ein Schema für die ganze Faust-Dichtung. Unmittelbar vor den letzten auf Fausts Ende bezüglichen erscheinen da die Worte: »Schöpfungsgenuß von innen«. Was heißt das? Man kann lange daran herumrätseln. Vielleicht aber ist es doch dies: Damals schon schimmerte vor Goethe ein Faust auf, der am Ende seines Werdens ein Schaffender, ja mehr: ein Schöpfer werden sollte. Ein »von innen« Schöpfung Verwirklichender und darin »Genuß« Findender. Wenn, wie wir meinen, das vor Goethes Sinn stand, als er den »Neue Erde« schaffenden Faust beschwor, dann würde das aufs wunderbarste zusammenklingen mit dem anderen Element, das ihm auf dieser Stufe seines Werdens als ein ganz Neues aufgegangen war: »Seelenschönheit« — Schönheit von innen. Und daß, was ihm nun als das überwältigend Große aufgeht, in diese Richtung weist, sieht man ganz deutlich in seinen allerletzten Worten aufleuchten.

Immer wieder ertönt das Wort »frei«. Eröffnet sieht er »Räume vielen Millionen, nicht sicher zwar, doch tätig-frei zu wohnen«. Ein wenig später: »Das ist der Weisheit letzter Schluß: Nur der verdient sich Freiheit wie das Leben, der täglich sie erobern muß!« Und schließlich: »Solch ein Gewimmel möcht' ich seh'n, auf freiem Grund mit freiem Volke steh'n.«

Was sagt er da eigentlich? Was steht offenbar groß hinter diesen Worten, wenn er »das Vorgefühl von solchem hohen Glück« als den »höchsten Augenblick« bezeichnet?

Da muß man zunächst wohl bemerken, daß hier etwas wieder aufleuchtet, was schon einmal in einer bedeutsamen Szene angeklungen ist. »Frei!« — wer hatte dieses Wort so unvergeßlich, jubelnd, ausgerufen? — Euphorion! Das heißt aber doch: was Faust zunächst in Euphorion als ein rein geistiges Erlebnis für sich selbst erfahren hatte — die Geburt des schöpferischen, rein aus dem, was man das »höhere Ich« nennt, lebenden Menschentums, was dann als »Kraft zu kühnem Fleiß« in ihn eingezogen war — hier, auf der Neuen Erde soll es volle Wirklichkeit für alle, für Unzählige werden. Was er als ein Allerhöchstes in sich erfahren hatte, Euphorion, in allen, die dort leben werden, soll er erstehen.

Aber in und hinter Euphorion leuchtet, wie wir es dargestellt haben, der Göttliche auf, der im Menscheninnern aufgeht als »der geliebte Sohn«. Der eigentliche Quell der »Neuen Erde«. Eine

»neue« Menschheit soll werden, leuchtend in seinem milden und mächtigen Glanz. Unter ihren Füßen erst wird dieses Land »freier Grund«, erst wirklich »Neue Erde« werden. Welch ein Ziel!
Das ist die Antwort auf die Frage, die sich mit dem Untergang der in Philemon und Baucis lebenden Menschlichkeit stellt. – Es kann nicht anders sein: Etwas von diesem das Menschliche über sich selbst erhöhenden Glanz muß vor Faust aufgeleuchtet sein, wenn er in der Vision davon – er will ihm ja den Boden bereiten – »den höchsten Augenblick« erlebt und mit diesem Wort zurücksinkt.

*

Ottilie, die Schwiegertochter Goethes hat einmal erzählt: »So sei er auch einmal auf die Herrlichkeit Christi zu reden gekommen und habe sie immer ernster, immer feuriger, mit immer wachsender Rührung gepriesen, bis er in einen Tränenstrom ausbrechend hinausgegangen sei.« Man kann es verstehen, mag es aber zugleich bedauern, daß sie, was er als die »Herrlichkeit Christi« gepriesen hatte, nicht konkreter überlieferte. Aber läge es denn fern zu denken, daß eben die göttlich-menschliche Souveränität, die unbedingte Freiheit, in dieser »Herrlichkeit« eine wesentliche Rolle gespielt hat? Klingt eben diese doch auch an in jenem vermächtnishaften Gespräch mit Eckermann, zwei Wochen vor seinem Tode, in dem er aussprach, daß es durchaus in seiner Natur sei, Christus »anbetende Ehrfurcht« zu erweisen – ebenso wie der Sonne. Deutete er nicht auch da auf das rein aus sich heraus lebende und wirkende, sich verschenkende Christus, in dem und durch den der Mensch erst wahrhaft »Freiheit« erfahren kann? Den, aus dem »der Neue Himmel und die Neue Erde« aufgehen!
Hat das so in Goethes Gedanken gelebt? – Sicher ist: die überpersönliche Weisheit, die in jedem wahren Kunstwerk, zuweilen weit über die bewußten Gedanken seines Schöpfers hinaus, wirksam ist, läßt in Fausts großem Entschluß eben dieses letzte, höchste Ziel, das der Apokalyptiker erschaute, anklingen: *Neue Erde.* Daß es in Goethes Sinn ist, an solchen Stellen unter Um-

ständen auch über das unmittelbar Ausgesprochene hinauszudenken, hat er selbst in einem Brief gesagt, den er am Tage der Vollendung des vierten Aktes, damit aber des »Faust« überhaupt, am 20. Juli 1831 an Heinrich Meyer schrieb. Wenn wir nun daraus etwas mehr bringen als nur den dafür wesentlichen Schlußsatz, so verstehe man das aus der tiefen Verehrung und Dankbarkeit dem Dichter gegenüber, weil in diesen Zeilen etwas spürbar wird von dem tiefen Aufatmen dessen, der nun endlich »das Hauptgeschäft« vollendet hat.

». . . das Ganze liegt vor mir, und ich habe nur noch Kleinigkeiten zu berichtigen; so siegle ich's ein, und dann mag es das spezifische Gewicht meiner folgenden Bände, wie es auch damit werden mag, vermehren. Wenn es noch Probleme genug enthält, indem, der Welt- und Menschengeschichte gleich, das zuletzt aufgelöste Problem immer wieder ein neues, aufzulösendes darbietet, so wird es doch gewiß denjenigen erfreuen, der sich auf Miene, Wink und leise Hindeutung versteht. *Er wird sogar mehr finden, als ich geben konnte.*«

*

Das ist der große Entschluß: die »Neue Erde«.
Und wie ist es mit dem »Neuen Himmel«?

Tod und Verklärung

Nachdem Faust in der Vision dieser »Neuen Erde« die Worte gesprochen: »Geniess' ich jetzt den höchsten Augenblick« — sinkt er zurück. Welch ein Tod!

Aber es beginnt ja schon vorher: Als das Feuer, das für Philemon und Baucis wie auch den Wanderer — wer konnte ahnen, daß er zurückgekommen war, um zu sterben? — zum Scheiterhaufen geworden war, als dieses Feuer zusammenzusinken beginnt und nun in Rauch und Dunst erinnyenhaft »vier graue Weiber« heranschweben, findet nur eine von ihnen, die Sorge, Eingang. Die anderen drei, Mangel, Schuld und Not, müssen wieder gehen, doch im Wegschreiten sehen sie: »Dahinten, dahinten! von ferne, von ferne, da kommt er, der Bruder, da kommt er, der . . . Tod.« Faust, der vom Balkon, von dem aus er dem Feuer zugesehen hatte, wieder in das Innere seines Palastes gegangen ist, hört »das düstre Reimwort« Tod. Es folgt der Monolog, in dem er eigentlich der Magie als einem den Menschen seinem wahren Wesen Entfremdenden absagt, und dann das Zwiegespräch mit der inzwischen eingetretenen Sorge.

Nun erleben wir etwas höchst Bedeutsames. Hätte Faust, der wiederum schuldig gewordene, nicht allen Grund, dem Deprimierenden, allen Tatwillen Lähmenden dieser gespenstischen Macht zu verfallen? Doch er widersteht. Und als sie, sich »mit Verwünschung« von ihm wendend und ihn anhauchend, ihn erblinden läßt, da vermag er auszurufen:

Die Nacht scheint tiefer tief hereinzudringen,
Allein im Innern leuchtet helles Licht . . .

Die Erblindung der äußeren Augen weckt die inneren, und stärkerer Tatwille als je erfüllt ihn und läßt ihn ungeduldig noch in dieser Mitternachtsstunde die Knechte zur Arbeit rufen. Er erfährt etwas, was viele Heiligengeschichten schildern: Die Schuld wird Ausgangspunkt eines neuen Lebens. Er wächst und erwacht an ihr zu der im vorigen Kapitel besprochenen Hellsicht: Er hat etwas getan, was dem Erdensein etwas Zukunftträchtiges, dem Sinnlosen etwas Sinnvolles, dem Vergänglichen ein Unvergängliches eingefügt hat. Dessen ansichtig werden — wahrhaftig, welch ein Augenblick!

Fausts Sterben — das muß man sehen — ist auf diese Weise in einen machtvollen inneren Wachstumsprozeß gebettet, von außen her freilich von einer Litanei begleitet, die nichts als Hohn und Sinnlosigkeit bedeutet.

Die Arbeiter, die Fausts mitternächtlicher Ruf zur Arbeit geweckt hatte, sind nicht die, die sonst an seinem großen Werk mitwirkten. Es sind die Lemuren, gespenstische Gefolgsleute Mephistos, die aus dem Altertum herkommen: Wesen, aus nichts als Knochen und Bändern bestehend, in ihrer ichlosen Art zu sprechen an die Meerkatzen der Hexenküche erinnernd. Das Spatengeklirr, das ihn ergötzt hatte, galt nicht, wie er gemeint hatte, dem befohlenen Graben, sondern einem Grab, galt *seinem* Grab. Ihr und Mephistos neckisch-höhnisches Zwiegespräch und Gebaren bilden — auch das muß man sehen — den gespenstischen Hintergrund, auf dem sich Fausts großartige Vision nur um so leuchtender erhebt. Und dann, als er zurückgesunken ist, begleiten sie das Geschehen mit der Beschwörung von Bildern, die er selbst einst — in der Pakt-Szene — angesprochen hatte: »Die Uhr steht still... der Zeiger fällt...« Nichts gilt als nur »Vorbei!«, »Umsonst!« Und Mephisto schließt die ganze Litanei: »Was soll uns denn das ewige Schaffen... Ich liebte mir dafür das Ewigleere.« — Wehe, wenn sie, wenn die, die so sprechen, recht hätten!

Mephisto freilich meint, am Ziel zu sein. Wie hatte der Pakt gelautet, unter welcher Bedingung sollte Faust ihm gehören?

Werd' ich zum Augenblicke sagen:
Verweile doch! du bist so schön!
Dann magst du mich in Fesseln schlagen . . .

Das war der Wortlaut des Paktes. Als Faust bei jenen großartigen Bildern von der neuen freien Menschheit auf freiem Grund, die vor ihm auftauchen, ausruft:

Zum Augenblicke dürft' ich sagen:
Verweile doch, du bist so schön!,

nimmt da Mephisto das, was eine zukünftige Möglichkeit anspricht, als Erfüllung?
Unter den vielen Plänen, die für den Abschluß der Dichtung vorliegen, hat Goethe auch den aufgezeichnet, daß eine Gerichtsverhandlung stattfinden solle. Man kann es fast bedauern, daß sie nie ausgeführt wurde. Mit welchen Sophismen hätte Mephisto da aufgewartet! Die wirkliche Ausführung ist aber viel grandioser.
Mephisto, keinen Augenblick an seinem »Recht« zweifelnd, macht sich bereit, dem ausfahrenden Geist »den blutgeschriebnen Titel« vorzuhalten. In älteren Zeiten hätte das genügt. Jetzt aber — nun spricht er von etwas, was in ähnlich großer Weise Thornton Wilder gegen Ende seiner »Alkestiade« Apollo zum Tod sagen läßt: »Du wirst dich an eine Veränderung gewöhnen müssen.« Die Welt verändert sich. Auch die Gesetze, unter denen das Verhältnis des Menschen zur Geistwelt steht, verändern sich. Es gibt in diesem Sinne keine »ewigen« Gesetze. Nur der Tod — in der »Alkestiade« — und entsprechend Mephisto möchten beharren. Das Licht, Lebenselement der Götter, beginnt in das Finsternisreich des Todes einzufallen.
Daß sich hier wie dort, in dem einen wie dem andern die Tat des Christus verbirgt, braucht nicht erst dargestellt zu werden. Das alte Gesetz der Vergeltung ist durch den Gott, der die Sünder aufhob, abgelöst worden. Das weiß Mephisto, auch wenn er es nicht wahrhaben will. Deshalb ruft er Scharen von Teufelswesen

— »Dickteufel vom kurzen, graden Horne« und »Dürrteufel vom langen, krummen Horne« — zu Hilfe, auf das Ausfahren des »Seelchens«, der »Psyche mit den Flügeln« zu passen, ihr diese sogleich auszurupfen, dann ist es nur noch »ein garstiger Wurm«. Welch ein Bild! Denn das heißt doch: die Seele, die keine Flügelkraft entfaltet, die sich nicht erheben kann, ist eben das, was von einem Schmetterling übrigbleibt, wenn ihm die Flügel ausgerupft sind. Indes sie sich versammeln und bereitmachen, tut sich auch — links unten — der furchtbare Höllenrachen auf, seine Beute erwartend. — Da erscheinen in der »Glorie von oben, rechts« die himmlischen Heerscharen.

Goethe hat einmal zu Eckermann, am 6. Juni 1831, über die Schlußszenen — und das gilt auch schon für diese — geäußert, er müsse wohl zugeben, daß dies »sehr schwer zu machen war, und daß ich bei so übersinnlichen, kaum zu ahnenden Dingen, mich sehr leicht im Vagen hätte verlieren können, wenn ich nicht meinen poetischen Intentionen durch die scharf umrissenen christlich-kirchlichen Figuren und Vorstellungen, eine wohltätig beschränkende Form und Festigkeit gegeben hätte«. Mancher ist wohl bereit, das so zu verstehen, als habe er sich also einfach in die überlieferte kirchliche Vorstellungswelt begeben, auch inhaltlich. Aber man muß genau lesen. Er hat, sagt er, durch die überlieferten »Figuren und Vorstellungen« nur dem, was ihm aufleuchtete, »Form und Festigkeit« gegeben. Was er darstellte, war seinem Inhalt nach nur das, was er selbst — ganz neu! — gesehen hat. Und das beginnt, wie gesagt, schon in dieser Szene.

Denn wenn man dieses Bild sieht, wie links unten der Höllenrachen sich auftut, um Fausts Leichnam herum die Teufelsscharen versammelt sind und nun von rechts oben die Engelscharen hereinkommen, so erwartet man aus den überlieferten Vorstellungen heraus doch nichts anderes, als daß nun ein Kampf der Engel gegen die Teufel anheben wird. Vielleicht zunächst mit Worten, in denen die Engel ihr Tun rechtfertigen und zeigen, daß Mephisto im Unrecht ist, dann aber vielleicht doch als richtiger Kampf. Was Goethe darstellt, ist aber etwas ganz anderes, Überraschendes und zeigt deutlich, daß er in einer ganz neuen Weise in die Wirklichkeiten einer von dem Christus-Impuls durchdrungenen Geistwelt hineingeschaut hat.

Als im Prolog im Himmel Mephisto dem Herrn anbietet, um die Seele Fausts zu wetten, da hat Gott das einfach überhört. Gott wettet nicht, schon gar nicht um die Seele eines Menschen. Aber Gott lebt überhaupt nicht in der Sphäre des Juristischen, der eine Wette doch angehört. Man muß hören, daß das ja ein Dichter sagt, der selbst ein »Doktor beider Rechte« geworden war. Mephisto lebt darin. Aber: »Du wirst dich an eine Veränderung gewöhnen müssen.« Der Rache- und Gesetzesgott des Alten Testaments hat längst sein Antlitz verändert. Die Engel rechten nicht. Das würde ihnen auch vielleicht schwerfallen. Denn der, um den es hier geht, welche Schuld hat er nicht auf sich geladen! Da ist Gretchen, ihre Mutter, ihr Bruder und ihr Kind. Da sind Philemon und Baucis und der Wanderer — und was vielleicht sonst noch! Aber die Engel rechten nicht. Die Engel streuen Rosen.

Welch ein Bild! — muß man wiederum sagen. Rosen, wie wir später erfahren, »aus den Händen liebend-heiliger Büßerinnen«. Was meint dieses Bild der Rose? Die Rose wächst aus einem Stamm, dessen Holz zu den härtesten Hölzern gehört, die es gibt — von seinen Dornen ganz zu schweigen. Es ist so tief irdisch wie sonst kaum ein Pflanzenwesen. Und darauf dieses Wunder farbig leuchtender duftender Blüten! — Der Mensch, der sich mit der Erde, auf die Erde einläßt, wird schuldig. Aber Christus kam. Er liebt die Sünder. Und wer sich dem »Stirb und werde!«, das er dem Erdensein eingeprägt hat, verbindet, taucht in einem neuen Licht auf, das größer, leuchtender ist als das, aus dem er gekommen ist. Das dem Dunkel die Farben entrungen hat, der Härte und Schwere den zauberhaften, leichten Duft. Auferstehung ist der Rosen Geheimnis.

Aber was sie eigentlich, was sie von innen sind, offenbart sich erst, als die Teufel, sich gegen sie wehrend, zu blasen beginnen. Sie gehen in Flammen auf. Und die Engel singen:

Blüten, die seligen,
Flammen, die fröhlichen,
Liebe verbreiten sie . . .

Ist es die Angst vor diesem Feuer, das jeden, der nicht Flamme ist, brennen muß, die Nähe des Göttlich-Geistigen fürchten läßt? Nein, es bedarf keines »Kampfes« mit anderen Waffen, die doch die Engel sich selbst entfremden würden. Welche Lehre für manche Theologen! Die Teufel ertragen's nicht und »stürzen ärschlings in die Hölle«, wie Mephisto sagt.
Er allein widersteht noch, schlägt sich herum mit den immer weiter herabfallenden Blüten — und nun ereignet sich etwas ihn selbst Überraschendes. Die Flammen ergreifen ihn, beginnen ihn selbst zu entzünden, und er wird — nein! ein Liebender kann er nicht werden, aber ver-liebt, brennend verliebt in diese »schönen Kinder«. Doch ihre Nähe kann er nicht ertragen, er weicht zurück, wird »ins Proszenium gedrängt«, und dann geschieht es — die Engel ergreifen »Faustens Unsterbliches«, erheben sich und »entführen« es. Das Stille, Sanfte, Schöne ist stärker als alles andere. Mephisto bleibt allein zurück. »Ein großer Aufwand, schmählich! ist vertan.« Wenn er als letztes von sich selbst sagen muß: »So ist fürwahr die Torheit nicht gering, die seiner sich am Schluß bemächtigt«, so sieht er sich da ja als der dumme Teufel!
Fausts Weg aber ist noch nicht zu Ende.

*

Wohin entführen die Engel Faustens Unsterbliches? — In den Himmel? — So jedenfalls muß man doch meinen.
Es ist eine seltsame Landschaft, in die wir geführt werden, die den Schauplatz der letzten Szene bildet. »Bergschluchten« ist die Überschrift, dann weiter: »Wald, Fels, Einöde«. Schließlich: »heilige Anachoreten gebirgauf verteilt, gelagert zwischen Klüften«. Man sagt, Goethe sei dazu angeregt worden durch die Gemälde auf dem Campo Santo zu Pisa. Vieles aber ist auch ganz anders. Wir müssen uns also schließlich doch rein durch das, was in der

Szene selbst geschildert wird, führen lassen. Da ist weiter in dem einleitenden »Chor und Echo« die Rede von »Woge nach Woge« – also wachsen diese Bergschluchten doch offenbar vom Ufer des Meeres herauf – und von schützenden Höhlen. Je weiter die Szene geht, desto höher werden wir dann hinaufgeführt, bis schließlich das Felsengebirge sogar tief unter uns zu liegen scheint. – Die Gestalten, denen wir auf diesem Schauplatz begegnen, sind außer den heiligen Einsiedlern, den eigentlichen Bewohnern dieser Bergschluchten, Verstorbene, Engelchöre und andere Geistgestalten. – Ist das der Himmel? Kann das noch Erde sein? Wenn das der Himmel ist, dann ist es jedenfalls ein sehr anderer als der uns im »Prolog im Himmel« im Anfang geschilderte ... Aber muß das nicht vielleicht so sein? – Hören wir zunächst einfach weiter!

Da stehen also am Anfang »Chor und Echo«. Wer da singt, wird nirgends gesagt. Aber auch wenn wohl Menschen – etwa die Anachoreten – den Chor bilden – das Echo jedenfalls klingt doch aus der Landschaft heraus. Wie hatte jene erste Himmelsszene begonnen? – »Die Sonne tönt ...« Heißt das hier etwa »Die Erde tönt ...«? Auch was dieser Chor nun singt, ist ungewöhnlich. »Waldung, sie schwankt heran ...« (In der Handschrift stand sogar: »schwebt heran«.) Also ein von lebendigen Wachstumskräften Durchwobenes – drei Zeilen weiter wird das Emporwachsen dieser Waldung noch konkretisiert: »Stamm dicht an Stamm hinan« – ganz in Bewegung. Diese bewegte Waldung ist ja ganz offenbar das eigentlich Wesentliche. Denn wenn es danach heißt: »Felsen, sie lasten dran, Wurzeln, sie klammern an ...«, so wird das Verhältnis zwischen dem Lebendigen und dem Nur-Irdischen doch gerade umgekehrt geschildert, als wir es zu sehen gewohnt sind. Nicht die Felsen tragen den Wald – der Wald trägt die lastenden; und die Wurzeln klammern an, umklammern das Erdelement. Und diese so ungewöhnlich bewegte Erdenwelt ist ganz »durchwoben«, möchte man sagen, von Menschlichem, von den Einsiedlern.

Wenn dann zum Schluß in diesem Chor das Bild der Löwen auftaucht, die »stumm-freundlich« sich dort bewegen, den »geweihten Ort, heiligen Liebeshort« achtend, dann kann kein Zweifel sein, daß sie herstammen von jenem Löwen aus Goethes »Novelle«, der besänftigt und bezwungen wird durch das Lied des Knaben:

»Wundertätig ist die Liebe,
die sich im Gebet enthüllt.«

Denn sie ist es ja, die — zunächst von den Einsiedlern ausgehend — diese ganze Welt durchatmet.

Die Anachoreten kommen nun als nächste zu Wort. Als erster der Pater ecstaticus, der, wie es von dem heiligen Filippo Neri erzählt wurde, die irdischen Schwerekräfte von innen überwindend auf und ab zu schweben vermag. In seiner Strophe »Ewiger Wonnebrand, glühendes Liebesband ...« kommt zu einem freilich unvergleichlich flammenden Ausdruck, was C. F. Meyer in seinem Sistina-Gedicht Michelangelo sagen läßt: »Bildhauer Gott, schlag zu, ich bin dein Stein.« Seine brennende Sehnsucht, »daß ja das Nichtige alles verflüchtige«, mündet in das Ungeheure: »Glänze der Dauerstern, ewiger Liebe Kern.« Was heißt das denn anderes, als daß das Ewige, das »Dauernde« im Menschen sternhafter Natur ist und im Innersten: Liebe! Das eigentliche Wesen des Ichs ist Liebe. Deshalb also finden wir erst als Liebende auch uns selbst.

Wenn er so die Liebe als den innersten Kern des Menschen in sich erlebt und preist, der nächste, der Pater profundus erlebt und verehrt sie in der Welt: »die allmächtige Liebe, die alles bildet, alles hegt«. Auch der Wasserfall, der brausend herunterstürzt, das Tal zu wässern, der Blitz, der die Atmosphäre reinigt, »sind Liebesboten! sie verkünden, was ewig schaffend uns umwallt«.

Auch dies war eine der tiefsten Überzeugungen Goethes. Eckermann berichtet unter dem 8. Oktober 1827, daß er Goethe Erlebnisse mit Vögeln erzählt habe, die ihnen ganz fremde, auch artfremde Jungvögel als eigene angenommen und versorgt hätten, und wie Goethe davon tief bewegt gewesen sei. »Das ist es nun«,

sagte er, »was ich die Allgegenwart Gottes nenne, der einen Teil seiner unendlichen Liebe überall verbreitet und eingepflanzt hat, und schon im Tiere dasjenige als Knospe andeutet, was im edlen Menschen zur schönsten Blüte kommt.«
Von diesem Pater profundus heißt es, seinem Namen entsprechend, »tiefe Region« — er spricht dann aber davon, »wie Felsenabgrund mir zu Füßen auf tiefem Abgrund lastend ruht«, wie unermeßlich tief müssen wir also diese Räume denken! — Nun beginnt in der »mittleren Region« der Pater Seraphicus. Ihm naht in einem »Morgenwölkchen« ein Chor seliger Knaben, frühverstorbener Kinder. Wenn Wolken nichts anderes sind als Umhüllung »junger Geisterschar«, wenn dann der Pater Seraphicus sie, die einst sich der Erde genähert, aber sie doch nicht voll betreten haben, einlädt, durch seine Augen nun auf diese Erde zu schauen, so erwacht damit aufs neue die Frage: Was sind das für Räume, in die wir hier geführt werden? In denen solche Gesetze gelten?
Was die Knaben durch seine Augen erblicken, erschreckt sie aber. Und nun weist sie der Seraphicus zu »höherem Kreise«. Woran können sie wachsen? — An »Gottes Gegenwart«! Weiter weist er ihnen als »der Geister Nahrung« »ewigen Liebens Offenbarung«. Klingt hier nicht etwas an vom Geheimnis des Abendmahls? Ist das nicht »Nahrung«, die »ewigen Liebens Offenbarung« ist? — Welche Weltenfülle größter Gedanken erfüllt den Raum dieser Szene!
Liebe im Menschen-Innern — Liebe in aller Natur — Liebe schließlich, welche die ganze Weite der Welt durchwaltet — das durchklingt die Welt, in die hinein Faustens Unsterbliches entführt wird. Denn nun erscheinen die Engel, die es herübertragen »in der höhern Atmosphäre«.
Ihre ersten Worte sind der frohlockende Ruf: »Gerettet ist das edle Glied der Geisterwelt vom Bösen!« Damit sprechen sie wiederum etwas aus, was für viele Menschen zumindest eine ungewohnte Vorstellung ist: der Mensch ein »Glied der Geisterwelt«. Das heißt doch: der Mensch ist eine Hierarchie. Er ist

nicht Fremdling, sondern tief Verwandter, eingeordnet in die Hierarchien der himmlischen Geister. Ob wohl Paracelsus ähnlich empfunden, Ähnliches gemeint haben mag, als er sagte: »Wir Menschen sind unsichtbare Leute?« — Aber das Nächste macht es noch deutlicher.

Es folgt der Satz, der von Goethe selbst dadurch, daß er ihn in Anführungsstriche setzte, herausgehoben wurde, der wie ein Kernsatz und die Quintessenz der ganzen Faust-Dichtung ist:

Wer immer strebend sich bemüht,
Den können wir erlösen.

Dieser Satz schlummert ja, manchmal schon früher mehr oder minder deutlich aufklingend, auf dem Untergrund des ganzen Geschehens.

Manche haben darin etwas wie die Predigt verurteilenswürdiger Selbsterlösung vernommen. Doch haben sie dann nicht recht hingehört. Denn eben die Mächte einer höheren Welt werden doch als die Erlösenden angesprochen. Er spricht nur aus — das allerdings mit Entschiedenheit —, daß deren gnadenvolle Liebe allein dort wirksam werden kann, wo das »immer strebend sich Bemühen« das Tor für sie öffnet. Denn der Mensch ist als Ich-Wesen, als nicht nur passives, sondern tätiges Wesen gemeint. Er ist nicht nur — wie alle anderen Wesen auf der Erde — ein triebverhaftetes, ein getriebenes Naturwesen. Indem ihm immer wieder Ziele aufleuchten, in die hinein er stirbt und wird — und nur dadurch —, ist er ein Geistwesen. So klingen diese beiden Sätze zusammen.

Aber mehr als das, was sie schon getan haben, dieses Glied der Geisterwelt den Händen des Bösen zu entführen und es herüberzutragen — mehr vermögen sie nicht. Wieder kann man nur mit staunender Bewunderung fragen: Woher wußte Goethe, was nun die Engel aussprechen? Sie machen bewußt, daß ja — bei der Geburt oder bei der Empfängnis; das also geschieht da! — das Geistwesen Mensch die »Elemente an sich herangerafft« und sich mit ihnen verbunden hat. Die innige Einung dieser »Zwienatur«

zu lösen, vermögen nicht die Engel, vermag nur »die ewige Liebe«. Wie also geht es weiter?

Wieder werden wir aufs tiefste überrascht. Denn Faust wird nun nicht, wie man vielleicht aus diesen Worten erwarten würde, höheren Wesen übergeben, sondern: dem Chor seliger Knaben. Warum vermögen sie ihn zu lösen? Auf welche Weise wirkt in ihnen die »ewige Liebe«, durch die ihnen gelingt, was die Engel nicht können? Warum können sie Helfer werden, daß Faust »im Puppenstand« — wieder taucht also das Bild vom Schmetterling auf — sich aus dem umhüllenden Gefängnis löse und seine Flügel entfalte? Sie haben, als sie sich verkörperten, das selbst getan, »die Elemente an sich herangerafft«, was den Engeln fremd ist. Aber sie haben die Erde wieder verlassen, bevor das Begierdewesen sie ergriff. — Wer hätte denn nicht irgendwann einmal erlebt, welch zauberhafte Reinheit, wie der Hauch einer höheren Welt einen aus der Welt der Kinder anwehen kann! Der lebt als der Atem »ewiger Liebe« — nicht irdischer, begierdehafter Liebe — in ihnen. Deshalb vermögen sie die »Flocken« des allzu irdischen Gewebes loszutrennen, und schon erleben sie freudig jubelnd: »Schon ist er schön und groß von heiligem Leben.« Fausts Auferstehung in dieser Welt »heiligen Lebens« beginnt — und er wächst.

Jetzt aber beginnt das Letzte und Höchste. »In der höchsten, reinlichsten Zelle« wird dem Doctor Marianus, also dem am höchsten wohnenden der Anachoreten, dessen Bewußtsein, wie seine Bezeichnung sagt, ganz den Geheimnissen des Marienwesens zugewandt und aufgeschlossen ist, ein Zug von Frauen sichtbar, »schwebend nach oben«, und mitten darin »die Herrliche . . . im Sternenkranze, die Himmelskönigin«. Preisend spricht er von dieser, versöhnlich von den anderen, den »Büßerinnen«. Und nun erscheinen sie. In einem wunderbar ineinanderklingenden Dreigesang flehen sie — nicht für sich, sondern für eine andere Seele, für Gretchen — zu der »Ohnegleichen, der Gnadenreichen«. In ihren Strophen beginnt nun das Wesen aufzuleuchten, dessen liebendem Sich-Verschenken die ganze Welt ihr Dasein verdankt, den selbst erscheinen zu lassen, aber zweifellos eine heilige Scheu dem Dichter verbot: der Göttliche, der sich zu den Sündern niedergeneigt hat.

Es beginnt die »große Sünderin«, die mit ihren Tränen seine Füße wusch, sie mit ihren Haaren trocknete und ihn mit dem kostbaren Öl salbte, so daß das ganze Haus mit seinem Wohlgeruch erfüllt wurde. Die zweite ist die Samariterin am Brunnen, aus deren Schale er trank. Die dritte die Maria Aegyptiaca aus der Goldenen Legende. Vereint flehen sie: die du »büßendes Gewinnen in die Ewigkeiten steigerst« — wieder Worte, die man allzu leicht überhört und die doch — auch für das Faust-Schicksal bedeutsam — zu dem Gewichtigsten des Dramas gehören.

Könnte es doch leicht erscheinen, daß mit dem, was menschliche Schuld, was »Sünde« ist, allzu leicht umgegangen wird. Viele haben eben dies Goethe vorgeworfen. War doch von all dem, was Faust auf sich geladen hat, bislang überhaupt nicht die Rede. Aber Goethe wußte, daß das eben nicht leichtfertig zu behandeln ist. Er wußte einmal — und davon ist ja schon die Rede gewesen —, daß Schuld etwas ist, woran die Seele wachsen kann, was auch viele alte Heiligenlegenden wissen: »büßendes Gewinnen«. Er wußte zum anderen, daß es nicht ein rascher einzelner Akt sein kann, vielmehr nur ein langer, aber immer aufsteigender Weg: »in die Ewigkeiten steigerst«. Nein, Goethe war nicht leichtfertig. Er konnte es nur nicht ertragen, wenn Menschen, was zu den tiefsten und letzten Mysterien des Menschseins gehört, schamlos in eine allzu menschliche Sphäre herabzogen.

Und dann spricht Gretchen selbst, die ja ein Beispiel bietet dieses Wachsens. Sie spricht Verse, die eine Metamorphose sind derjenigen, die sie einst hilfeflehend zu der Mater dolorosa gesprochen hat. Den Zurückkehrenden erblickend, verwandelt sich die »Not« in »Glück«. Sie erblickt ihn im Kreis der seligen Knaben, und dadurch wird noch ein Geheimnis dieser unbeschreiblich großen Welt offenbar. Sie haben ihm geholfen, sich aus seinen alten Schalen zu befreien. Nun erfahren sie — denn in dieser Welt verschlingt sich eines in das andere —, daß ihr Bemühen für

ihn sich zu dem verwandelt, was er für sie tun wird. Sie »wurden früh entfernt von Lebechören«. Er aber, der sie schon jetzt »überwächst«, er »hat gelernt«. »Er wird uns lehren.«
Schließlich werden wir noch ansichtig eines letzten Geschehens in dieser Welt des Werdens. Gretchen bittet darum, daß es ihr vergönnt sein möge, den »Neuen«, der in dieser Welt erst langsam zum Bewußtsein seiner selbst erwacht, »zu belehren, noch blendet ihn der neue Tag«. Wäre es nicht das Entsprechende? Und noch einmal werden wir durch ein Größeres überrascht. Die Gloriosa fordert von ihr — es sind die einzigen Worte, die sie selbst spricht —, sie solle sich »zu höheren Sphären« heben, »wenn er dich ahnet, folgt er nach«. Eine Tat letzter Selbstlosigkeit wird ihr abverlangt — aber wird sie nicht allein daran wachsen? Faust, in dem »erste Jugendkraft« hervorzutreten beginnt, wird ihr nachfolgend selbst weiter- und weiterschreiten.
Damit ist der »Faust« zu Ende. Denn was folgt, ist nur noch Apotheose der »Jungfrau — Mutter — Königin — Göttin«, des Ewig-Weiblichen. — Und doch ist der »Faust« nicht zu Ende. Denn Fausts Weg geht ja weiter. Diese Tatsache scheint uns zugleich die Antwort zu enthalten auf eine Frage, die sich stellen mag: Was steht wohl dahinter, daß am Schluß dieser Dichtung das weibliche Element so glorios die Szene beherrscht? Es gibt viele Antworten auf diese Frage. Aber eine wesentliche scheint uns die zu sein: weil das kein Ende ist. Unterschwellig ist eben das weibliche Element für unser Bewußtsein als eine Brücke für das Weitergehen lebendig. —
Noch eine Frage aber, die wir immer wieder vor uns hergeschoben haben, bleibt uns zu beantworten. Was ist das für eine Welt, in welche die Engel Faustens Unsterbliches getragen haben? Ist das der Himmel?
Allein schon die Tatsache, daß diese Frage gestellt werden muß, spricht das Besondere der Situation aus. Denn am Beginn der Szene wäre man jedenfalls bereit, die Antwort zu geben: Es ist die Erde! Erde freilich, in der das lebendige Wachstumselement eine ungewöhnliche Rolle spielt, und ganz von Menschlichem

durchwohnte Erde – aber Erde! Am Schluß jedoch wäre man eher geneigt, mit Entschiedenheit zu antworten: Es ist der Himmel!

Damit ist aber eigentlich die Lösung ausgesprochen: Es ist Erde, die zum Himmel wird – oder ein Himmel, der aus der Erde aufgeht. Wobei – müßte man weiter sagen – den Menschen eine entscheidende Rolle zufiele. Den Menschen, die das Liebe-Element in sich aufgenommen und entfacht haben. Denn dieses Element ist es ja doch, was in so überwältigender Weise diese ganze Welt durchdringt, ihr himmlischer Lebensatem ist.

So leuchtet also hier noch einmal – wie in der grandiosen Zukunftsvision Fausts – das Apokalyptische auf. Dort war es mehr die Neue Erde – jetzt ist es mehr der Neue Himmel. Der Himmel der Liebe. Aufgehend aus dem Samenkorn, als das ER, der selbst die Liebe ist, sich in die Erde legen ließ und seitdem aus ihr aufzugehen beginnt.

Rudolf Steiner hat einmal davon gesprochen, daß aus der Vergangenheit herkomme ein Kosmos der Weisheit; daß aber in die Zukunft hinein zu werden beginne ein Kosmos der Liebe. Und schaut man auf die Faust-Dichtung, so möchte einem scheinen, daß Goethe das gleiche sagt. Wer aber, müssen wir uns voller Staunen fragen, hat ihm dieses Geheimnis zugeflüstert?

Damit beginnt in einem größeren, kosmischen Sinn aufzuleuchten, was wir in diesem Buche versucht haben darzustellen: daß es sich bei Goethes »Faust« um das erste moderne christliche Mysteriendrama handle. Darum geht es eigentlich, weit über das Menschliche hinaus.

Der diesen »Faust« geschaffen – hatte er nicht wirklich ein Recht zu fragen:

». . . wer ist denn noch heutzutage ein Christ, wie Christus ihn haben wollte? Ich allein vielleicht . . .«

Von der dreifachen Ehrfurcht

Goethes Gedanken über Erziehung zu edlem Menschentum
mit einem Essay von Alfred Schütze

Weit über eine Darstellung des Ehrfurcht-Gedankens bei Goethe hinaus, in welcher sich ein jahrzehntelanger Umgang mit dem Goetheanismus spiegelt, verdeutlicht Alfred Schütze in seinem Essay, daß die Bewußtseinsschulung der dreifachen Ehrfurcht in sich wahres Menschentum und damit gleichermaßen eine erkenntnismäßige Hinwendung zu den trinitarischen Kräften alles Seins trägt.

Inhalt: J. W. von Goethe »Wilhelm Meisters Wanderjahre« II. Buch · Kapitel 1-2; Alfred Schütze »Goethe und die Ehrfurcht«.

60 Seiten mit zwei Illustrationen von Archibald Bajorat, gebunden.

Goethe - der Heide und der Christ

RUDOLF MEYER

Inhalt: Vorwort · Goethes Lebensstufen · Motive des Jugendstrebens · Im Zeichen des Erdgeistes · »Und wenn Natur dich unterweist« · Weltfrömmigkeit · Bündnis mit Schiller · Der Schüler des Lebens: Zu Wilhelm Meisters Lehrjahren · Der Menschheits-Erzieher: Zu Wilhelm Meisters Wanderjahren · Wandlungen der Liebe · Die heiligen drei Könige · Das neue Parsentum: Zur Farbenlehre · Im Zeichen des Makrokosmos · Erlösende Mächte · Epilog: »Bruchstücke einer großen Konfession«.

2., völlig neu bearbeitete und erweiterte Auflage, 6.–9. Tausend, 388 Seiten, 1 Bildtafel, Leinen.